내일, 새로운 세상이 온다

내일
새로운
세상이
온다

시릴 디옹 지음
권지현 옮김

한울림

글 싣는 순서

기후변화의 변곡점에 서다

다큐멘터리 〈내일 Demain〉을 공동 제작한 프랑스의 여배우 멜라니 로랑 Mélanie Laurent

"우리는 기후변화의 결과를 경험할 첫 세대이자, 기후변화에 맞서 무언가 할 수 있는 마지막 세대이다."

– 제이 인슬리 Jay Inslee 전 워싱턴 주지사의 연설 중에서

2012년 7월 27일의 이른 아침. 눈을 뜨자 가족과 함께 머물고 있던 곳간의 나무판자가 보였다. 후덥지근한 열기에 잠이 덜 깬 머리가 무거웠다. 몸에서는 신선한 공기를 달라고 아우성이었다. 나는 가족들이 깨지 않도록 조심스럽게 자리에서 일어나 옷을 걸치고 밖으로 나갔다. 자연의 냄새가 상쾌했다. 나는 맨발로 키 큰 풀밭 위를 천천히 걷기 시작했다. 수많은 곤충이 관목 주위를 맴돌았고, 첫 아침 햇살이 기분 좋게 쏟아졌다.

우리 가족은 얼마 전 유기농업을 시작한 내 사촌들의 농장에서 여름휴가를 보내는 중이었다. 암소와 돼지, 말 몇 마리가 울타리 너머에서 윤기 흐르는 풀밭 위를 서성거렸다. 나는 신발을 신고 걷기 시작했고, 한 시간 가까이 걸으며 덤불과 나무와 늪이 어우러진 치밀하면서도 여유로운 자연과 만났다.

곳간으로 돌아온 뒤 컴퓨터를 켜고 뉴스를 검색했다. 〈르몽드 Le Monde〉의 인터넷 사이트에서 특이한 제목의 기사가 눈에 띄었다. '지구는 2100년에 멸망하는가?' 독자들이 가장 많이 공유한 기사 순위에서 1위를 차지한 이 기사는 환경 전문 기자 오드레 가릭 Audrey Garric 이 〈르몽드〉 블로그에 올린 글이었다. 처음에는 기사를 대충 훑어보기만 하다가 다시 처음부터 꼼꼼히 읽어보기 시작했다. 앞으로 수십 년 뒤에 지구의 생명체 일부가 멸종할 수도 있다는 내용이었다. 믿기지 않았다. 이 기사는 전 세계 22명의 과학자가 〈네이처 Nature〉에 발표한 연구 논문을 바탕으로 쓴 것이었다. 기자는 환경오염, 기상이변, 산림 파괴, 토양 침식, 인구 증가, 생물다양성 파괴 등을 다룬 수십 편의 논문을 종합하면서 인류가 변곡점에 놓여 있다고 결론을 내렸다. 그리고 변곡점을 지나면 생태계가 연쇄적으로 악화하면서 지구의 생물학적 균형과 기후 균형이 크게 무너질 수 있다고 했다. 그 변화의 속도가 너무 빨라서 생물체는 적응할 수 없을 것이라고도 했다.

나는 큰 충격에 빠졌다. 몇 시간 뒤 가족이 일어났고, 난 아무 말도 하지 않았다. 아이들은 막 일어나 부은 눈으로 아침을 먹고 있었고, 아내와 사촌들은 아침마다 늘 그렇듯 기지개를 켜고 있었다. 어제까지만 해도 아무렇지 않게 보였던 이 모든 일상이 갑자기 현실이 아닌 것처럼 느껴졌다. 조금 전에 읽은 기사에 대해 어떻게 말을 꺼내야 할지 알 수 없었다. 그렇다고 입을 다물고 있을 수도 없었다. 한 시간쯤 지나서 아내와 사촌에게 기사에 대해 말을 꺼냈다. 가장 바람직하다고 생각하는 방식으로. 즉, 과장된 감정 표현을 삼가고 최대한 말을 돌려서 조심스럽게 접근했다. 하지만 기사를 읽고 내가 얼마나 혼란스러운지는 솔직하게 털어놓았다. 그런데 반응이 의외였다. "그게 문제라는 건 알지. 하지만 우리가 뭘 어쩌겠어?" 그 말에 마음 한쪽이 무너져 내렸고, 한편으로는 전적으로 공감하기도 했다. 솔직히 말해서 이런 기사를 접하고 우리가 뭘 할 수 있을까.

열흘 뒤인 2012년 8월 9일, 같은 논문이 이번에는 일간지 〈리베라시옹 Libération〉 1면에 실렸다. '지구' 부서의 대표 기자인 로르 누알라 Laure Nouhalat가 기삿거리가 적은 8월 휴가철을 이용해 1면과 내지 4면을 얻어낸 것이다. 아내에게 보여주자 지난번보다는 반응이 있었다. 하지만 그게 다였다. 나는 의아했다. 왜 사람들은 이런 엄청난 기사를 보고도 진지하게 반응하지 않는 걸까. 우리 집에서조차 말이다. 기사는 우리 삶에 세계 대전 아니, 그보다 더 심각한 영향을 끼치는 문제를 다루고 있었지만, 우리의 일상에는 아무런 변화도 일어나지 않았다.

해가 바뀌고 2013년 3월 31일, 스테판 파올리 Stéphane Paoli가 〈프랑스 앵테르France Inter〉 방송국에서 진행하는 라디오 뉴스에 출연하게 되었다. 나는 방송을 준비하면서 내가 읽었던 기사와 그걸 읽고 내가 얼마나 경악했는지 이야기했다. 지난해 8월 〈리베라시옹〉에 기사가 실린 뒤로 이 연구를 진지하게 다룬 주요 언론사는 없었다. 스테판 파올리는 이해할 수 없는 언론의 행태를 방송으로 전했다. 그는 열의가 넘쳤다. 또한 〈프랑스 앵테르〉는 오래전부터 훌륭한 기자들이 일하고 있는 공영 방송이며, 신망 높은 좌파인 것으로 유명하다. 그러나 스테판 파올리가 진행하는 오후 1시 뉴스조차 이 연구와 관련한 몇몇 사소한 사실과 정치인 간의 언쟁에 대해서만 다룰 뿐이었다. 정말 중요한 문제는 하나도 다뤄지지 않았다. 모든 신문과 라디오, 텔레비전에서 1면에 내야 마땅할 정보를 프랑스의 가장 유력한 일간지 〈르몽드〉는 블로그 포스트로 올렸고, 좌파 성향의 경제 월간지 〈알테르나티브 에코노미크 Alternatives économiques〉는 작은 박스 기사로 다뤘으며, 인터넷 경제 일간지 〈레 제코Les Échos〉와 월간지 〈시콜로지 마가진Psychologie magazine〉는 달랑 기사 두 개를 할애하는 데 그쳤다. 어떻게 이런 일이 가능할까?

6년 넘게 나는 이 모순적인 상황에 대해 열심히 고민했다. 2006년 말에 나는 작가이자 농업생태주의자인 피에르 라비 Pierre

Rabhi와 함께 '콜리브리 Colibris*'라는 환경단체를 설립하고, 2013년 8월까지 단체의 운영을 맡았는데, 이 기간에 우리는 왜 시민과 기업가, 정치인들이 행동에 나서지 않는지 이해하기 위해 노력했다. 지난 수십 년간 환경 문제에 대해 경각심을 불러일으키는 메시지는 꾸준히 증가했다. 1949년 페어필드 오스본 Fairfield Osborn, 1961년 레이첼 칼슨 Rachel Carson, 1972년 로마클럽, 1988년 기후변화에 관한 정부 간 협의체** 1992년 리우 회의와 그 이후에 열린 환경회의, 각종 다큐멘터리와 텔레비전 프로그램, NGO, 심지어 정치인들까지 경고의 메시지를 보냈지만, 대규모 정책으로 이어지는 일은 한 번도 없었다. 각국 정부는 단기적 관점으로만 사고했고, 재계의 압력과 재선에 대한 집착으로 선택의 방향을 바꾸었다. 기업가들은 자의이든 타의이든 대부분 성장과 자본주의의 논리를 받아들였다. 한편 일상과 돈 걱정에 찌든 시민들은 소비자 운동을 지속했다. 그 사이 야생 생물의 절반이 지구에서 사라졌고, 지구의 기온은 계속 오르고 있으며, 쓰레기 더미가 쌓이고 있다. 10억 명의 인구가 배고픔에 시달리고 있는데 15억 명의 인구가 비만이다. 전 세계에서 85명이 35억 명의 재산과 맞먹는 돈을 소유하고 있다. 우리가 변화를 위한 행동에 나서려면 어떻게 해야 할까?

이런 질문을 고민하다가 나는 두 가지 사실을 깨달았다.

첫째는 우리가 현실의 가상화가 점점 심해지는 세상에 살고 있다는 것이다. 즉 우리는 우리가 하는 행동과 그 행동이 가져오는 결

---

*   www.colibris-lemouvement.org
**   Intergovernmental Panel on Climate Change, 이후 IPCC

과를 연결 짓지 못하고, 예상하지 못하며, 느끼지 못한다. 무분별한 에너지 사용으로 일어난 기상이변, 우리가 사용하는 휴대전화와 우리가 입는 옷을 만드는 지구 반대편 노동자들의 고통, 우리가 사용하는 재화를 생산하는 데 쓰이는 자원의 고갈, 우리가 먹는 스테이크, 햄버거, 소시지가 되기 위해 공장식 도살장에 끌려가는 가축들의 고통, 그리고 주차장이나 호텔, 슈퍼마켓을 짓기 위해, 혹은 거대한 사육장의 소와 닭, 돼지에게 먹일 옥수수와 콩을 재배하기 위해 숲을 밀어버릴 때마다 사라지는 수천 종의 야생동물….

나는 내 아이들에게 왜 다른 친구들은 다 가는 패스트푸드점에 데려가지 않는지 수없이 설명했다. 영화관이나 빵집에는 별생각 없이 데려가면서 말이다. 그런데 내가 아이들에게 늘어놓은 말은 잔소리이자 뜬구름 잡는 헛소리에 불과했다. 나 역시도 몇 년 동안이나 듣고도 실천은 하지 않은 말이었다. 벌채된 산림은 통계나 이미지로 다가올 뿐이고, 그마저도 새로운 관심거리가 생기면 금세 뒷전으로 밀려난다. 나는 지금까지 육식 피하기, 대형 마트에서 장 보지 않기, 비행기 타지 않기 등 내가 내린 선택이 옳다고 다짐하려고 무척 애썼던 것 같다. 하지만 얼마나 자주 그 결심을 지키지 못했던가? 대중문화와 습관의 무게 앞에 좋은 의도가 다 무슨 소용인가? 우리가 사는 방식과 세상이 돌아가는 방식이 우리를 그 반대 방향으로 빠르게 내몰고 있는데, 어떻게 좋은 의도가 승리하기를 바랄 수 있을까? 그럼에도 우리에게 남아 있는 선택지는 무엇일까?

두 번째로 든 생각은 우리에게 비전이 없다는 것이다. 나는 이미 2007년에 환경 문제와 지속 가능한 세계에 관한 바람직한 비전이 우리에게 얼마나 부족한지 깨닫기 시작했다. 우리는 다른 NGO 동료 대부분이 그렇듯이, 시민들에게 삶의 방식을 바꾸라고만 요구했지, 정작 실천을 끌어낼 수 있는 전반적인 대안을 제시하지는 못했다. 허공에 발을 내디디도록 강제한 셈이다. 미지의 세계에 뛰어들 수 있는 용기나 힘을 가진 사람은 그리 많지 않다. 우리는 시민들에게 뛸 수 있는 디딤대와 미래를 건설하기 위하여 함께 기댈 수 있는 굳건하고 믿을 수 있는 토대를 제공해야 했다. 적어도 시도는 해야 했다.

　우리가 개최한 회의나 행사에 오는 사람들은 "지금 우리가 할 수 있는 일은 무엇인가요?" 하고 묻는다. 그러나 개별적인 행동을 제안하는 것만으로는 미흡하다. 게다가 문제의 규모와 비교하면 괴리가 너무 크다. 지구의 물 중 70퍼센트가 농업과 목축업에 사용되는 상황*에서 '목욕보다 샤워'를 권하는 것이 수자원의 고갈을 막는 데 얼마나 영향을 미칠지 의구심이 든다. 전등 하나를 더 끄고 승용차 타기를 삼가는 것을 엄청난 규모의 기후 이상과 비교한다는 것 자체가 말이 되지 않는다. 특히 중국의 수많은 석탄 발전소와 캐나다 앨버타 주에서 오일샌드 채굴로 배출하는 온실가스의 양이 얼마나 어마어마한지 안다면 말이다. 물론 이런 핑계(지구에는 항상 나보다 더 많은 오염을 발생시키는 자가 있게 마련이므로)를 내세우며 행동에 나서지 않으려고 하는 건 인간답지 못하다. 그러나 이 핑계는 중요한 사실을 말해준다. 바로 우리가 마음 한구석으로는 행동에 나

---

* www.eaufrance.fr/comprendre/les-usages-de-l-eau-et-les/eau-et-agriculture.

서도 아무 소용이 없을 것이라고 믿는다는 사실이다. 아무런 소득이 없을 걸 빤히 아는데 누가 노력하고 싶겠는가? 어쩌면 실천할 수 있는 행동에 대한 지침을 마련해줘야 했는지도 모른다. 새로 지을 집이나 사무실의 설계도를 그릴 때, 각 구성원에게 어떻게 초석을 놓을 것인지 일러주는 것처럼 말이다. 어쩌면 우리의 지성을 건드릴 뿐 아니라 마음에도 울림을 주는 의미와 영감, 이야기를 만들어야 했을지도 모르겠다.

2008년에 나는 소설가이자 에세이스트인 낸시 휴스턴 Nancy Huston이 쓴 《이야기를 만들어내는 종種 L'Espèce fabulatrice》이라는 책을 알게 되었다. 다시 읽었을 때 큰 감명을 받았는데, 이 책의 첫 부분은 이렇게 시작한다.

지구에 사는 생명체 중에서 세상에 태어나고 언젠가 죽는다는 사실을 아는 생명체는 인간뿐이다.

나고 죽는다는 것을 아는 것은 우리와 가장 가까운 침팬지나 보노보도 갖지 못하는 것을 얻게 해준다. 그것은 바로 '하나의 여정으로서의 삶'에 관한 직관이다.

인간만이 의미(뜻과 방향)가 있는 여정으로 지구에서의 삶을 바라본다. 활 모양의 여정. 출생에서 죽음에 이르는 곡선. 시작과 반전, 그리고 끝이라는 시간 속에 펼쳐지는 형태. 다른 말로 하자면 바로 '이야기'이다.

"태초에 말씀이 계시니라."는 말(의미가 있는 행위)이 인류라는 종의 시작을 알렸다는 뜻이다.

이야기는 다른 동물들이 모르는 의미의 차원을 우리의 삶에

부여한다. (중략) 인간의 의미는 그것이 이야기와 허구에서 시작
된다는 점에서 동물의 의미와 다르다.[*]

낸시 휴스턴은 이 책에서 '허구'를 인류가 생존을 위해 만들어
낸 기능이라고 말한다. 죽음에 대한 공포와 불안에 떠는 인류는 자
신을 둘러싼 미지의 세계에서 의미를 구축하고 삶을 정당화해야
할 간절한 욕구를 느낀다. 종교, 국가, 역사 등 인류는 개인과 집단
할 것 없이 이야기를 쉬지 않고 만들어냈다. 그 이야기가 널리 유포
되면 그것이 사회와 문화 건설의 기반이 되었다. 구전과 회화, 그를
이어 책이 오랫동안 이야기를 전파하는 데 있어서 중요한 위상을
차지했다. 소설의 출현으로 이 현상은 더욱 가속화되었고, 결국 '허
구'라는 공식 자리를 내주기에 이른다. 그리고 1930년대 이후, 특히
1950년대부터는 수백만 명에게 이야기를 들려주고 상상력을 발휘
하게 만드는 인간의 능력에 있어서 영화의 비중이 점점 커졌다.

낸시 휴스턴이 현실을 바라보는 관점은 나에게 일종의 계시를
주었다. 그의 이론이 맞는다는 말은 아니다. 다만 '허구'라는 것이
가슴에 와 닿았다. 우리가 그토록 엄청난 힘을 쏟아 부으며 맞서 싸
웠던 이데올로기나 사회 모델은 허구와 이야기라는 관점에서만 효
과적으로 '무찌를' 수 있는 것 같았다. 우리가 흔히 '진보의 꿈'이라
고 부르는 것은 인류에게 환상을 불러일으킬 수 있다는 점에서 허
구이다. 사람들이 그 꾸며낸 이야기를 믿고, 거기에 동조하게 만들

* Nancy Huston, *L'Espèce fabulatrice*, Actes Sud, 2008, p.14.

며, 그것을 실현하는 데 참여하게 만들었으니 말이다. 진보의 꿈은 인류 전체를 뒤흔들어놓았다. 그렇다면 인류 전체 혹은 일부를 친환경적이고 인간적인 길로 안내하는 일 역시 새로운 집단 허구라는 초석이 없이는 불가능할 것이다.

나는 2010년 말에 영화의 시나리오를 쓰기 시작했다. 시나리오는 새로운 허구의 초석을 놓기 위한 일종의 밑그림 같은 것이었다. 그 초석이란, 우리가 이미 알고 있는 것으로, 농업과 에너지, 도시계획, 경제, 민주주의, 교육 등에 새로운 가치를 부여하기 위한 선구자적인 시도를 말한다. 세계 곳곳에서 벌어지고 있는 이 선구자적인 시도를 이으면 내일의 세계를 어떻게 묘사하는 이야기가 만들어질지 궁금했다. 또 '진보'라는 허구가 60년 전에 성공했듯이, 인류에게 행동과 창의성을 불러일으킬 만큼 영감을 주는 새로운 집단 허구가 탄생할 수 있을지도 알고 싶었다.

2011년 말에 나는 여배우이자 감독인 멜라니 로랑Mélanie Laurent을 만났고, 2012년 9월에 그녀와 함께 영속농업을 하는 한 농장을 방문했다. 그리고 돌아오는 길에 그녀에게 그동안 각고의 노력으로 세운 내 계획을 들려주었다. 멜라니는 열성적으로 호응했고, 그때부터 우리는 친한 친구가 되었다. 2013년 2월, 함께 프로젝트를 진행하던 사람들에게 거듭 실망한 나는 멜라니에게 함께 영화를 제작하자고 제안했다. 그녀는 그 자리에서 내 제안을 수락했고, 그 이후로는 돈도 많이 벌 수 있고 자신의 경력에도 도움이 되는 다른 제안들을 모두 거절했다.

1년 뒤, 고생 끝에 레위니옹에서 첫 시험 촬영을 마치고 곧바로 크라우드펀딩 캠페인에 착수했다. 본격적인 촬영을 위해 두 달 동안 20만 유로를 모을 계획이었다. 그런데 열정적인 1만 명의 참여자 덕분에 이틀 만에 목표 금액을 채웠고, 두 달 동안 45만 유로를 모을 수 있었다. 드디어 모험을 시작할 수 있게 된 것이다.

많은 사람의 도움으로 우리는 10개국을 누비며 새로운 세계의 초석을 다지고 있는 50여 명의 과학자와 운동가, 기업가, 정치인을 만났다. 이 책과 다큐멘터리 〈내일〉은 그 증거이다.

'내일의 이야기'를 찾아 떠나다

자, 이제 출발이다. 나는 기차에 몸을 싣고 가다가 몽파르나스 역에서 택시로 갈아탄 다음, 샤를 드골 공항에 도착해 팀과 합류했다. 멜라니, 촬영 감독 알렉상드르, 조감독 라파엘, 음향 기사 로랑, 섭외 담당 앙투안, 그리고 2주간 미국에서의 첫 촬영을 도와줄 티파니가 나와 있었다.

지난 몇 주는 내가 얼마나 영화 제작 기술과 예술적 문제에 문외한인지 깊이 깨닫는 시간이었다. 영화를 만드는 건 처음이었다. 며칠 전부터 장이 꼬이고 온 신경이 곤두선 느낌이었다. 몇 년 전부터 심해진 불안증에 가슴이 답답하고 심장이 두근거렸다. 불안감 때문에 판단력이 마비되거나, 혼미한 정신에 올바른 선택을 하지 못할까 봐 두려웠다. 물론 멜라니가 곁에 있긴 하지만, 사실 그녀도 다큐멘터리 촬영은 처음이었다. 우리가 함께 일하는 것도….

촬영팀은 들떠 있었다. 멜라니는 익살을 떨며 분위기를 띄웠고, 모두가 앞으로 우리를 기다리고 있을 멋진 일에 관해 이야기했다. 불안보다 모험에 대한 기대가 점점 커졌다. 드디어 우리는 열다섯 개나 되는 짐을 잔뜩 지고 비행기 안으로 꾸역꾸역 들어갔다. 앞으로 타게 될 그 많은 비행기 중 첫 번째 비행기였다.

몇 시간 뒤에 우리는 대서양 상공을 날고 있었다. 스튜어디스가 햇빛이 수면에 방해된다며 덧창을 닫아달라고 했다. 지상에서 수 킬로미터 떨어진 상공을 시속 1000킬로미터로 날고 있었지만 아무런 느낌도 들지 않았다. 안내 스크린에 표시된 궤도만이 우리가 비행 중임을 어렴풋이나마 인지하게 해주었다. 우리는 불편한 좌석에 앉아 몸을 구부린 채 스크린에 시선을 고정하고 있었다. 우리 뇌에 실재와는 다른 현실을 전송하는 스크린은 비행기 안에서 우리가 기분 전환을 위해 뛰어들어도 좋다고 허락받은 제2의 창 같은 것이었다. 하지만 나는 진짜 창에 뛰어들고 싶었다. 밤하늘에 시선을 고정하고, 내가 한 번도 보지 못했던 것을 보고 싶었다. 광활한 공간, 범고래와 돌고래, 끝이 보이지 않게 펼쳐진 해안, 자동차와 사람들이 우글거리는 대도시….

이런 식으로 여행하는 건 별로 의미가 없다. 하지만 다른 방법이 있을까? 우리의 예산은 각 행선지마다 겨우 사나흘 머무를 수 있는 정도에 불과했다. 새로운 하루는 곧 지불해야 할 임금과 장비 임대료, 숙박비, 식대를 의미했다. 물론 무턱대고 떠날 수도 있었다. 하지만 그렇게 하면 오랫동안 가족을 볼 수 없을 뿐 아니라, 들인 시간에 비해 턱없이 적은 보상을 받게 될 것이다. 촬영팀 모두 갚아야 할 대출이 있고, 밀리면 안 되는 월세와 관리비가 있었다. 다르게 해보고 싶다면 판을 완전히 뒤집어야 한다. 지난 몇 년 동안 나는 매번 똑같은 결론에 도달했다. 세상은 복잡하게 얽혀 있다. 발걸음은 바람이 가장 세게 부는 곳으로 우리를 안내한다. 우리가 바람을 거슬러 걷기로 작정하지 않는 한 말이다. 그런데 우리가 촬영할 사람들은 아예 바람을 다른 방향으로 일으키겠다고 마음먹은 사람들이다. 나는 그들의 아이디어가 마음에 들었다.

첫 행선지, 스탠퍼드 대학교

샌프란시스코 시에서 40분을 달려 도착한 스탠퍼드 대학교의 캠퍼스는 붉은 황혼에 물들어 멋진 풍경을 연출하고 있었다. 넓은 잔디 위에는 남부 풍의 황갈색 건물들이 늘어서 있고, 그 주위로는 소나무들이 위풍당당하게 서 있었다. 대학생들은 걷거나 자전거로 이동했다. 자동차 몇 대가 웬만한 프랑스 시골 마을보다 큰 대학 캠퍼스를 가로지르는 구불구불한 작은 길 위를 달렸다.

엘리자베스 해들리 Elizabeth Hadly, (이후 리즈 해들리Liz Hadly)와 토니 바노스키 Tony Barnosky가 그들의 연구소에서 우리를 맞아주었다. 두 사람은 우리가 이 다큐멘터리를 찍기로 마음먹은 결정적인 계기였던 유명한 연구를 지휘했다. 리즈 해일리는 생물학자라고 간단히 소개하기 아쉬울 정도로 무척 다재다능한 사람이다. 인류학과 제4기학으로 학위를 받았고, 버클리 대학에서 통합생물학 박사 학위를 취득했으며, 미국의 거대한 국립공원에서 종의 진화를 연구하는 등 다년간 현장 경험을 쌓았다. 지금은 스탠퍼드 대학에서 강의하고 있다. 고생물학자인 토니 바노스키는 워싱턴 대학에서 지리학 박사 학위를 받는 등 지리학과 관련한 학위를 여러 개 취득했다. 너블린, 피츠버그, 뉴욕, 칠레에서 교편을 잡았으며, 20년 넘게 버클리 대학에서 강의하고 있다. 두 연구자는 방대한 양의 과학 저술을 발표했으며, 그만큼의 상도 받았다. 그리고 2012년 6월에는 20명의 전문가(생물학자, 지리학자, 고생물학자, 지질학자, 생물물리학자, 생화학자, 환경 전문가)와 함께 〈지구 생물권에 다가오는 심각한 변화 Approaching a State Shift in Earth's Biosphere〉라는 논문을 〈네이처〉에 게재했다.

우리는 두 사람과 만나서 아주 간단한 질문에 대한 답을 얻고자 했다. "지구의 종말이 정말로 우리 코앞에 와 있는가?"

지구의 기온이 올라가면 :
리즈 해들리, 토니 바노스키와의 만남

‒ 논문 내용이 정말 충격적이었습니다. 믿기 힘들 정도였지요.
   비슷한 연구가 또 있습니까?

리즈 기후변화, 인구 변화, 생태계 파괴와 변형, 멸종, 오염 등 우리가 논문에서 나눴던 문제를 과학자들은 이미 수십 년 동안 연구해왔습니다. 우리는 그 결과를 종합하고 서로 관련 지어보려고 했어요. 문제를 동시에 엮어보니, 심각성이 어느 정도인지 눈에 보이더군요.

토니 우리는 그 모든 문제가 결합하였을 때 인간의 생물학적 시스템이 어떻게 반응하는지 알고 싶었습니다. 그래서 만든 개념이 바로 '변곡점(티핑 포인트)'입니다.

  – 변곡점이 뭔가요?

토니 흔히 변화라고 하면 우리는 관찰이 가능한 사건들의 점진적인 변화를 떠올립니다. 그리고 생물학적 시스템도 그런 방식으로 변화에 반응하는 것이 맞습니다. 하지만 그건 어느 지점까지입니다. 그 지점이 지나면 모든 게 돌변합니다. 가스 불 위에 얹어놓은 물 주전자라고 보시면 됩니다. 처음에는 아무 일도 일어나지 않다가 눈 깜짝할 사이에 물이 끓기 시작하면서 김이 나니까요. 우리의 연구가 남달랐던 것은 그 같은 급작스러운 변화가 개별적인 생물학적 시스템만이 아니라, 지구와 우리 삶 전체에 일어날 수 있다고 주장했다는 점입니다.

  – 지구에 그런 변곡점이 나타난 적이 있나요?

토니 네, 몇 번 있었습니다. 가장 최근에 나타난 것이 빙하기에서 지금 우리가 알고 있는 기후로 변한 시점이지요. 덕분에 인간 문명이 발달할 수 있었습니다. 그게 1만 2000년 전이에요. 우리는 당시와 현재의 기후변화 속도를 비교했습니다.

– 어떤 결과가 나왔나요?

토니 당시보다 오늘날의 기후변화 속도가 10배나 빨랐습니다.

리즈 수십 년 뒤에는 지구의 평균 기온이 1400만 년 전의 기온만큼 높아질 겁니다. 1400만 년 전이면 인간이 출현하기도 전이에요. 인류는 그렇게 높은 기온을 체험해본 적이 없습니다. 지구에 사는 생명체 대부분도 마찬가지고요. 200~500만 년 전에 처음 출현했으니까요.

토니 변화는 그것 말고도 또 있습니다. 인구에 대해서도 할 말이 있지요. 인구가 얼마나 빨리 증가했는지, 제가 태어난 해부터 계산해도 벌써 3배나 늘었습니다. 역사상 처음 있는 일이에요. 생물종 파괴는 또 어떻습니까. 현재 생물종이 멸종하는 규모와 속도는 공룡이 사라진 시대와 맞먹습니다.

리즈 문제는 파괴된 생물다양성을 회복하고 비슷한 생물종이 출현하기까지 수백만 년이 걸린다는 거예요.

토니　기후변화와 인구 증가의 속도가 인간 사회가 적응하는 속도
　　　보다 훨씬 더 빠릅니다. 그래서 문제가 생기는 겁니다.

　　– 변곡점에 도달하면 무슨 일이 벌어집니까?

토니　우리가 변곡점이라는 말을 꺼내면 "어떡해! 우리 이제 다 죽
　　　는 거야?"라고 말하는 사람이 많습니다. 하지만 우리가 말하고
　　　자 하는 건 그런 것이 아닙니다. 지구가 이전보다 훨씬 살기 힘
　　　든 곳이 된다고 말하려는 것이지요. 예를 들면, 지구의 기온이
　　　2도 증가해도 천재지변(폭풍우, 홍수, 허리케인, 태풍, 가뭄 등)이 훨
　　　씬 자주 일어나고, 해수면도 높아질 것입니다. 미국에서는 지
　　　난 3년 동안 악천후가 15년 전보다 훨씬 빈번해졌고, 그 때문에
　　　수십억 달러의 재산 피해를 보았습니다.

　　– 기자들은 두 분의 연구를 인용하면서 우리가 식량 부족이나
　　　기온과 기후변화에 적응하지 못해서 인류의 일부가 사라질
　　　것이라고 하던데요. 가능한 얘깁니까?

리즈　기후변화의 규모와 속도, 그리고 생물종 멸종의 속도와 인구
　　　증가 속도를 결합하면 어떤 일이 벌어질지 눈에 보이기 시작
　　　합니다. 예를 들면 지구에 인구가 늘어나면 그만큼 식량도 필
　　　요합니다. 하지만 우리는 그만큼의 식량 생산을 가능하게 해줄
　　　생물다양성을 심각하게 파괴하고 있습니다.

─ 그럼 어떻게 되나요?

리즈 천연자원이 부족한 국가는 물과 식량, 에너지, 일자리 등 필요한 재화와 서비스를 제공하지 못하겠지요. 가격이 비싸서 수입할 수도 없고요. 그러면 사람들이 이주하기 시작할 겁니다. 그 결과 다른 국가의 안정도 흔들리게 되고, 양국 국민은 서로 미워하게 됩니다. 이미 이런 현상이 시작되었어요. 여러분도 유럽이나 미국으로 들어가려고 담을 넘거나, 배를 탔다가 바다에 빠져 죽는 사람들의 모습이 떠오를 겁니다.

─ 결국 분쟁이 일어날까요?

리즈 그럴 가능성이 있어요. 어쨌든 많이 가진 자와 적게 가진 자 사이에 긴장이 고조될 것은 분명합니다.

토니 경제 모델을 지금 이대로 유지하면서 온실가스 배출도 줄이지 않고, 인구 증가를 막기 위한 노력도 기울이지 않는 최악의 시나리오를 상상해봅시다. 그렇게 된다면 미래가 끔찍할 수밖에 없습니다. 출산율을 2005~2010년 수준으로 계속 유지한다면, 2100년에는 세계 인구가 270억 명으로 증가할 겁니다. 그 많은 사람을 먹여 살리기란 불가능해지겠지요. 식량 생산을 위해 우리는 이미 육지의 40퍼센트를 농경지로 사용하고 있어요. 남아있는 열대림 대부분을 벌채해야 겨우 시간을, 그것도 아주 약간 벌 수 있습니다.

리즈   하지만 열대림을 벌채하면 또 그 안에 살던 수많은 생물종이
        멸종하고, 깨끗한 물을 만들어내는 생태계가 파괴되고, 이산화
        탄소를 저장하는 나무도 잃게 될 테죠.

토니   이런 문제를 종합해보면, 우리는 아주 빠른 속도로 아주 불
        편한 세상을 맞이할 겁니다. 다행히 변화의 속도가 다소 완
        화되었지만, 아직 할 일이 엄청나게 많습니다. 역사의 흐름에
        서 인류는 각성해야 할 지점에 서 있습니다. 문제가 발생한 것
        을 알고 있고, 해결할 수 있는 답도 대부분 알고 있지요. 아직
        15~20년 정도 기회가 남아있습니다. 하지만 사람들이 문제 해
        결을 위해 힘을 합치고 행동하기를 원해야 하지요. 제이 인슬
        리 Jay Inslee 전 워싱턴 주지사의 말처럼 "우리는 기후변화의 결과
        를 경험할 첫 세대이자, 기후변화에 맞서 무언가 할 수 있는 마
        지막 세대"니까요.

        – 앞으로 20년 동안 우리가 힘을 합치면 기후변화를 막을 수
          있을까요?

리즈   그건 자동차와 좀 비슷한 거예요. 브레이크를 밟는 순간과
        자동차가 멈추는 순간에 시간 차이가 나는 것처럼 말이지요.
        온실가스 배출을 지금 당장 멈춰도 대기가 균형을 되찾기까지

는 어느 정도 시간이 필요합니다. 그러니까 지구온난화가 계속된다는 말이지요. 그래서 미리 대비하고 적응해야 합니다. 우리에게 필요할 곡물 종자나 주거를 미리 생각해야 하지요.

토니　샌프란시스코 주민들은 열렬한 야구팬입니다. 하지만 2050년에 야구장이 물에 잠긴다는 사실을 아는 사람은 별로 없어요. 정말 물에 잠길 겁니다. 그냥 가정이 아니에요. 해수면이 점점 높아져서 플로리다주, 뉴욕, 그리고 세계 곳곳의 해안과 기반시설이 물에 잠길 겁니다. 지금은 지구 온도가 2도 높아질 것이라고 말하지만, 만약 4도나 6도 정도 높아지면 경제적 피해나 인명 피해가 산술적으로 증가하는 게 아니라 기하급수적으로 증가할 것입니다.

리즈　그러니까 단순히 식량과 물을 확보하는 차원으로는 아무것도 해결할 수 없어요. 이제는 우리가 살게 될 세상이 어떤 모습인지 그려보아야 합니다. 자원이 모두 고갈되고, 풍경도 달라질 겁니다. 지금 살고 있는 거리에서 로키산맥의 회색 곰이나 알래스카의 북극곰 등 평소에는 볼 수 없던 생물종을 마주치게 될 거예요. 모든 게 바뀔 겁니다. 우리는 그 변화에 대비해야만 합니다.

－지금 당장 뭘 해야 할까요? 각국의 대통령과 기업, 그리고 시민들에게 어떤 충고를 하고 싶습니까?

토니　우선 21세기 말까지 세계 인구를 100억 명으로 안정시켜야 합니다. 출산율이 높은 국가의 여성과 남성을 교육하고, 피임과 의료 서비스에 대한 접근권을 강화해야 합니다.

리즈　서양인들은 환경발자국을 줄여야 합니다. 단순히 인구수만 문제가 아니에요. 자원을 소비하는 방식이 더 문제입니다. 소위 선진국에 사는 사람들이 후진국 국민보다 소비를 훨씬 많이 하니까요.*

토니　선진국이 소비 수준을 낮춰야 합니다. 대신 인도와 중국 등에서 소비를 증가시켜서 전체적으로 지속 가능한 수준을 유지해야 합니다. 또 최대한 빨리 화석연료 사용을 멈추고 탄소 제로 경제로 전환해야 합니다. 30년이면 화석에너지를 신재생에너지로 대체할 수 있다는 연구 결과도 있습니다. 이 목적을 달성하는 데 가장 큰 걸림돌은 BAU**입니다. 따라서 다음으로 해야 할 일은 경제 모델을 바꾸는 것입니다.

다음으로 할 일은 식량 배급 방식을 살피는 것입니다. 오늘날의 시장경제 체제에서는 식량을 생산하기 위해 환경을 파괴하면서도, 정작 생산량 중 3분의 1은 폐기하고 있습니다. 100억 명의 인구를 먹여 살릴 기술을 갖고 있으면서도 말입니다.

---

*　미국인의 환경발자국은 방글라데시인의 14배이다
**　Business As Usual, 온실가스 감축 노력을 하지 않고 지금 추세로 진행할 때 배출될 온실가스 총량

마지막으로, 생물종의 멸종 위기를 막아야 합니다. 경제 시스템에 자연을 통합시키고, 자연이 우리에게 선사하는 서비스에 가치를 매기는 등 방법은 많습니다.

우리에세는 시간이 많이 남아 있지 않습니다. 상황이 올바른 방향으로 나아가도록 바꾸는 데만 20년이 걸릴 것입니다. 지금이 인류에게 아주 중요한 시기입니다.

리즈   이렇게 말하면 사람들은 누군가 다른 사람이 나서겠지, 하고 생각하는데, 그렇지 않습니다. 모두가 함께 나서서 이런 행동을 실천해야 합니다.

토니   물론 당면한 문제가 만만치 않습니다. 하지만 세계 인구는 70억 명이나 됩니다. 한 사람 한 사람이 조금씩 행동에 나선다면, 작은 실천이 쌓여서 큰 변화를 일으킬 수 있어요.

　- 이런 결론에 이르렀을 때 심정이 어떠셨나요?

리즈   좀 두려웠어요. 물론 우리가 하나로 뭉친다면 변화를 끌어낼 수 있다는 믿음은 있지만 뭉치지 못할 수도 있으니까요.

우리는 두 연구자의 놀라운 에너지와 진실함, 소박함, 인간다움에 흥분하면서도 동시에 두 사람이 그려 보인 전망에 의기소침해졌다. 우리에게 남아있는 시간이 20년이라니… 내게는 일곱 살과 열 살 된 두 아이가 있다. 멜라니의 아이는 두 살이 채 되지 않았다. 알렉상드르와 로랑, 라파엘도 여덟 살이 안 된 아들과 딸이 있다. 이 아이들이 위기의 직격탄을 맞는다는 것이다. 토니가 말한 방식으로 달라진 세상에 적응하는 법을 또한 배워야 한다는 것이다.

그러나 우리를 더 괴롭게 하는 건, 우리가 아이들과 '함께' 그 상황을 맞이한다는 점이다. 우리는 오랫동안 '미래 세대'라는 말을 많이 했다. 행동해야 할 필요성과 아이들에게 살 만한 세상을 물려줘야 한다는 책임감에 대해 입이 닳도록 떠들었다. 그런데 기후변화는 우리 아이들뿐 아니라 우리에게도 해당하는 문제였다. 지구온난화와 기아, 그리고 여러 형태의 불안정을 이미 겪고 있는 이 세상 모든 사람에게 해당하는 문제였다. 환경과 사회와 경제 문제는 서로 밀접하게 연결되어 있기 때문이다.

이 사실을 증명하는 연구가 점점 늘고 있다. 그중 많은 연구가 지구온난화와 분쟁이 직접적인 관련이 있다고 주장한다.* 또 다른 연구는 자원 남용이 기온 이상, 극도로 자유화된 경제와 결부되어 매일 수많은 어른과 아이가 배고픔으로 죽어가게 만든다는 사실을

---

* "기후변화는 내전, 민족 간 폭력 사태, 무력시위와 같은 폭력적 분쟁의 위험을 간접적으로 증가시킬 것이다." IPCC 제5차 보고서(2014년). http://ipcc-wg2.gov/AR5/. 〈뉴욕타임스〉의 저명한 칼럼니스트 토머스 프리드먼(Thomas Friedman)은 수개월에 걸쳐 이 주장을 뒷받침할 상징적인 사례를 조사했다. 내전으로 수십만 명의 희생자가 발생한 시리아에서는 내전이 일어나기 4년 전부터 극심한 가뭄이 계속되었다. 이로 인해 수백만 명의 이재민이 발생했고, 200만 명에 가까운 사람이 극심한 빈곤에 빠졌다. 많은 사람이 농촌을 떠나 다마스와 홈스로 몰려들어 좁고 불결한 주거지에 정착했다. 국민의 고통에도 정부가 나서지 않자 농민들은 분노했고, 정부에 대한 반감이 크게 확산하였다. 수십 년간 이어진 정치 불안과 종교 갈등, 다년간의 독재, 아랍 국가에 불어온 혁명의 기운이 가뭄이라는 상황과 맞물려 시리아는 비극으로 치달았다. 미국에서 이루어진 여러 연구는 가뭄이 기후 이상과 상당한 관련이 있다는 사실을 뒷받침한다. (http://www.nature.com/news/climate-change-implicated-in-current-syrian-conflict-1.17027).

명백히 보여준다.*

　이 모든 걸 일찌기 주장한 사람이 있다. 바로 월드워치연구소World Watch Institute와 지구정책연구소Earth Policy Institute를 설립한 레스터 브라운Lester Brown이다. 농학과 경제학을 전공한 그는 〈워싱턴 포스트〉가 선정한 '21세기 가장 영향력 있는 사상가' 중 한 명이다. 올해로 여든세 살이 되는 그는 환경과 관련한 세계의 상황을 연구하는 가장 인정받는 전문가이다.

우리에겐 시간이 없다 : 레스터 브라운과의 만남

레스터 브라운　우리가 지금과 같은 방식을 더는 유지할 수 없는 이유는 여럿입니다. 우선 나무가 자라는 속도보다 훨씬 빨리 나무를 베고, 아프리카와 중동, 그 밖에 많은 지역의 목초지를 없애서 모래 폭풍을 일으키는 사막화를 일으켰기 때문입니다. 토양 침식도 심각합니다. 구체적인 예를 들어보면, 미국에는 염소와 양이 900만 마리 정도 있습니다. 그런데 중국에는 그 수가 2억8200만 마리나 되어 들판이 사라지고 있습니다. 중국 서부 지역은 사막으로 변하고 있고요.
　그뿐 아니라 세계 곳곳에서 지하수도 고갈되고 있습니다. 아마

---

* 예를 들어 《탐욕의 시대》, 장 지글러, 갈라파고스(2008).

도 인도의 상황이 가장 심각할 겁니다. 지하수 취수에 관한 규정이 마련되어 있지 않기 때문이지요. 인도 전국에 전력으로 돌아가는 관개수용 우물이 2600만 개 정도 있습니다. 그 우물이 모두 말라가기 시작했어요. 과도한 취수로 최근 몇 년간 곡물 수확량이 크게 증가해서 1억 9천만 명의 인도인을 먹여 살릴 수 있었습니다. 중국에도 지나친 지하수 취수에 의존하는 인구가 1억2천만 명이나 있습니다. 하지만 본디 지나친 개발이라는 게 오래 갈 수 없는 법 아닙니까. 인도와 중국에서는 관개용수와 식수 부족 현상이 이미 시작됐습니다.

이 두 가지 외에 또 한 가지 문제가 있습니다. 바로 광합성의 한계입니다. 지금 제 책상 위에는 세계 곡물 현황에 관한 자료가 놓여 있는데요, 지난 17년간 일본에서는 쌀 생산량이 증가한 적이 없습니다. 세계 최대의 쌀 생산국인 중국도 생산 증가율이 4퍼센트를 넘지 않고, 그마저도 머지않아 정체될 것으로 보입니다. 프랑스의 밀 생산량도 지난 15년 동안 줄곧 비슷한 수준을 나타냈고, 독일과 영국에서도 상황은 마찬가지입니다. 미국에서는 옥수수 생산량이 비슷한 경향을 나타내고 있습니다.

네 번째는 기후변화라는 예상하기 힘든 요인입니다. 우리가 잘 알고 있듯이, 지구의 기온이 1도 상승하면 곡물 생산량이 17퍼센트 감소합니다. 이 사실은 스탠퍼드 대학이 미국의 600개 카운티에서 매우 광범위하게 수행한 연구로 확인되었습니다. 단순한 가정이 아니라는 얘기죠. 국제단체가 발표하는 (매우 낙관적인) 세계 곡물 생산 추정치는 농학자나 환경학자가 아니라,

경제학자들이 내놓은 것입니다. 아주 슬픈 현실이지요. 경제학자들은 단순히 20년 동안의 통계치를 기준으로 추정치를 계산하는 것뿐이니까요. 인류가 한계치를 넘어섰다는 사실을 이해하지 못하면서요.

지금까지 언급한 요소들 때문에 곡물 생산량을 증가시키기가 아주 어려워졌습니다. 우리에게는 아주 필요한 일인데 말입니다. 세계 인구는 매년 8천만 명씩 증가합니다. 이 말은 곧 오늘 저녁에 21만 9천 명분의 식사가 더 필요하다는 뜻입니다. 내일도 최소한 그만큼 더 필요하고요. 그런가 하면 30억 명의 사람은 자원을 더 소모하는 식습관을 갖고 있습니다. 인도인은 하루에 400그램의 곡물을 섭취합니다. 이렇게 적게 먹으면 곡물을 동물성 단백질로 전환하기가 어렵습니다. 동물성 단백질은 직접 섭취해야 하지요. 미국인은 이보다 4배 많은 1.6킬로그램을 섭취합니다. 빵, 파스타, 쌀로 300그램을 섭취하고, 나머지는 대부분 육류와 계란, 우유로 섭취하지요. 중국인, 인도인, 아프리카인 모두 이 기준을 따르려고 합니다. 하지만 그건 불가능한 일입니다. 자원이 그만큼 충분하지 않으니까요.

이 사실을 가장 명백하게 증명하는 지표가 곡물 가격입니다. 2007년 이후 곡물 가격이 2배로 뛰었습니다. 저는 앞으로도 가격 상승이 계속 이어지리라 생각합니다. 이제는 가장 많은 자원을 소비하는 10억 명의 사람이 육류 소비를 줄이도록 장려해야 합니다. 미국에서 곡물 생산량의 30퍼센트를 차지하는 농업 연료를 더는 사용하지 말아야 하고요. 현재 토양 침식, 모래 폭풍, 산업화, 도시화로 인해 아주 많은 경작지가 사라지고 있습니다. 앞에서 말한 모든 원인에 더해 이 문제도 우리를 비극적이고 완전히 새로운 환경에 부딪히게 했습니다.

나이지리아, 인도, 페루의 빈곤 가정에서 매주 굶는 날을 정한다는 얘기를 들어보셨습니까? 제가 알기로는 이런 일은 인류 역사상 유례가 없습니다. 예를 들어 일요일 저녁에 모여서 "이번 주에는 수요일과 토요일에 굶기로 한다." 하고 정하는 것이지요. 매일 먹을 만큼 충분한 식량이 없기 때문입니다. 프랑스나 미국에서는 아무리 곡물 가격이 올라도 사람들이 받는 영향이 미미하지만, 가난한 나라에서는 즉각적이고 지대한 영향을 받습니다. 나이지리아 가정의 24퍼센트, 인도 가정의 22퍼센트, 페루 가정의 24퍼센트가 이런 상황을 겪고 있다고 합니다. 저는 이 문제를 50년째 연구하고 있는데요, 보통은 식량이 부족하면 한 끼 정도 굶는 것으로 알고 있었습니다. 며칠 동안 한 끼도 못 먹는 경우는 없었어요. 이런 현상은 처음 봅니다.

– 앞으로 우리는 어떻게 될까요?

레스터 정치적 불안정을 비롯해 온갖 혼란이 야기될 가능성이 높습니다.

– 50년 가까이 정치 지도자들을 만나왔잖습니까. 벽에 사진도 많이 걸려있네요. 왜 정치인들은 행동에 나서지 않습니까?

레스터　놀라운 사실을 하나 말씀드리자면, 사실 정치인 대부분은 현 상황을 잘 알고 이해하고 있습니다. 다만 어떻게 행동해야 할지 모르고 있더군요. 우리는 사회의 거대한 변화를 말하곤 합니다. 하지만 문제에 대한 인식조차 없는 정치 지도자들이 어떻게 시민들에게 생활방식을 근본적으로 바꾸라고 설득할 수 있겠습니까? 다른 방법이 있다면 저는 변화를 원하지 않습니다. 저처럼 생각하는 사람들이 아마 많을 겁니다. 문제는 우리가 원하든 원하지 않든 무조건 변해야 한다는 겁니다. 그게 현실이지요. 다만 지금의 시스템이 무너지기 전에 우리가 과연 변화할 수 있을까 하는 것이 걱정입니다.

옛 문명을 살펴보면, 문명의 쇠퇴는 대부분 식량 시스템의 문제와 긴밀하게 결부되어 있습니다. 예를 들어 6000년 전 수메르인은 강에 운하를 파서 내륙으로 물을 끌어오는 아주 기발하고 효율적인 관개 시스템을 만들었습니다. 그런데 시간이 흐르자 물이 강둑까지 차오르고 범람해서 경작지가 잠기게 되었습니다. 그리고 물이 증발하면서 지표면에 쌓인 소금이 흙의 성분을 바꾸어버렸지요. 곡물 생산량은 가차 없이 줄어들었고, 수메르인은 원인도 제대로 파악하지 못했습니다. 중앙아메리카의 마야 문명에서도 산림 벌채와 토양 침식이 식량 생산을 감소시킨 원인이었습니다. 마야인은 문제를 해결하지 못했고, 과거 찬란했던 문명은 결국 정글로 뒤덮이게 되었지요.

지금의 우리가 그들과 다른 점은 인류 역사상 처음으로 인류 문명 전체가 위험에 처했다는 사실입니다. 우리와 나머지 다른 세상을 따로 떼놓을 수가 없습니다. 미국과 중국은 한배에 탔으며, 함께 도전에 맞서야 합니다. 혼자 기후를 안정화할 수 있는 국가는 없습니다. 우리가 원하든 원하지 않든 우리는 지금까지 경험해보지 못한 규모로 협력할 수 있는가에 따라 미래가 바뀔 수 있는 상황에 놓여 있습니다.

　- 수많은 재앙이 발생하는 걸 보면서도 왜 우리는 행동에 나서지 않는 걸까요? 참 알 수 없는 일입니다.

레스터　그 질문에 답이 될 수 있는 프랑스의 수수께끼가 하나 있습니다. 아이들에게 무한 성장에 관해 설명할 때 사용하는 수수께끼이지요. 늪에 수련이 한 개 자라고 있습니다. 첫날 수련에 잎이 하나 생겼습니다. 매일 잎의 수가 2배로 증가하고, 30일 뒤에 늪이 수련 잎으로 꽉 찬다고 칩시다. 그렇다면 늪의 절반이 채워지는 때는 언제일까요? 답은 29일째입니다. 29일 동안 사람들은 아무런 문제가 없다고, 앞으로도 시간이 많다고 생각할 것입니다. 그러다가 하루 만에 갑자기 상황이 돌변하는 것이지요. 지금 우리 세계도 그와 같습니다. 지난 수십 년 동안 우리는 경제를 미친 듯이 빠르게 성장시켰고, 어렴풋하게나마 그 성장이 영원히 지속될 것이라고 생각해왔습니다. 하지만 그건 불가능한 일입니다.

　- 우리가 제때에 변화할 수 있을까요? 아니면 지금 벌어지는

상황에 체념이나 두려움을 느끼시나요?

레스터 우리가 조금은 두려워해야 한다고 생각합니다. 하지만 동시에 우리에게는 빨리 적응할 수 있는 능력이 있다고 생각하기도 합니다. 말하고 보니 제2차 세계 대전이 떠오르는군요. 진주만을 공격당했을 때 미국은 사전 계획 없이 갑작스럽게 전시 상태에 돌입해야 했습니다. 루스벨트 대통령은 전투기 6만 대와 탱크 4만 대를 만들어야 한다고 외쳤지요. 그 숫자가 어마어마해서 그게 가능하리라고 믿은 사람은 아무도 없었습니다. 그러자 루스벨트 대통령은 우선순위를 바꿨습니다. 미국 내에서 새 자동차를 판매하는 행위를 갑자기 막은 것이지요. 협상의 여지가 없었습니다. 자동차 업체들은 파산하지 않으려면 조립 라인을 바꿔서 자동차 대신 탱크와 전투기를 생산할 수밖에 없다는 사실을 깨달았습니다.

최근에 디트로이트에 있는 옛 포드 자동차 공장에 간 일이 있는데요, 당시 상영했던 영화가 생각나더군요. 그곳 공장에서 막 생산한 B24와 B29 폭격기를 보여주는 영상이었지요. 경제 성장의 방향을 재설정하는 데에는 수십 년도, 수년도 걸리지 않았습니다. 단 몇 달 만에 가능했지요. 그때 가능했던 일이라면, 지금도 우리는 통제 불능의 기후 이상을 막을 수 있을 겁니다. 다만 진주만과 같은 계기가 필요합니다. 가뭄이나 수확량 격감, 해안의 대도시를 파괴하는 태풍 같은 것 말이지요. 이런 일은 예측 불가능합니다. 우리가 알 수 있는 건, 지금 이대로 가던 길을 계속 가서는 안 된다는 것입니다. 우리는 조만간 방향을 바꾸어야 합니다.

1장. 생태계를 지키는

식량 생산 AGRICULTURE

생태계의 다양성을 모방한 영속농업 농장 벡 엘루앵Bec-Hellouin

"앞으로 석유는 훨씬 희소해지고 훨씬 비싸질 겁니다. 지금처럼 식품이 장거리를 이동하게 둘 수 없을 것이고, 기후 문제는 점점 더 심각해질 겁니다. 그래도 우리는 먹어야 살 수 있습니다. 석유를 사용하지 않고 음식을 먹을 수 있는 방법을 만드는 것, 백퍼센트 손으로 농사를 짓는 것은 귀농들의 엉뚱한 생각이 아닙니다. 미래의 인류를 먹여 살리는 데 절대적으로 필요한 일입니다."

영속농업을 실천하는 농부 샤를 에르베 그뤼예르Charles Hervé-Gruyer

그러니까 식량은 우리가 해결해야 할 가장 큰 문제였다. 과잉 인구, 과도한 자원 소비, 자연 파괴가 인류의 일부를 사라지게 만들 수 있는 방향으로 흘러가고 있었다. 그렇다면 질문은 다음과 같이 정리될 수 있다. "생태계를 재생하고 기후변화를 멈추면서 어떻게 100억 명 넘는 인구를 먹여 살릴 것인가?"

여러 해 동안 다양한 분야의 연구자들이 이 문제에 관심을 기울였다. 이들이 제안한 해결책은 두 가지로 분류할 수 있다. 하나는 가장 효율적인 기술을 개발하여 규격화하고, 이를 전 세계에 빠른 속도로 배포하는 산업적인 해결책이다. 다른 하나는 어떤 메커니즘과 사고방식이 우리를 지금의 상황으로 이끌었는지, 그리고 어떤 세계관이 우리를 이 상황에서 벗어나게 할 수 있는지 궁리하는 좀 더 통합적인 해결책이다.

산업적 해결책은 일반적으로 국가나 다국적기업 등 권력이 중앙에 집중된 조직에서 나온다. 종자와 유전자변형농산물*, 병충해 방지 제품(농약, 제초제, 비료 등) 분야의 세계 최대 기업인 몬산토 홈페이지에 들어가 보면 다음과 같은 글을 읽을 수 있다. "세계 인구와 식량 수요의 증가를 감안하면, 농업 생산량을 2050년까지 70퍼센트 증가시켜야 한다. (중략) 이러한 상황에서 식량 수요에 부응하려면 전 세계 농부들이 둘 중 하나를 선택해야만 한다. 즉 단위 면적당 생산량을 늘리거나 아니면 경작지를 늘려야 한다. (중략) GMO작물을 재배한다면 단위 면적당 생산량을 늘리는 동시에 생

---

* Genetically Modified Organism, 이후 GMO

물다양성이 풍부한 지역의 황폐화나 파괴를 완화할 수 있다."*

이 글을 읽으면 마치 환경운동가와 과학자, 그리고 세계에서 가장 비난받는 다국적기업이 뜻을 같이하는 것처럼 보인다. 하지만 이들은 문제를 해결하는 방법이 완전히 다르다. 몬산토 홈페이지의 '작물 보호 제품' 항목을 보면, 세계보건기구 WHO가 '잠재적 발암 물질'로 분류한 농약인 라운드업 Roundup에 대해 다음과 같이 설명하는 글을 볼 수 있다. "세계 인구가 증가하는 반면 경작지는 감소하는 상황에서는 농업 생산량을 높은 수준으로 유지하는 것이 전략적이다. 이때 식물약제**는 농업에 매우 중요한 역할을 한다. 식물약제가 없다면 농업 생산량이 (작물의 종류에 따라서) 60~80퍼센트 감소할 것이기 때문이다(규정 2092/91)."

이 글이 주장하는 바는 대략 다음과 같다. '싸고 건강한 식량(라운드업과 같은 농약은 독성이 매우 강하다는 점을 볼 때 이는 이해할 수 없는 주장이다)을 대량 생산하려면, 개량 종자와 자연(해충, 진균, 잡초)을 물리치고 제어할 수 있는 화학제품이 절대적으로 필요하다.' 농업을 이런 방식으로 생각하는 것은 제2차 세계 대전 이후 산업화가 집중적으로 진행된 서양에서 보편화되었다.

반대로 전체론적인 해결책을 옹호하는 사람들은 위와 같은 농업 방식이야말로 생태계를 점차 파괴하고 인류를 먹여 살릴 수 없는 결과를 낳는다고 주장한다.

과연 누구의 주장이 옳을까? 우리는 그 답을 얻기 위해 브뤼셀

---

* www.monsanto.com/global/fr/actualites/pages/les-ogm-nuisent-a-la-biodiversite.aspx
** 농약, 제초제, 진균제 등

로 떠났다. 그곳에서 2008~2014년 유엔 식량권 특별보고관으로 활동한 올리비에 드 쉬테Olivier de Schutter를 만났다. 그는 신중하고 정확성을 기하는 인물로, 문제를 전반적인 관점에서 다루고자 했으며, 부작정 어느 한쪽에 책임을 전가하는 것을 피했다. 유엔에서 일하기 전에는 벨기에의 루뱅 라 뇌브 대학과 폴란드의 유럽 대학College of Europe에서 국제법과 유럽연합법을 가르쳤고, 뉴욕 대학과 컬럼비아 대학에서 객원교수로 재직했다. 2002~2006년에는 '기본권에 관한 유럽 내 전문가 네트워크'에서 일했으며, 2004~2008년까지 국제인권연맹FIDH의 사무국장을 역임했다. 그는 말하자면, 헝클어진 머리로 상징되는 환경운동가의 전형에서 벗어나는 인물이다.

누구를 위한 식량 생산인가 : 올리비에 드 쉬테와의 만남

올리비에 드 쉬테 1950~1960년대를 지배한 농업 담론을 한마디로 요약하면, 농업 생산량이 인구 증가율을 따라잡지 못할 수도 있다는 것이었습니다. 따라서 무슨 수를 써서라도 생산량을 증가시켜야 했죠. 그러나 이 담론은 21세기에 더 이상 들어맞지 않습니다. 과거의 생산제일주의가 농촌의 빈곤을 얼마나 가중시켰고, 자원에 대한 압력을 얼마나 증가시켰는지 이제는 알기 때문입니다. 또 그러한 접근법이 저질의 식품 소비에 따른 건강 문제를 심화시킨 것도 알게 되었습니다. 우리가 음식의 질보다 양을 선호했으니까요. 하루빨리 새로운 농업 담론을 만들어야 합니다. 농업이 완수해야 할 여러 과제와 농업이 충족시켜야 할 새로운 요구 사항을 모두 고려한 담론이 필요합니다.

– 생산제일주의적 접근법이란 구체적으로 무엇인가요?

올리비에 기계(트랙터, 수확기 등)와 석유로 만든 제품(화학비료, 농약), 그리고 대규모 관개를 이용해서 단위 면적당 생산량을 최대로 끌어올리는 농업을 말합니다. 선진국에서 지배적인 이 농업 모델이 많은 개발도상국으로 확산하고 있습니다.

– 왜 이 농업 모델을 고집할 수 없다고 주장하시나요?

올리비에 여러 가지 이유가 있는데, 특히 환경 때문에 문제가 됩니다. 우선, 농부가 할 일을 기계가 대신하게 되면서 농촌 인구가 도시로 대거 이주했습니다. 그러자 선진국의 농촌 지역에서는 50년 동안 인구가 급감했습니다. 이제는 개발도상국에서 동일한 현상이 더욱 빠르게 진행되고 있습니다.
그다음에 문제가 되는 것은 생산제일주의 농업 모델이 값은 싸지만, 품질이 낮은 에너지원을 생산한다는 사실입니다. 쌀과 밀, 감자, 콩 재배에 지나치게 집중한 것이지요. 건강하고 균형 잡힌 음식 섭취를 위해서는 생산을 지금보다 훨씬 더 다양화해야 합니다.

마지막으로, 이 농업 모델이 생태계를 파괴하기 때문입니다. 생물다양성을 감소시키고, 단일 경작으로 땅을 척박하게 만들며, 화학비료를 남용해서 토양과 지하수층을 오염시키니까요.

- 생산제일주의 농업 모델을 계속 고수할 경우 어떤 일이 일어 날까요?

올리비에 증가하는 수요를 충족시킬 만큼 충분한 식량을 생산하지 못하리라는 우려가 오히려 우리를 막다른 길로 몰고 가는 방법을 쓰도록 만드는 모순적인 상황이 벌어지고 있습니다. 장기적으로 우리의 생존이 달린 생태계를 파괴한다는 사실을 알면서도 지금 당장에는 식량 생산을 증가시키려고 하는 것이지요. 상황이 이대로 계속된다면 농업의 부정적 영향을 계속 더 많이 보완해야 합니다.

- 그 말은 토양이 계속해서 생산을 할 수 있도록 비료와 농약을 더 많이 사용해야 한다는 뜻이군요?

올리비에 농사란 토양에서 생명 물질을 추출하는 것이나 다름없기 때문에 토양에 부족해진 부분을 질소 비료로 보충해줘야 합니다. 그렇게 해도 요즘은 생산성을 유지하기 힘듭니다. 실제로 많은 선진국에서 생산성이 감소하고 있고요. 석유와 천연가스에 대한 의존도가 높아지면서 비료와 농약을 쓰지 않으면 농업 생산이 점점 불가능해지는 악순환이 발생한 거죠.

- 하지만 앞으로 석유는 더 희소해질 테고, 그러면 가격도 오를 겁니다. 석유 사용 때문에 이상 기후도 나타나고 있고요. 이대로 계속 유지할 수는 없잖습니까?

올리비에 그래서 방향을 바꿔야 한다는 것입니다. 가장 중요한 문제는 변화를 위해서 닫힌 시스템의 빗장을 여는 것입니다. 제가 놀란 점은 정부와 과학자들이 현 시스템으로는 더 이상 버틸 수 없지만, 그 대안을 찾기까지 아주 오랜 시간이 필요하다는 점을 모두 인정한다는 것입니다.

- 왜 오래 걸리죠?

올리비에 변화를 가로막는 요인이 적어도 네 개나 있습니다. 첫 번째는 경제적 요인입니다. 가격은 소비자를 속입니다. 산업적 농업에서는 농촌 인구의 격감, 토양 침식, 온실가스 배출, 수질 오염, 의료 비용 등 사회가 부담해야 할 막대한 비용이 가격에 반영되지 않습니다. 그 비용까지 청구하면 식량 가격이 상승할 테니까요. 그렇게 되면 산업적 농업의 경쟁력이 떨어지겠지요. 두 번째는 사회·기술적 요인입니다. 식품의 수송, 저장, 가공을 위한 인프라는 산업적 농업 주체를 위해서, 그리고 그들에 의해서 만들어집니다. 훨씬 더 환경 친화적인 생산 방식을 선택하는 소규모 농가는 생산품 판매를 위해 어쩔 수 없이 시스템을 지배하는 자들을 거칠 수밖에 없습니다. 그 결과 소농들은 생산한 가치의 많은 부분을 상실하게 됩니다.

– 세 번째 장애물은 무엇인가요?

올리비에   음식 문화입니다. 우리는 가공이 아주 많이 된 식품에 의존하게 되었습니다. 바빠서 요리할 시간과 가족과 함께 식사하는 시간도 줄었습니다. 그러다 보니 식품업계가 제안하는 식습관을 갖게 되었습니다. 이건 극복하기 아주 어려운 장애물입니다. 농업 혁명을 일으키려면 식습관을 농업의 한 요소로 생각하고 우리의 생활방식도 재고해야 합니다. 요리하는 것과 생산자를 직접 만나 신선한 재료를 준비하는 데 더 많은 시간을 할애해야 합니다.

마지막 장애물은 정치입니다. 제가 2008년부터 2014년까지 유엔에서 일할 때 놀란 게 있는데, 그건 바로 각국 정부가 국민의 이해에 맞지 않는 결정을 취할 때가 많다는 사실이었습니다. 정부는 주로 산업적 농업 주체의 이해에 맞는 결정을 내립니다. 1인당 GDP와 경제성장률을 올리는 데에만 급급하기 때문이지요. 기술적인 열쇠를 쥐고 있는 자는 바로 농업 관련 산업체의 대주주들입니다. 이들이 정부가 취해야 할 국제무역과 농업 정책을 지시합니다. 이것은 민주주의에 관한 아주 중요한 문제입니다. 저는 민주주의가 4~5년마다 한 번씩 투표권을 행사하는 데 국한되지 않는다고 생각합니다. 시민의 일상에 영향을 미칠 수 있어야 하고, 우리를 둘러싼 시스템을 재창조할 수 있어야 하며, 이 모두를 정치인에게 압력을 행사하는 로비스트의 손에 맡기지 않을 수 있는 힘이 있어야 합니다.

- 로비스트라고 하면 누구를 말씀하시는 건가요?

올리비에 현 시스템은 대형 농식품업체와 곡물업체, 비료업체, 그리고 종자업체와 결탁한 농약업체에게 유리합니다. 이들은 지배적인 위치를 유지하기 위해서 현 시스템을 바꾸려 들지 않겠지요. 이들이 정치인들에게 미치는 영향은 막대합니다.

- 국제 협상은 정확히 어떻게 진행되나요? 이런 대기업이 각 국에 특정 정책을 취하라고 압력을 가하나요?

올리비에 그렇습니다. 국제 협상은 민주주의 시스템의 맹점입니다. 협상은 주로 비공개로 진행됩니다. 외부의 시선을 차단하기 때문에 시민들이 결정에 영향력을 행사할 수 있는 권한을 빼앗길 뿐 아니라, 시민들의 손에 뽑힌 사람들은 국민에게 설명할 의무가 면제됩니다. 또 수개월 혹은 수년 동안 이어진 협상이 마침내 체결되면, 의회는 승인할 수밖에 없습니다. 그렇지 않으면 협상가들이 오랫동안 들인 노력을 물거품으로 만드는 꼴이 되니까요.

– 앞으로는 어떤 방향으로 나아가야 할까요? 임기를 마치면서 작성한 보고서에는 어떤 권고 사항을 제안하셨나요?

올리비에 새로운 농업의 역사를 써야 합니다. 그러려면 우선 농식품 부문의 시스템을 재설정해야 합니다. 고용, 농업, 교육 정책을 부문별로 나누지 않는, 좀 더 통합적이고, 국토에 더 초점을 두는 정책이 필요합니다. 즉 생산자와 소비자의 관계를 더 밀접하게 하고, 지역의 다양성을 확대해야 합니다. 그렇게 해서 각 지역이 식량 수요를 스스로 충족하고, 외부의 자극에 대한 회복력을 개선하며, 주민들이 자신들만의 농식품 시스템을 갖게 하자는 겁니다. 지난 50년간 농업은 정반대의 방향으로 나아갔습니다. 유통 라인이 점점 더 길어졌고, 정부는 국제 시장에 집착하게 되었으며, 기업의 몸집은 점점 더 불어났습니다. 이제는 농업의 분산화와 재설정이 필요합니다.

– 지역에서 식량을 생산하는 것이 그렇게 중요한가요?

올리비에 식량 수입 의존도가 높거나, 식량 수출을 소득원으로 삼는 의존도가 높은 지역은 기후변화, 금융 시장 내 에너지와 원자재 가격의 변동성 확대, 예측하기 어려운 지정학적 혼란 등과 같은 외부 충격에 민감할 수밖에 없습니다. 회복력이란 필요한 것을 스스로 충족할 수 있는 능력을 전제로 합니다. 이건 자급자족과는 다른 개념입니다. 국제 시장에 대한 의존도를 줄

이고 국내와 역내 시장을 우선시한다는 뜻이죠. 이는 농학적
으로도 아주 중요합니다. 단일 작물을 재배하는 땅(예를 들어 콩
을 재배하는 아르헨티나와 브라질)은 황폐해지고, 재생이 아예 되지
않거나, 여러 작물을 동시에 혹은 번갈아 심는 농업 방식에서
보다 훨씬 재생 속도가 느립니다.

　- 그렇다면 말씀하셨듯이 좀 더 자연 친화적인 농업으로 돌아
　가야 할까요? 농약과 화학비료를 쓰지 않으면 굶주리게 된
　다는 이야기를 오랫동안 들어왔는데 말이죠.

올리비에　전환에 필요한 비용과 장기적 해결책을 혼동하면 안 됩
니다. 현대 농업은 농약과 화학비료에 크게 의존하고 있습니
다. 단기적으로는 석유와 천연가스에 대한 의존도를 낮추기는
어려우므로 몇 년에 걸친 전환기가 필요합니다. 그러나 장기적
으로는 석유와 천연가스의 가격 상승과 기후변화를 고려하면
선택의 여지가 없습니다. 그동안 농부들에게 제대로 알리지 못
하고, 대중에게 충분히 이해시키지 못했을 뿐, 해결책도 있습
니다. 공기 중 질소를 흡수해서 토양으로 내보내는 콩과 식물
재배나 혼농임업을 통해 토양을 비옥하게 만드는 방법이지요.

　- 그런 방법으로 인류를 다 먹여 살릴 수 있을까요?

올리비에　농업생태학적 기술을 이용하면 가능합니다. 전통 방식

의 농업으로 회귀하자는 얘기가 아니라고 강조하고 싶군요. 농약과 화학비료를 많이 쓰는 고생산성 시스템에서 저생산성 시스템으로 이동하자는 게 아니에요. 기술의 진보를 부정하자는 것이 아닙니다. 농업생태학은 미래의 농업, 21세기의 농업입니다. 화석에너지 가격의 높은 유동성에 영향받지 않으면서 토지와 물, 바이오매스와 같은 자원을 효율적으로 사용하는 게 시급하다는 사실을 인지하는 농업이지요.

– 그 주장을 증명해줄 통계가 있나요?

올리비에 생산성을 측정하는 방법은 많습니다. 대부분의 연구는 단일 품목을 기준으로 생산성을 측정하죠. 예를 들면 1헥타르당 생산되는 옥수수, 밀, 혹은 쌀의 양을 기준으로 삼는 것이지요. 이런 관점 때문에 지금까지 농업생태학은 제대로 평가받지 못했습니다. 농업생태학적 접근법으로는 1헥타르의 땅에 옥수수만 심거나 벼만 심지 않고, 다양한 작물을 동시에 재배하기 때문이지요. 생산성을 이런 방식으로 측정한다면 농업생태학적 시스템이 아주 효율적이라는 것을 알 수 있습니다.

– 유엔에서 활동하실 때 이런 점을 알리셨나요?

올리비에 그렇습니다, '과연 농업생태학이 인류를 먹여 살릴 수 있을 것인가?'라는 주제로 보고서를 작성했고, 2011년 3월에 유엔

인권위원회에 제출했습니다. 이 보고서에서 제 결론은 아주 확실하게 '그렇다'는 것이었습니다. 농업생태학을 제대로 실행한 지역, 농부들이 관련 교육을 적절하게 받고 올바르게 실천한 지역에서는 생산성이 2배 증가했다는 것을 입증한 연구가 아주 많습니다. 물론 성공한 지역도 있고, 실패한 지역도 있지요. 하지만 농업생태학은 역내 자원에 의존하고, 기술 관료가 강요할 수 없으며, 입에서 입으로 전해져 수평적으로 확산하는 분야입니다. 다양한 작물을 재배하는 소규모 농가의 단위 면적당 생산성이 단일 작물을 재배하는 대규모 농가보다 높다는 것을 보여주는 연구도 많습니다. 대규모 농가는 엄청나게 많은 농산물을 생산하기 때문에 인상적으로 보일 수 있지만, 그게 희소한 자원을 이용하는 최선의 방식은 아닙니다.

- 소농이 인류를 먹여 살리는 데 가장 크게 기여한다는 말씀인가요?

올리비에　오늘날의 농업은 양분되어 있습니다. 한쪽에는 대규모 농지에 최첨단 기계를 사용해서 농사짓는 소수의 농부가 있습니다. 국제 시장과 농식품 산업에 농산물을 제공하므로 가장 눈에 띄는 부류이지요. 다른 한쪽에는 아주 많은 수의 소농이 있습니다. 서아프리카에서는 2~3헥타르, 브라질에서는 10~20헥타르 정도 되는 땅에서 농사를 짓는 사람들이지요. 이들은 생산물을 주로 지역 시장에 내다 팔기 때문에 국제 가격 변동에 의존하지도 않고 거기에 중요성을 두지도 않습니다.

소농이 실천하는 농사법은 농촌의 발전과 빈곤 감소, 주민에게 다양한 농산물 제공, 생태계 보전이라는 측면에서 아주 중요합니다. 토지를 척박하게 만드는 정도가 훨씬 덜한 농업 방식을 따르니까요. 예를 들면 소농은 주변 환경을 파괴할 수 있는 대량관개를 할 필요가 없습니다. 우리가 지지할 만한 방식이지만, 지금 소농은 그 존재를 위협받고 있습니다. 경쟁력이 높은 대규모 농가가 시장을 지배하고 농산물 가격을 낮춰서 소농을 파산으로 내몰기 때문입니다. 농부들은 결국 농촌을 떠나 도시로 몰리게 되고요. 다양성을 인정받지 못한다는 점, 그리고 정부가 소농을 제쳐두고 대규모 농가를 지원한다는 점이 농업의 비극이라고 할 수 있습니다.

　- 대규모 농가와 소규모 농가의 비율은 어떻게 됩니까?

올리비에　100헥타르 이상의 넓은 땅에 농사를 짓는 농가가 10퍼센트 가까이 됩니다. 나머지 90퍼센트는 훨씬 작은 땅에 농사를 짓지요. 전 세계 소농 인구는 11억 명입니다. 가족 경영 방식인 점을 감안해 소농 인구를 20억 명까지 보는 통계도 있습니다.

　- 전 세계 인구가 소비하는 농산품의 대부분을 실제로 소농이 생산한다고 볼 수 있나요?

올리비에　소농이 생산한 농산물의 양은 대부분 국민계정에 포함되지 않지 않습니다. 자급자족하거나 마을 또는 공동체를 위해 생산한 농산물이니까요. 그렇더라도 우리가 소비하는 농산물의 70~75퍼센트는 소농이 생산한 것으로 추정합니다. 대규모 농가는 엄청나게 많은 양의 농업 원자재를 생산할 수 있지만, 그중 일부만 식량으로 사용됩니다. 나머지는 주로 가축에게 먹이거나(특히 콩), 농업에너지, 그중에서도 농업연료 생산에 사용되는 비중이 점점 늘고 있습니다.

　- 시사하는 바가 크네요. 식량을 가장 적게 생산하는 농부가 정부 지원금의 대부분을 받고, 식량의 75퍼센트를 생산하는 농부는 지원금을 가장 적게 받는다니….

올리비에　소농은 공공정책의 소외계층이라고 볼 수 있습니다. 이들은 규모의 경제를 실현할 수 없고, 낮은 가격에 농산물을 내다 팔 수도 없습니다. 그런데 정부가 원하는 게 뭡니까? 가계의 식료품 지출을 최대로 줄여서 사회적 안정을 유지하는 것입니다. 유럽연합 회원국을 살펴보면, 식료품에 대한 가계의 평균 지출은 생활비의 12~13퍼센트 수준입니다. 만약 제값을 내고 먹으라고 한다면 그 비중이 25~30퍼센트까지 올라갈 겁니다. 정치적으로 감당할 수 없는 수준이지요.

　- 그렇다면 어떻게 문제를 해결할 수 있나요?

올리비에   지난 6년간 세계를 누비며 식량 권리를 다룬 보고서를 작성하면서 깨달은 게 있습니다. 바로 변화는 아래에서부터 시작되어야 한다는 것입니다. 우리는 너무 오랫동안 공공정책과 정부에 기대왔습니다. 시민이 사회적 혁신을 주도하고, 소농과 소비자, 지자체가 힘을 합쳐 새로운 소비와 생산 방식을 만들어내야만 변화를 이끌어낼 수 있습니다. 정부의 역할은 위에서 지시하는 게 아니라, 그러한 변화를 옆에서 보조해주는 것입니다. 물론 적절한 경제 규정과 장려 정책을 갖추는 것도 중요합니다. 하지만 어떤 농식품 시스템을 갖출 것인가를 결정하는 건 시민의 몫입니다. 저는 여기에서 희망을 찾을 수 있다고 믿습니다. 그래서 전환의 움직임에 관심이 많았던 것이고요. 진정한 민주주의는 해법의 분산화입니다. 지역 차원에서 발현되는 창의성을 평가해주는 것이지요. 식량 시스템을 재건하려면 이러한 방향으로 나아가야 합니다.

공동체를 위한 식량 생산

디트로이트 : 지역을 되살리는 도시농업

자동차로 가득한 풍경, 그 너머로 보이는
불타는 가옥, 그 위에 드리운

황량한 그림자
고약한 냄새를 풍기는
웅덩이와 회반죽, 썩은 물건들
여기 디트로이트에서
여기 디트로이트에서

디트로이트는 듣던 대로 황량한 도시였다. 공항에서 시내로 들어가는 도로는 파리보다 두 배는 넓었고, 그 옆으로 빌딩 몇 채가 우뚝 솟아 있었다. 대로에는 자동차가 열 대 정도 달리고 있었고, 가끔 번쩍번쩍한 최신식 자동차도 눈에 띄었다. 적막한 주변 환경 때문인지 제너럴 모터스 본사는 포트 녹스(미국 정부 소유의 금을 보관하는 저장소)를 떠올리게 했다. 도심으로 들어갈수록 미국에서 건축이 호황을 누리던 시대에 지은 멋진 빌딩이 늘어났다. 몇몇 빌딩에는 불이 켜져 있었고, 건물 전체가 불이 꺼진 빌딩도 있었다. 가까이 다가가니 어둠 속에 잠긴 겉모습이 음울해 보였다. 무너진 과거의 영광을 상징하는 수백 개의 창문이 깨지면서 생긴 검은 구멍이 불쾌하고 무서우면서도 특이한 풍경을 연출했다. 빌딩 밑 광장에는 사람이 별로 없었고, 가끔 바퀴 달린 가방을 질질 끄는 '최악의 관광객' 무리가 나타났다.

시 외곽에는 미국의 전형적인 교외 지역이 형성되어 있었다. 그중 일부는 넓은 잔디 마당과 울타리를 대신한 수백 년 된 나무가 기가 막히는 폐허로 변해 있었다. 두 채 중 한 채꼴로 집이 비었거나 부서졌고, 가끔은 완전히 불타버린 집도 눈에 띄었다. 핼러윈 축

세계 최대의 자동차 도시였던 디트로이트

제가 다가오면 동네 청년 몇몇이 어울려 빈 목조 주택에 들어가 불을 지르며 놀곤 했다고 한다. 때로는 집주인이 떠나지 않았는데도 모두가 잠든 밤에 집에 불을 지르기도 했다. 이 일로 한때 이웃이었던 사람들이 어차피 일자리도 구할 수 없게 된 이 재난 지역을 영영 떠났다. 디트로이트의 황금기에 산 물건을 오래된 자동차에 싣고서. 일부 집주인은 몇 푼 안 되는 보험금을 노리고 일부러 자신의 집에 불을 지르기도 했다. 이런 식으로 동네 곳곳의 기반시설이 무너졌다. 성당 내부는 마치 허리케인이 지나간 것 같았다. 쓰러진 의자와 무너진 벽, 그리고 버려진 미사경본과 낡은 비디오카세트 등이 널브러져 있었다. 무인 지대 한가운데에 우뚝 서 있는 1913년 풍의 웅장한 건축물인 역사와 병원, 학교와 극장도 무너진 채 성당과 같은 운명을 맞았다. 우리는 반쯤은 두려움을 느끼고, 반쯤은 매료되기도 하면서 도시를 돌아다녔다. 건물이 나타날 때마다 발걸음을 멈추고 안으로 들어가 내부를 촬영했고, 때로는 주민들과 대화를 시도하기도 했다.

주민들은 정원과 농업으로 디트로이트를 되살리려고 노력하는 사람들에 대해 말했다. 하지만 그때까지는 아무것도 보이지 않았다. 어디로 가면 그들을 만날 수 있는지 알고 왔지만, 어쩐지 마음속으로 이 혁명의 장엄한 광경에 충격받기를 바란 모양이다. 환상에서 위로받기를 은근히 바랐던 것이다. 어디를 가든 매번 이럴 것이다. 할리우드식 결말은 일어나지 않을 것이다. 언제나 인내심을 가지고 사람들을 만나고, 탐색하고, 가려져 있던 베일을 걷어 올려야 우리가 만난 사람들과 장소의 진정한 힘이 드러날 것이다.

우리는 라파예트 거리에 있는 아담한 공원에서 우리가 오랫동안 '테퍼'라고 불렀던 텝피라 러시던 Tepfirah Rushdan을 만났다. 테퍼는 '그리닝 오브 디트로이트 Greening of Detroit'라는 단체에서 도시농업 계획을 담당하고 있다. 처음에는 채소 기르는 법을 배우려고 발을 들여놓았다가, 이 단체에서 디트로이트를 재건할 수 있는 훌륭한 수단을 발견했다고 한다. 즉 공동체를 되살리고, 디트로이트 인구의 83퍼센트를 차지하는 가난한 아프리카계 주민이 스스로 뭔가를 만들어낼 수 있다는 자신감을 회복할 가능성을 엿본 것이다.

세계 최고의 자동차 도시였던 디트로이트는 1950년 이후 인구가 200만 명에서 70만 명으로 절반 이상 줄었다. 추락을 앞당긴 사건이 여럿 있었다. 1960년대에 발생한 폭동이 대규모 이주를 촉발했지만, 가장 주요한 원인은 일종의 '경제와 산업의 단일경작' 체계가 무너진 데 있었다. 주민 전체가 자동차 산업에만 매달려 고용 창출과 번영을 바란 것이다. 국제 시장이 커지고 자유로운 경쟁으로 더 싸고 더 좋은 외국산 자동차가 미국에 상륙하자, 디트로이트의 많은 공장이 문을 닫을 수밖에 없었다. 백인 중산층은 도심에서 교외로 밀려났고, 교외 지역의 주민은 다른 도시로 떠났다. 그러자 유지해야 할 도시 면적은 그대로인데 세금 수입은 급격히 줄어들었다. 부채의 악순환과 잘못된 경영으로 시의 재정은 파산 국면으로 치달았다.

그리닝 오브 디트로이트의 홍보 담당자인 트리시 허벨 Trish Hubell의 설명에 따르면, 당시 디트로이트에서는 신선식품을 아예 살 수 없었다고 한다. 소비자의 구매력이 무너지고 슈퍼마켓이 문을 닫으면서 주민들은 정크푸드에 만족할 수밖에 없었다. 이에 트리시와 테퍼, 그리고 그리닝 오브 디트로이트의 직원 수십 명은 도시농업을 발전시킬 계획을 세우고, 초등학교를 대상으로 하는 교육 프로그램과 대규모 산림 복구 계획을 마련했다. 그 결과 1998년 이후 지금까지 어린이 1만 4000명이 과일과 채소를 기르는 법과 신선하고 건강한 음식 먹는 법, 농사를 짓고 땅을 관리하는 법을 배웠다. 청년들은 공익사업에 45만 시간 동안 고용되었고, 나무 8만 5000그루를 심었다. 성인 618명은 교육을 받고 농부나 환경 관련 직업으로 전환했다. 그리고 1518개의 공원을 주로 학교 안에 조성하였다. 이 사업은 회복력이 강하고 건강한 식량 체계를 구축하는 데 모두가 참여하는 새로운 문화를 조성하는 것이 목적이다.

트리시와 함께 찾아간 '디트로이트 마켓 가든Detroit Market Garden'에서는 2014년 한 해에만 채소 2톤을 온실 재배해서 시장과 지역 식당에 판매했다. 또 채소 667킬로그램을 여러 단체에 제공하고, 5명의 성인에게 채소 재배 교육을 실시했다. 2004년부터 여러 단체 및 주민들과 협력해 10헥타르에 달하는 공원 복구 사업을 조율하고 있으며, 공원에 채소밭과 도시 농장, 과수원(사과와 배)을 조성해 공동체를 위한 먹거리를 생산하고 있다.*

트리시가 말했다. "시가 파산하면서 우리는 바닥을 쳤습니다. 지금은 폐허에서 다시 일어서는 중이에요. 이것이 원래 디트로이트의 정신입니다. 디트로이트는 오뚝이 같은 도시이니까요."

---

* www.greeningofdetroit.com

우리는 이 도시에서 몇 킬로미터 떨어진 곳으로 이동해 셰인 버나도 Shane Bernardo를 만났다. 그는 프란체스코회 수도사들이 이끄는 프로젝트 '어스워크 어번 팜Earthworks Urban Farm'의 중심인물이다. 필리핀 출신 가정에서 태어났으며, 몇 년 전부터 사회적 소명을 뚜렷이 내세운 이 프로젝트를 이끌고 있다. 이곳에서는 1헥타르의 땅에서 6.5톤의 식량을 생산하고 있는데, 미국인 대부분이 잘 모르는 과일과 채소, 향초와 약초, 식용 꽃 등 그 종류가 아주 다양하다. 생산품은 협동조합인 '그로운 인 디트로이트 Grown in Detroit'에서 판매하거나, 프란체스코 수도사들이 실업자에게 매일 제공하는 2000인분의 식사에 쓰인다(어스워크 어번 팜은 실업자에게 채소 농사법도 가르친다). 또 몇몇 보건소에 보내거나, 프로젝트 지원을 위한 판매용 잼을 만드는 데 소비한다.

그리닝 오브 디트로이트, 그리고 우리가 방문한 농원 대부분과 마찬가지로, 어스워크 어번 팜Earthworks Urban Farm도 모든 생산품이 유기농이다. 셰인은 이 점을 특히 중요하게 생각한다. "제 목표 중 하나는 우리 지역 사회에서 소비하는 건강한 음식의 양을 늘리고, 아이들이 직접 농산물을 키울 수 있도록 가르치는 겁니다. 저는 2010년에 아버지를 여의었습니다. 아버지는 당뇨와 비만, 심장병 등으로 건강이 무척 좋지 않았어요. 그래서 이 일을 하게 되었죠. 우리는 우리의 건강이나 행복 따위는 아랑곳하지 않는 산업화된 식품 체계에 전적으로 의존하고 있습니다. 이 상황을 멈춰야 합니다. 다국적기업을 전부 몰아내서 우리를 굶주리게 하는 시스템을 고사시켜야 합니다. 우리는 정치적 독립 선언처럼 토지를 되찾고, 필요한 식량 수요를 스스로 충족하겠다고 결심했습니다. 단순히 식량 생산 자체가 문제인 것은 아닙니다. 먹는 음식과 정치·사회 시스템에 대한 힘을 회복하고, 우리가 강해지고 자율적으로 변하는 것이 중요합니다. 디트로이트는 세계 경제 위기의 그라운드 제로나 마찬가지예요. 허리케인 카트리나가 휩쓸고 지나간 뉴올리언스의 상황과 유사합니다. 우리는 오랫동안 겪을 만큼 겪었습니다. 누군가 우리를 보살펴주겠지 하고 기다리는 데 지쳤습니다. 저항하고 대응하는 것만으로는 부족합니다. 우리가 살고 싶은 세상을 만들려면 창의력을 발휘해야 합니다. 우리를 구해줄 사람은 아무도 없으니까요."

도시농업 운동에 참여하는 사람들은 현재 디트로이트에 1600여 개의 농장과 농원이 있다고 말한다.[*] 그중 1400개를 '킵 그로잉 디트로이트Keep Growing Detroit' 소속 회원 2만 명이 관리하고 있다. 이 단체의 공동 운영자인 애슐리 앳킨슨Ashely Atkinson은 "진정한 식량 주권을 누리는 도시를 만드는 게 목적"이라고 말한다. "디트로이트 주민이 먹는 채소와 과일은 주민들이 주민들을 위해서 도시 안에서 가꾼 것"이어야 한다는 것이다. 그 비율을 10년 이내에 51퍼센트까지 올리는 것이 목표이다. 그러려면 지금보다 열 배는 더 노력해야 하지만, 애슐리는 낙관적이다. "처음 5~10퍼센트를 끌어올리기가 가장 어려운데, 우리에게는 농사를 지을 수 있는 공터가 100제곱킬로미터 넘게 있어요. 이 목표가 실현 가능하다는 사실을 뒷받침하는 연구도 있고요."

---

[*] 정확한 수치를 내기 어렵다. 여러 단체의 자료를 통합해 보면 그 수는 3000개 이상이다.

디트로이트 중심부에 위치한 킵 그로잉 디트로이트의 한 농장

킵 그로잉 디트로이트는 주민들의 자발적인 참여로 개인 정원이나 학교, 공원 등에 채소밭을 가꾸고 도시 농원을 만든다. 단체에서는 씨앗과 모종, 퇴비를 제공하고 농사법을 가르친다. 교육이 진행되는 과정에서 잠재적인 리더를 가려내고, 이들이 동네로 돌아가서 도시농업을 퍼트리도록 권장한다. 또 더 많은 주민이 도시농업에 참여할 수 있도록 여러 가지 행사를 개최하고, 주민 모두가 농산물을 구매할 수 있도록 지역 시장과 협력 관계를 맺는다.

'이스턴 마켓'은 생산자와 소비자가 만나는 접점 역할을 한다. 전통 시장이 거의 다 사라진 지역에 아직까지 남아있는 큰 시장인 이스턴 마켓은 2헥타르 부지에 150명의 식품 판매자를 두고 있다. 도시농업 운동과 더불어 농장에서 생산하는 제품을 가공하고 판매하는 기업들의 모임도 있기 때문이다. 그중 '푸드 랩Food Lab'에는 'TBL* ' 방식을 도입한 147개 판매업체가 소속되어 있다. 이들은 이익에만 집중하지 않고 '이익, 사람, 지구'라는 세 가지 기준으로 활동한다. 데비타라는 여성은 빈 주방을 이용해 가정 요리의 기초를 가르치고, 젊은 프랑스 여성인 클로에는 초콜릿 퐁당을 만들어 나눠준다. '시스터스 온 어 롤'은 트럭을 타고 빈곤가를 돌아 다니며 현장에서 직접 조리한 양질의 음식을 제공한다. '프레시 코너 카페'를 운영하는 노암, 팬케이크와 비스킷, 비건 식품을 만드는 타냐 등 이들은 독립적인 기업 정신의 부활을 바란다. 고용 창출뿐 아니라 지속 가능하고 디트로이트 주민들에게 꼭 필요한 서비스를 제공하

---

* Triple bottom line

는 게 이들의 꿈이다.

기업이 사회와 환경을 변화시키는 모델이 될 수 있다고 믿는 이들의 철학은 '지역생활경제를 위한 비즈니스 연합*(이후 BALLE)'에서 영향을 받은 것이다. 푸드 랩의 운영자인 제스도 이 단체의 회원이며, 유기농 도시 농장인 '디 타운 팜D-Town Farm'의 공동 운영자인 말릭 야키니Malik Yakini도 마찬가지이다. 말릭은 도시농업이 도시의 활력을 되찾고 공동체를 되살릴 수 있는 엄청난 잠재력을 지니고 있다고 믿는다(특히 아프리카계 주민 사회가 백인이 주를 이루는 경제 엘리트 집단의 굴레에서 벗어나게 한다는 점에서). 그러나 도시농업만으로 디트로이트 주민을 먹여 살릴 수는 없다고 말한다. "도시농업은 새로운 유행 아이템이지만, 사람들이 도시농업에 대해 가지고 있는 이미지는 농사를 짓는 데 필요한 엄청난 노력과는 동떨어져 있습니다. 파워포인트로 프레젠테이션을 할 때는 멋져 보이겠죠. 하지만 도시농업은 결코 전통 농업을 대체할 수 없습니다. 이제는 도심과 교외, 농촌이 함께 힘을 합쳐 식량을 생산해야 하는 시대입니다. 미국에서는 식량이 생산 지역에서 소비 지역까지 평균 2400킬로미터를 이동합니다. 환경에 미치는 영향이 어마어마하지요. 식량을 소비자와 가장 가까운 지역에서 생산해야 합니다. 또 건물과 도로, 쇼핑센터가 즐비한 것만이 다가 아닌, 좀 더 전통적인 도시 개념으로 회귀해야 합니다."

북아메리카에는 디트로이트처럼 빌딩 숲에서 농사를 짓는 도

---

* Business Alliance for Local Living Economies

시가 수백 군데나 된다. 뉴욕에는 800개의 농원과 농장이 있고, 로스앤젤레스와 샌프란시스코, 워싱턴, 세인트루이스, 시카고, 보스턴, 시애틀, 필라델피아, 그리고 캐나다의 토론토와 오타와, 몬트리올, 밴쿠버 등을 모두 합치면 농지가 2만 곳이 넘는다. 소비하는 식품 중 일부를 직접 생산한다는 미국인도 4300만 명에 이른다.

앞으로 살펴보겠지만 유럽도 이에 뒤지지 않는다.

우리는 디트로이트를 떠났다. 며칠 만에 벌써 세 번째 비행이다. 이 여정을 떠난 이후로 기내 복도 외에 다른 곳을 걸어본 적이 없는 것 같다. 우리의 생활은 자동차, 버스, 전철, 비행기 중심으로 이루어진다. 외부의 에너지에 떠밀려 다닌다. 지금은 미시건호 상공을 지나는 중이다. 그러고 보니 방문했던 도시에서 구경이라고는 별로 한 것이 없다. 스마트폰과 GPS를 보고 길을 찾아다니느라 더 넓은 공간에서 우리의 위치를 보여주는 지도는 한 번도 펼치지 않았다. 많은 미국인이 이런 식으로 살아간다면, 과연 생태계의 위기를 그들에게 최소한이라도 설득할 수 있을까. 나는 주위에 앉아 있는 비즈니스맨들을 바라보았다. 모두 컴퓨터에 눈을 박고 있다. 누군가 들어오는 햇빛이 성가시다는 듯 덧창을 내렸다. 아마도 기차를 타듯, 자주 비행기를 타는 사람일 것이다. 고도 5000미터 상공을 비행하는 건 더 이상 특별한 일이 아니다. 그러나 전 세계 인구의 80퍼센트는 비행기를 한 번도 타본 적이 없으며, 앞으로도 그럴 것이다. 가상화된 공간, 자연에서 분리되어 냉방이 잘 된 공간에서 공간으로의 이동, 깨끗하고 윤이 나는 진열대 위에 쌓인 달고 짠 포장식품…. 비행기 아래로 구름바다가 펼쳐졌다. 수십억 개의 물 분자가 응집해 가장 시적인 형태가 완성되었다. 우리는 곧 착륙할 것이다. 짐을 내리고 다시 싣는 과정이 또다시 시작되고, 새로운 공항에서 깨끗이 소독된 새로운 복도를 지날 것이다. 다리로 걷는 게 그립다. 자연이 그립다. 시간이 얼마나 더 지나야 이런 감정이 옅어지고 사라질까?

토드모던 : 시민에게 땅을 돌려주는 도시

토드모던은 요크셔에 있는 도시이다. 인구는 1만4000명밖에 안 되지만 디트로이트와 닮은 점이 많다. 토드모던도 디트로이트처럼 한 가지 산업에 치중하고 있다. 바로 섬유 산업이다. 그리고 디트로이트처럼 탈산업화로 치명타를 입었다. 실업률이 영국 평균보다 2배 이상 높다(이는 40퍼센트에 가까운 실업률을 보이는 디트로이트와는 다른 점이다). 그러나 디트로이트와 마찬가지로 식량이 도시를 변화시키는 열쇠이다.

모든 일은 평범한 두 여성의 충동에서 시작되었다. 팸과 메리는 자신들이 '보통 사람'으로 소개되기를 바란다. 갈색 단발머리의 팸 워허스트 Pam Warhurst는 마른 체형에 조금 새침해 보인다. 청바지 차림에 세련되어 보이는 안경을 썼고, 말할 때 목소리가 크고 논리정연하다. 구수한 사투리를 쓰지만, 말할 때 워낙 기승전결이 뚜렷해서 사람들 앞에 서는 데 익숙하고, 오래 숙고하고 말한다는 걸 짐작할 수 있다. 책을 많이 읽은 듯했고, 교사인 부모에게서 지식이 가장 중요한 재산이라고 배우며 자란 게 아닐까 싶었다. 하지만 나중에 알고 보니, 팸의 부모는 노동 운동을 한 노동자였다. 팸은 20세기 초 협동조합이 벌였던 대투쟁의 역사를 들으며 자랐다. 현재 '베어 카페Bear Café'라는 협동조합 카페를 운영하고 있으며, 딸에게 경영을 물려줄 준비를 하고 있다. 메리 클리어Mary Clear는 팸과 정반대이다. 겉으로 보기에는 그렇다. 희끗희끗한 머리카락과 풍만한 체격에 꽃무늬 셔츠, 희한한 머리띠, 정원 손질에 최적화된 통 넓은 청바지를 입었고, 바다 색깔이 나는 눈동자에는 사람을 사랑하는 따뜻한 기운이 맺혀 있다. 우리가 찾아갔을 때 팸은 악수를 청했고, 메리는 처음 만났는데도 격렬한 포옹을 했다. 팸은 계속 이야기를 늘어놓는 반면, 메리는 흥분하다가 깔깔대고 고개를 끄덕이며 눈물이 날 정도로 사람을 감동하게 한다. 메리는 팸을 자기보다 더 똑똑하다고 여기고 팸이 말을 마치고 나서야 자기 말을 하는 편이었다. 팸의 생각과는 정반대의 의견을 내놓더라도 말이다.

두 사람 모두 50대이고 유머를 좋아한다. 주로 깔깔거리고 수다를 떠는 편이어서 분위기가 좋았다. 우리가 자리를 잡고 앉자, 두 사람은 어떻게 모험을 시작했는지 말해주었다. 팸이 먼저 말을 꺼냈다. "7년 전에 지구온난화와 인류의 자원 남용에 관한 강연회에 참석한 적이 있어요. 그런데 같은 얘기를 수년 전부터 들었지만, 문제를 해결하려고 나서는 사람을 본 적이 없더라고요."

런던에서 개최된 그 강연회는 영국의 모든 주를 대표하는 사람들이 모인 자리였다. 팸은 토드모던이 있는 콜더데일 주를 대표했다. 강연자는 런던 시티 대학에서 식량정책을 연구하는 팀 랭Tim

Lang교수였는데, 나중에 팸은 그날 팀 랭 교수가 던진 두 마디가 불씨를 당겼다고 털어놓았다. 지구온난화에 대한 강연이었는데, 팸은 랭 교수가 제시하는 엄청난 숫자와 문제에 압도되었고, 정신을 집중할 수 없었다고 한다. 모든 게 끔찍하리만치 추상적이었다. 그러던 차에 랭 교수가 자신은 원래 소를 키우던 사람이라면서 공장식 목축을 당장 멈춰야 한다고 호소하기 시작했다. 그리고 "꽃을 키우지 말고 대신 채소를 키우라"고 덧붙였다.

집에 돌아온 팸은 더는 양복 입은 남자들의 강연회만 돌아다니고 불평이나 하면서 가만히 앉아 기다릴 수는 없다고 생각했다. 누구나 실천할 수 있는, 쉬우면서도 아주 효과적인 뭔가를 제안해야 했다. 아이디어가 떠오르자마자 팸은 토드모던 시의 사회문화 활동가이자, '세계에서 가장 네트워크에 능한' 메리에게 달려갔다. 두 사람은 며칠 만에 국제적인 캠페인으로 거듭날 '인크레더블 에더블Incredible Edible' 프로젝트를 세웠다.

이 프로젝트의 핵심은 간단하다. 첫째는 주민들이 도시 곳곳에 과일과 채소를 심고 함께 돌보며, 수확물을 무료로 나누도록 장려하는 것이다. 팸은 말한다. "음식은 우리 모두의 관심사입니다. 우리는 늘 먹는 것에 관해 이야기하고, 먹을 것을 사고, 어떤 음식을 좋아하거나 싫어하지요. 아마 처음 보는 사람과 대화할 수 있는 몇 안 되는 주제일 겁니다."

다음은 누군가의 허락을 기다리지 않는다는 것이다. "저는 정치판에서 일한 적이 있어서 아이디어 제안서나, 위원회, 보고서, 투표, 전략 데이터라면 아주 신물이 납니다. 다 소용없는 짓이에요.

우리 아이들이 정말 걱정된다면 당장 달라져야 합니다. 다른 사람이 나 대신 나서줄 거라는 기대를 버려야 하지요."

팸과 메리는 "먹을 것으로 아이들을 위한 미래를 만드는 데 동참하시겠습니까?"라는 슬로건을 내걸고 베어 카페로 사람들을 모을 계획을 세웠다. 다섯 명이라도 나타나면 성공이라고 생각하면서 말이다. 그런데 그날 저녁 베어 카페는 60명의 참석자로 발 디딜 틈이 없었다.

팸이 설명을 이어갔다. "사람들에게 우리가 한 생각을 들려주었어요. 그러자 잠시 침묵이 흐르더니 곧 폭발적인 반응이 쏟아져 나왔어요. 모든 참석자가 서로 대화하기 시작했습니다. 도시에 정원과 과실수가 넘쳐나던 전쟁 시절의 사진을 가지고 온 사람도 있었죠. 우리는 특별한 사람이 아닙니다. 똑똑해 보이려는 것도 아니고요. 그저 사람들에게 물었을 뿐입니다. 과거에는 우리가 어떻게 살았는지, 그때는 우리가 어떻게 했으며, 미래에 그게 어떤 도움이 될지 물었지요. 그러자 60명의 참석자 한 사람 한 사람이 자기 이야기를 하기 시작했습니다. 이야기하는 건 우리가 제일 잘하는 일이거든요. 마음을 건드리는 이야기가 차이를 만듭니다."

며칠 뒤 메리의 정원에서 첫 번째 실험이 시작되었다. 정원은 비탈길 아래로 난 작은 길가에 있었다. 팀원들이 벽을 허물고 정원을 공공장소로 탈바꿈시켰다. 메리와 그녀의 남편은 장미 덤불을 뽑고 그 자리에 케일과 박하, 산딸기, 상추, 회향을 심었다. 그리고 지금은 유명해진 '나누는 먹거리'라는 푯말을 박았다. 행인들은 호기심에 발걸음을 멈췄고, 몇 달 뒤 산딸기가 열리자 한두 알씩 따먹는 사람들이 생겼다.

"재미있었던 건 우리가 통행이 잦은 도로변을 선택했다는 거예요. 사람들이 그다지 주의를 기울이지 않는 곳을 돈이나 허락을 구하지 않고 정비한 거죠. 메리는 한평생 심어도 다 못 심을 만큼 씨앗이 많이 있었어요. 자원봉사자들과 함께 그 씨앗을 심었지요. 일년 뒤 시의회가 정원에 벤치를 설치해서 사람들이 쉬어갈 수 있게 했어요. 우리가 뭘 요구한 적이 없는데도 말이에요. 권력이 있는 사람들에게 아무것도 요구하지 않는 것도 좋은 아이디어예요. 그 사람들은 뭔가 요구받으면 거절해야 한다고 생각하거든요. 반대로 관심이 가는 것에 자발적으로 동참하는 걸 더 좋아하지요." 팸이 이렇게 말하며 활짝 웃었다.

시간이 갈수록 팀은 몸집이 불어났고, 도시를 장악해 나갔다. "사람들이 볼 수 있도록 우리는 도로 한복판 몇 군데를 선택했어요." 메리가 넌지시 말했다. 선전용 정원을 만들어 여론을 촉발하자는 전략이었다. 도로 한복판의 작은 자투리땅에 채소가 무성하게 자라면서 도로 전체가 점점 '먹거리 풍경'으로 변했다.

기업가에서 농부로 변신한 생화학자 닉 그린 Nick Green 도 이 프로젝트의 성공에 기여한 사람 중 한 명이다. 그는 둥글둥글한 얼굴에 모자를 쓰고 덥수룩한 수염이 얼굴의 반을 가리고 있어서 마치 톨키엔의 소설에서 막 튀어나온 사람 같아 보인다. 그보다 더 인상적인 건 행복에 빛나는 얼굴이다. 자신이 있어야 할 곳에 있고, 해야할 일을 하는 데에서 오는 충만함이 드러나 있었다.

"처음에는 이 프로젝트에 별 관심이 없었습니다. 그런데 하루는 슈퍼마켓에서 작은 과실수를 사면서 '이거 어디에 심어요?' 하고 물었더니, 어떤 분이 저를 '최고의 정원사'라고 놀리더군요. 그때 누군가가 말했어요. '만약 계속 나무를 심을 생각이 있다면 우리가 지지해드릴게요.'라고요. 그래서 나무를 계속 심었습니다. 나중에는 팀에서 기금을 모을 사람이 필요하다는 말을 듣고 4년 동안 회계를 맡았고요. 저는 돈을 구하러 다녔고, 프로젝트도 규모가 커졌습니다. 제 에너지를 쏟을 만한 좋은 일이라 생각했어요. 이 경험으로 제 머릿속에서 뭔가 변했습니다. 더는 세상 돌아가는 일에 신경 쓰지 않아요. 아무것도 할 줄 모르고 낭비만 하는 젊은이들을 걱정하지도 않고요. 저 자신이 긍정적인 일을 하고 있으니까요. 요즘은 다음에 또 어떤 긍정적인 일을 할지 궁리하는 게 다입니다."

닉의 지휘 아래 주민들은 도시 곳곳에 뭔가를 심었다. 학교 운동장과 시청 공원, 역 앞, 병원, 경찰서 심지어 취업 사무소 앞에도 말이다. 실업자들이 일자리를 구하러 왔다가 토마토와 호박, 무, 감자, 양파를 가지고 돌아갔다. 그렇게 7년 동안 시 도처에 심은 과실수가 1000그루가 넘는다.

"요즘은 이 나무를 이용해서 새 나무를 얻습니다. 큰 나무의 가지를 꺾어서 얻는 묘목이 일 년에 500~600그루 정도 됩니다. 일부는 나눠주고, 나머지는 판매하지요. 통틀어서 3000~4000그루 정도 나눠줬고, 1000그루는 우리가 직접 심었습니다. 미래를 위해 얼마나 중요한 투자인지 모릅니다. 나무를 크게 키워서 모두가 먹을 만큼 과일을 수확하고 있습니다. 지난여름에는 병원에서 경찰서까지 걸어가면서 계속 체리를 따 먹을 수 있었지요."

닉은 여유 있게 말했다. "처음 나무를 심기 시작했을 때는 우리가 무슨 일을 하고 있는지 몰랐어요. 3~4년이 지나고 나니까 젊은이들을 교육하고, 먹거리를 대량으로 생산하며, 사람들을 캠페인에 끌어들여야 할 필요성을 진지하게 고민하게 되더군요."

이 작은 단체의 회원들은 여기저기 문을 두드렸고, 그 결과 도심에서 10분 거리에 있는 습지를 얻게 되었다. 닉은 이 프로젝트에 열정을 쏟았고, '인크레더블 팜 Incredible Farme'을 세웠다. 인크레더블 팜은 초등학생과 젊은이에게 농사를 가르치고, 예비 농부에게 진정한 농부가 되도록 가르치는 사회적 기업이다. 또 농사에 필요한 종묘장 역할을 하고, 여러 식당에 식재료를 납품한다. 지난 몇 년 동안 닉은 영속농업의 원리를 배우고, 생산성을 열 배로 끌어올렸으며, 수백 명을 교육했다. 디트로이트에서 만난 말릭과 마찬가지로, 인크레더블 에더블의 설립자들도 도시와 농촌의 연결을 더욱 긴밀하게 구축해야 한다고 주장한다.

"현대의 농업은 인력을 최소한으로 쓰고 기계는 최대한으로 사용합니다. 우리는 정반대를 원하죠. 더 많은 일자리와 더 많은 농장이 필요해요. 세계 인구는 대규모 농장이 아니라, 가족 단위의 작은 농장이 대부분 먹여 살립니다. 생산성이 더 높거든요. 산업식 농장이 잘하는 건 돈을 버는 겁니다. 하지만 미래에 우리에게 필요한 건 돈이 아닙니다. 우리를 살아남게 해줄 건 돈이 아니라 식량이죠. 그러려면 사람들이 땅을 소유하고 농사를 지어야 합니다." 닉은 일침을 가했다.

인크레더블 팜은 1헥타르당 14톤의 식량을 생산하지만, 닉은 최적 생산량에 도달하려면 아직 멀었다고 생각한다. 그러나 채소 재배가 어려운 조건에서도 지형과 기후 조건에 맞는 기술을 쓰면 대량 생산이 가능하다는 것을 증명했다(토드모던은 거의 매일 비가 오기 때문에 대부분의 땅이 물을 많이 머금고 있다).

지난 몇 년 동안 인크레더블 팜에서 교육을 받은 사람은 수백 명에 이른다. 생산에서 유통까지 식량 시스템의 모든 단계도 갖춰졌다. 정육점, 빵집, 채소 가게의 주인들은 광장이나 시장에서 지역 농산물을 다시 선보일 수 있게 됐고, 레스토랑에서는 지역 농산물로 만든 메뉴를 새로 내놓고 있다. 선전용 정원과 팸과 메리의 열정 덕분에 토드모던 전체가 새로운 이야기의 주인공이 되었다. 식량 시스템을 스스로 꾸려가는 요크셔 서부의 작은 마을 이야기 말이다. 소규모 도시농업은 식량 생산에서 차지하는 부분이 크지 않지만, 더 폭넓게 구조조정을 일으키는 시발점이 되었다. 이렇게 해서 식량 생산량이 소비량의 50퍼센트도 안 되는 지역에서 주민의 83퍼센트가 지역에서 생산한 먹거리를 구하고 있다. 하지만 놀라기에는 아직 이르다.

팸과 메리의 작은 단체는 처음부터 지역 당국을 거치지 않기로 선언하고 프로젝트를 밀어붙였다. 그러자 팸의 예언대로 지역 당국이 주민들에게 먼저 다가왔다. 지역 당국은 처음에는 이들의 행동에 놀랐지만, 시간이 흐르면서 도로변을 제멋대로 형형색색 물들인 단체 회원들과 대화를 시작했다. "우리는 이렇게 말했어요. 당신들 돈은 필요 없다고요. 하지만 문제가 생겨서 당신들이 필요해지면 그때 도움을 청해도 되느냐고 물었죠. 그렇게 하라고 하더군요. 몇 년 뒤에 농지가 더 필요해졌어요. 여기저기 자투리땅과 도로 구석을 정원으로 만들었지만, 그것만으로는 부족했거든요. 우리는 1만 5000명의 주민에게 스스로 먹거리를 생산하고 생각하는 방법을 보여주고 싶었어요." 그러자 행정부도 발 벗고 나섰다. "콜더데일 주의 서비스 국장이자, 담당책임자인 로빈 터드넘 Robin Tuddenham이 우리가 내건 대의에 공감하고 열정을 보였어요." 불과 몇 주 만에 토드모던에서 건물을 세울 수 없는 모든 공터에 대한 자료가 데이터베이스로 구축되었고, 인터넷에 올라갔다. 이때부터 농사를 짓고 싶은 주민은 공터의 사진을 찍어 시에 신청한 뒤 상징적인 금액만 내면 운영권을 얻을 수 있게 되었다.

콜더데일 주는 이 제도를 무척 자랑스럽게 여기고 있으며, 다른 주로 수출할 생각도 하고 있다. "이 땅은 정부의 것이 아니라 주민의 것입니다." 로빈은 힘주어 말한다. "따라서 주민이 땅을 다시 소유할 수 있게 해야 합니다. 이 일에 관할 당국이 참여하지 않는다면, 과거처럼 시민 단체가 온 힘을 다해 싸우며 여기저기 문을 두드리는 상황이 반복될 겁니다. 지방 정부가 서로 소통하고, 주민에게 땅을 돌려주는 것이 미래를 위한 길이라고 중앙 정부를 설득해야 합니다. 이 제도를 전국에 홍보하기 위해 우리는 '로컬리티 Locality' 라는 단체와 협력하고 있어요. 이제 공공 부서는 지난 40년처럼 주도권을 쥐고 있을 수 없습니다. 전문가들이 주민을 위해 무엇이 최선인지 알려줍니다. 우리에게는 더 이상 자원도 없고 시간도 없습니다. 인구는 변하지 않고 수명은 더 길어졌습니다. 사람들은 더 많은 걸 요구하고, 자신의 삶을 더 많이 주도하기를 원하죠. 또 실제로

인크레더블 팜에서 만난 닉

그럴 능력도 있고요. 그러니 이런 움직임을 문제라고 생각할 게 아니라, 답이라고 봐야 하지 않을까요?"

팸은 인크레더블 에더블 프로젝트를 "사람들이 좋아하는 이야기"라고 말한다. "자신의 가슴과 머리에 말을 거는 사람들의 이야기"라는 것이다. 이들은 자신이 사는 곳에서 이야기를 재생산한다. 영국만 해도 80개 이상의 도시가 토드모던의 발자취를 따랐다. 프랑스에서는 프랑수아 루이예 François Rouillay와 장 미셸 에르비용 Jean-Michel Herbillon의 주도 아래 400개 이상의 도시와 마을에서 비슷한 캠페인이 시작되었다. 니제르, 오스트레일리아, 러시아, 아르헨티나, 멕시코, 남아프리카공화국, 마닐라 등 총 800개 도시와 마을이 식량 나누기 방식을 도입했다. 아직 초기 단계인 프로젝트도 일부 있지만, 씨앗이 심어지면서 소문이 빠른 속도로 번지고 있다. 또 인크레더블 에더블이라는 이름을 내건 곳도 있고, 그렇지 않은 곳도 있지만, 메리는 아무래도 상관없다고 말한다. "우리 아이디어로 돈을 벌려고 시작한 일이 아니에요. 무슨 제국을 건설하려는 것도 아니고요. 평범한 사람들이 하고 싶어 하고, 함께 모여서 할 수 있는 더 많은 프로젝트를 찾는 게 중요한 거죠. 우리에게는 정부가 가진 힘이나 돈은 없지만, 좋은 일을 할 수 있는 힘이 있어요."

지칠 줄 모르는 상냥한 가이드인 에스텔 브라운 Estelle Brown은 매주 인도, 한국, 미국, 모로코, 아르헨티나 등 전 세계에서 찾아오는 대표단을 맞이한다. 올해는 일본인들이 세 차례나 방문했고, 요크셔의 '채소 도로 edible green routes'를 모델로 삼아 캠페인을 시작했다. 에스텔은 "이 일은 단순히 식량을 재배하는 일이 아니다."라고 강조

닉과 주민들이 경찰서 앞에 만든 텃밭

한다. "그건 누구나 할 수 있는 쉬운 일이니까요. 이 캠페인은 공동체를 건설하는 일이에요. 문제가 생겼을 때 차이를 만드는 건 함께할 수 있는 능력과 나눌 수 있는 능력, 그리고 서로 돌봐줄 수 있는 능력이 있느냐 없느냐이니까요."

이것이 지역의 식량 체계가 발달한 토드모던에서 벌어지는 일이다. 캠페인이 시작된 이후 토드모던에서는 텃밭 관광이 폭발적인 성공을 거두었고, 비행이나 기물 파손 범죄가 18퍼센트나 감소했다. 팸은 희망과 자랑스러움으로 가슴이 벅차다. "우리가 세상을 바꿀 수 있다는 믿음을 잃어버린 사람들이 많아요. 경제, 금융, 복지 모델 같은 시스템을 우리가 만들었다는 사실을 잊을 때도 있고요. 최선의 방법이라고 생각하고 모든 걸 만들어낸 건 바로 우리인데 말입니다. 그런데 우리의 시스템은 고장 나버렸어요. 그럼 어떤가요? 새로운 시스템을 만들면 되지요. 그렇게 어려운 일이 아니에요. 올바른 방향으로 생각할 수만 있다면 말이에요. 필요한 에너지와 능력은 갖추고 있으니까요.

그런데 이 사실을 우리는 잊고 지냅니다. 그래서 자신이 할 수 있는 게 아무것도 없다고 생각하고, 어디서부터 어떻게 시작해야 더 나은 세상을 만들 수 있는지 모른다고 믿는, 피해의식에 사로잡힌 세대가 되었어요. 하지만 음식처럼 아주 작은 일에서 시작한다면 두려움이 크지 않을 거예요. 그러면 삶의 공간을 차츰 다르게 정의하기 시작할 겁니다. 뒷마당이나 거리 한복판에 나무를 심는 평범한 행동이 공동체 전체의 행동에 더해지고, 그게 서로 힘을 합치고 나누게 만듭니다. 그러면 믿음이 다시 생겨납니다. 뭐든 할 수 있다는 믿음 말이에요. 모두가 자신감을 얻게 되지요."

처음 이 작은 마을에 발을 디뎠을 때는 토드모던의 경험이 조금 평범하지 않나 싶었다. 그러나 이것은 우리가 낸시 휴스턴이 말했던 이야기의 힘, 그리고 먹거리의 힘을 미처 생각하지 못한 탓이었다. 이 힘은 과거에도 발휘된 적이 있다. 1943년에 2000만 명에 달하는 미국인이 '빅토리 가든Victory Garden'에서 재배한 채소가 미국 전국 생산량의 30~40퍼센트나 차지했다. 평화와 풍요의 시대를 누리던 프랑스에서도 개인의 생산량이 약 7퍼센트로 추산되었다.

우리는 토드모던에서 올리비에가 말했던 자급자족할 수 있고 생태계를 되살릴 수 있는 21세기의 농업 이야기가 많은 시민의 토지 재소유로 가능하다는 것을 목격했다. 이제 유엔 보고서와 닉의 말대로, 이 농업으로 생산성을 높일 수 있는지 확인해볼 일이 남았다. 그래서 우리는 노르망디로 날아가 세계에서 가장 전도유망한 채소 농원 중 한 곳을 방문했다.

영속농업의 기적

미래의 농장이 어떤 모습일까 궁금하다면 샤를 에르베 그뤼예르Charles Hervé-Gruyer와 그의 부인 페린 Perrine Hervé-Gruyer이 운영하는 '벡 엘루앵 Bec-Hellouin' 농원에 찾아가 보시길.* 전통적인 농원을 봐왔던 사람이라면 충격적인 경험을 할 것이다. 지난 2012년 9월, 미래 사회의 모습을 궁금해하는 멜라니를 데리고 방문했던 농장도 바로 이 부부의 농원이다. 아마도 그때 우리 두 사람에게 이 다큐멘터리를 찍고 싶다는 마음이 생긴 것 같다.

벡 엘루앵은 처음 보면 농원이라기보다 정원 같다는 인상을 준다. 재배 구역이 다양한 형태와 색깔로 나뉘어 있는 탓이다. 이랑이 직선으로 배열된 밭도 있고, 원형으로 된 밭도 있다. 또 늪과 들판, 만다라 모양의 둥근 정원, 온실과 작은 숲이 한 공간에 공존한다. 전통 농업 방식과는 달리 합리적인 구성은 찾아보기 힘들다. 그러나 실제로는 1밀리미터의 면적까지도 치밀하게 계획된 것이다.

닉과 마찬가지로 샤를과 페린도 영속농업을 실천하고 있다. 샤를은 영속농업을 "자연에서 영감을 얻은 인간적인 시설을 고안하는 시스템"이라고 설명한다. 영속농업은 생태계의 다양성과 상호 의존성을 재창조하고자 한다. 각 구성 요소가 다른 요소에게 이익이 되며 전체로부터 에너지를 얻는다. 폐기물이 발생하지 않는 순환 모델인 것이다. 따라서 도시(특히 전환기의 도시), 기업, 경제, 에너지 등 다양한 분야에 영속 농업을 활용할 수 있다.

영속농업의 원리는 수 세기 동안 세계 곳곳에서 농부들이 실천해온 가장 훌륭한 농법(흙더미와 계단식 밭, 퇴비 사용, 밭에 나무 심기, 상호보완적인 품종을 섞어 심기, 가축을 이용한 밭 갈기 등)과 지난 50년 동안

---

* 견학, 행사, 교육 일정은 www.fermedubec.com에서 확인할 수 있다.

쌓인 자연과학의 지식에 바탕을 두고 있다. 목적은 수백만 년 동안 석유나 경운, 기계 없이 발달했으며, 때로는 척박한 환경에서도 풍부한 생명을 생산한 자연의 섭리를 재현하는 것이다. 비오톱과 식물, 곤충, 동물 간의 관계를 아주 긴밀하게 구축하는 영속농업은 부족한 곳에 풍요를 가져다준다. 샤를은 "영속농업은 필수재가 풍요로우며 낭비되지 않는 모습으로 미래 인류 사회를 그리게 해준다."고 표현했다.

시간이 지나면서 영속농업을 실천하는 농부들은 자연의 모방을 이론화하고, 일반 원칙을 세워 지속적으로 실험하고 보충하고자 했다. "생태계의 가장 중요한 작동 원리 중 하나는 다양성"이라고 샤를은 설명한다. "자연에는 단일경작이라는 것이 없습니다. 식물은 항상 서로 연관되어 있습니다." 이 농원에서도 작물 밀도가 가장 높은 곳을 살펴보면, 1헥타르도 안 되는 면적(농원의 전체 면적은 4.2헥타르이다)에 1000종이 넘는 작물이 자라고 있다. 생산성을 최적화하는 과정에서 혼작(두 가지 이상의 작물을 심는 것)이 방해가 된다고 여기는 산업 논리와 정면으로 대치된다. 이밖에도 땅이 공기 중에 그대로 노출되는 법이 없어서 햇빛에 마르거나 빗물에 씻겨 나가지 않는다. 작물도 아주 촘촘하게 심고 땅을 항상 덮어놓는다(짚, 대팻밥, 갈대 등으로 덮어놓으면 습도가 유지되고, 토양 침식을 막아주며, 짚이 분해되면서 토양이 비옥해진다). 또 영속농업을 하는 농부들은 특정 자연환경에서는 땅이 놀랍도록 비옥하다는 사실을 발견하고 똑같은 환경을 만들기 위해서 여러 가지 전략을 세운다. 우선, 토양을 미생물의 활동이 왕성해지도록 만든다(지렁이, 박테리아, 곤충, 균류는 토양에 공기를 제공하고 활력을 불어넣는다. 우리 몸의 장내 세균과 비슷한 역할을 하는 것이다). 이를 위해 퇴비와 유기물(썩은 짚 등)을 보충해주기도 하고, 친환경 비료(콩과 식물과 같이 토양에 질소를 저장하는 식물)와 나무를 쓰기도 한다. 샤를은 이렇게 설명했다. "지구의 거의 모든 농지가 숲에서 만들어졌습니다. 나무의 뿌리는 땅에 유기물을 배출하고, 균근과 균류를 품습니다. 뿌리에 붙은 균근과 균류가 토양을 비옥하게 만드는 데 중요한 역할을 하지요." 그래서 밭 둘레에는 과실수를 심어서 밑에서 자라는 작물에게 시원한 그늘을 만들어준다. 이외에도 샤를과 페린은 '모든 농사의 기본'인 토양을 아주 특별하게 보살핀다. 현대 농업은 토양을 화학제품을 쏟아붓기만 하면 되는 기반으로 생각하고 소중하게 다루지 않는 경향이 있는데 말이다. 벡 엘루앵에서 가장 잘 사용하는 기술은 흙더미에서 작물을 재배하는 것이다. 맨 처음에 만든 흙더미의 형태는 너비 1미터, 길이 수십 미터의 둥근 이랑이었다. 벡 엘루엥의 이랑은 곡선을 그리기도 하고, 만다라 모양의 아주 예쁜 원형 정원을 이루기도 한다.

"중국, 그리스, 잉카와 마야 문명에서 수천 년 동안 이용된 아주 오래된 농법입니다." 샤를이 설명했다. "땅을 갈거나 공기 중에 노출하지 않는 자연을 모방하는 것이지요. 흙더미를 우선 높이 쌓고 그다음에는 흙을 뒤엎지 않습니다. 이랑은 계속해서 같은 상태를 유지합니다. 흙이 아주 비옥하고 부드러운데다가 높이 쌓았기 때문에 미생물을 건드리지 않습니다. 여기에 작물을 심고 짚으로 덮어줍니다. 해가 바뀌면 짚이 썩어서 토양은 더 비옥해집니다." 이렇게 하면 (짚으로 덮어주기도 했고, 흙을 뒤엎지 않기 때문에 땅속에 있는 잡초 씨앗을 표면으로 퍼서 올리지 않아서) 잡초 제거를 훨씬 덜 하게 되고, 토양침식도 줄어든다. (흙이 물을 잘 머금기 때문에) 물을 자주 뿌려주지 않아도 되고, 흙이 빠르게 따뜻해진다. 흙을 전혀 밟아주지 않기 때문에 더 많은 작물을 심을 수 있어서 결과적으로 생산성이 크게 증가한다. 샤를이 말했다. "미국에서는 특히 존 제본스John Jeavons가 지난 45년간 흙더미 이랑에 심은 작물의 생산성을 광범위하게 연구했습니다. 결과는 아주 놀랍습니다. 토양의 밀도 증가와 상태 개선으로 생산성이 6배, 7배, 혹은 8배까지 증가했으니까요. 어떤 작물은 30배나 생산성이 증가했습니다. 벡 엘루앵에서는 최고의 농법을 함께 써서 모든 작물의 생산성을 평균 10배 증가시켰습니다."

벡 엘루앵에서 사용하는 농법에는 주로 손으로 쓰는 도구가 동원된다. 이 간단하면서도 기발한 도구 중에 정밀 파종기가 있다. 영속농업의 대부인 엘리엇 콜먼Eliot Colman이 발명한 이 파종기는 너비 80센티미터의 평평한 묘판에 사용하는데, 파종기를 쓰면 묘판 위에 채소를 26줄까지 심을 수 있다. 트랙터를 동원하면 3줄밖에 심지 못하는데 말이다. 게다가 여러 작물을 섞어서 심을 수 있다. "19세기 파리의 농부처럼 두서너 가지 채소를 같이 심는 겁니다. 그러면 8번의 윤작이 가능합니다. 일 년 동안 한 묘판에서 8개의 작물을 생산하는 것이지요. 아주 작은 면적의 정수를 뽑아내는 것입니다. 1제곱미터의 면적에서 8개의 작물을 생산하는 것은 8제곱미터의 땅에서 농사를 짓는 것과 같은 결과를 얻습니다. 작은 면적에 우리의 노력과 퇴비, 물, 잡초 제거 등을 응축시킨 것이지요. 이 방법이 훨씬 효과적입니다."

뛰어난 노하우를 가졌던 파리(인구 180만 명)의 농부들은 19세기 후반에 채소를 자급자족할 수 있는 수준으로 끌어올렸고, 심지어 영국에 수출까지 했다. 재배 면적은 평균 4000제곱미터였고, 농부 1명이 1000제곱미터를 담당했다. 이들도 1년에 8번의 윤작을 했다. 오늘날에는 농부 1명이 수 헥타르에 달하는 면적을 담당하고, 윤작도 훨씬 덜 한다. 지금 기준으로 따져보면, 과거 프랑스 농부들만큼 생산량을 올리려면 600헥타르가 필요하다.

일 년 내내 채소를 공급하기 위해서 과거 프랑스 농부들은 샤를과 페린도 도입한 농법을 사용했다. 바로 온상溫床이다. 샤를이 설명했다. "온상은 퇴비가 썩으면서 나는 열을 사용하는 오래된 농법입니다. 50~60센티미터 높이로 퇴비를 쌓으면 1월에도 흙의 온도가 자연적으로 25~28도로 유지됩니다. 이 열이 한 달 반 정도 유지되면서 작물의 생장을 촉진하지요. 1월 초에 온상을 마련해두면 1월 말에 작물 재배를 시작할 수 있습니다. 여기에서 다섯 번째 혹은 여섯 번째 작물을 거두지요. 마지막에는 봄에 쓸 퇴비를 얻습니다."

모든 기술은 서로 연관되면서 최적화된다. 페린이 우리를 데려간 온실도 마찬가지였다. "여기도 온상이에요. 지금은 한여름이지만요. 흙이 아주 습하고 조밀하고 비옥하며, 지렁이가 가득해요. 한겨울에 일찍 재배한 작물은 썩은 퇴비에서 나는 열로 키울 수 있고, 봄에는 풍부한 유기물이 습도를 유지해주지요. 그래서 따로 물을 줄 필요가 거의 없어요. 아주 특별한 기술이지요. 또 이 온상에서는 여름에 작물을 재배할 때 필요한 연관의 한 사례를 볼 수 있어요. 토마토는 덩굴식물이어서 위쪽에서 햇빛을 차단할 수 있어요. 바질은 반쯤 그늘진 곳에서 자라지요. 두 작물은 모두 물을 많이 필요로 하지 않아요. 그리고 향이 강한 바질은 토마토에 기생할 수 있는 해충을 막아냅니다. 바질이 씨앗을 맺을 때까지 자라면 멀치(경지 토양의 표면을 덮어주는 식물이나 자재)로 씁니다. 바질로 토양을 덮어서 습도를 유지하고 유기물의 분해를 지속시키는 것이지요. 토마토 위에서 자라는 포도나무는 파라솔 역할을 하고 습기를 내뿜습니다. 지금처럼 더운 여름에는 밑에서 자라는 작물에게 나쁘지 않죠. 포도까지 재배할 수 있으니 금상첨화고요. 세 가지 작물을 모두 생산하지만, 생산이 유일한 목적은 아니에요. 생태계에서 각자의 역할을 하는 것도 목적이지요. 이것이 바로 영속농업의 가장 큰 장점입니다. 한 가지 요소가 여러 가지 기능을 할 수 있으니까요."

샤를은 우리를 온실에서 몇 십 미터 떨어진 곳에 있는 숲속 정원으로 데려갔다. "자연 상태의 숲을 모방했지만, 여기에서 자라는 모든 식물은 식용이 가능"하다. 야생 상태의 숲처럼 이곳의 식물들도 피라미드식으로 서식한다. 위쪽에는 과실수가, 아래쪽에는 장과 식물(베리 류)이 자라는 것이다. "석유도 물도 비료도 필요 없는 밭입니다. 아주 경제적이지요. 맛있는 과일이 차고 넘치게 납니다. 게다가 이곳은 탄소를 저장하고 토양을 만드는, 완전히 자율적인 생물다양성의 작은 오아시스입니다. 날씨가 좋든 나쁘든, 건조하든 습하든, 숲속 정원은 항상 무성합니다."

벡 엘루앙에서는 나무의 위치가 아주 중요하다. 앞에서 언급한 이유도 있지만, 식량 안보 측면에서도 그렇다. 샤를은 매년 종자를 심어야 하는 한해살이 식물로 위주로 식량을 생산하는 것은 실수라고 주장한다. "현재 인류는 식량을 스무 가지 정도의 식물에서 얻습니다. 우리가 먹는 곡물의 60퍼센트는 밀과 옥수수, 쌀이 차지하는데, 모두 한해살이 식물이지요. 인류의 긴 진화 과정 중 선사시대의 우리 조상은 자연을 돌아다니며 주로 과일과 장과, 잎, 뿌리를 먹었습니다. 모두 여러해살이 식물이지요. 우리의 몸은 이런 식물에 적응하도록 진화했습니다. 곡물과 육류, 유제품을 기본으로 하는 식단은 건강에 좋지 않을 뿐 아니라 지구에도 좋지 않습니다. 식단이 단조로워지면서 다양성이 상실되면 아주 해롭습니다. 지속적인 문명을 구축하려면 한해살이 식물보다 과실에서 답을 찾아야 합니다. 나무는 오래 가니까요. 살구나무, 사과나무, 배나무는 50년, 60년, 100년을 살 수 있습니다. 한 번 심으면 매년 과일이 열립니다."

덕분에 벡 엘루앙 농원은 석유 한 방울, 농약 한 방울 쓰지 않고도 엄청난 수확고를 자랑한다.

샤를과 페린은 영속농업의 타당성을 확인하기 위해 프랑스 국립농업연구소 INRA와 파리의 농학 고등교육기관인 아그로파리테크 AgroParisTech와 함께 3년에 걸쳐 연구를 진행했다. 2015년 봄에 발표된 연구 결과는 매우 놀랍다. 1000제곱미터의 땅에서 지속 가능하고 상식적인 수준의 소득을 올릴 수 있는 생산이 가능하다는 것을 보여준 것이다. 심지어 연구 3년째에는 연 매출액이 5만6000유로에 달했고, 월급이 세금을 제하고도 약 2000유로(최고치는 2500유로, 우리 돈으로 약 330만 원)나 됐다. "우리 매출액은 다른 농부들이 1헥타르가 넘는 땅에서 얻는 매출액과 비슷한 수준입니다. 아주 작은 땅에서 손으로 농사를 지어도 10배나 큰 땅에서 트랙터로 짓는 농사만큼 많은 생산을 할 수 있다는 뜻이지요."

이러한 성과는 샤를과 페린, 그리고 영속농업을 실천하는 전 세계의 모든 농부가 엿본 농업의 새로운 미래이다. 샤를이 힘주어 말했다. "도시와 교외 어디에나 작은 농원이 있는 사회를 꿈꿔볼 수 있습니다. 그 농원들이 진정한 식량 안보를 이루고, 공동체를 위해 현지에서 먹거리를 생산하고, 풍경을 아름답게 해줄 것입니다. 몇 백 제곱미터의 작은 정원을 가진 사람들은 파트 타임 농부가 될 수 있습니다. 투자 비용이 거의 들지 않아요. 영속농업은 경제적으로 수익성이 있어서 농부에게 더 나은 삶의 질을 제공하고(큰 농원 한가운데에서 일하니까), 소비자와 요리사가 원하는 좋은 품질의 농산물을 제공하는 농업입니다. 또 지구를 치유하는 데에도 기여합니다. 토양을 재생시키고, 생물다양성을 보호하고, 땅에 탄소를 저장하니까요. 영속농업의 장점을 얻기 위해서 모든 경작을 축소하자고 주장하는 건 아닙니다. 채소 재배를 아주 작은 공간에 집중함으로써 농업 지도를 다시 그리자는 겁니다. 기계로 1헥타르의 땅에서 재배하던 농작물을 1000제곱미터에서 생산하면, 나머지 9000제곱미터에는 수백 그루의 나무를 심고, 가축을 기르고, 숲속 정원과 꿀벌 채집장, 늪을 두고, 집을 지을 수 있어요. 그렇게 해서 1헥타르의 작지만 훨씬 풍요로운 농원을 만들자는 겁니다. 생물다양성이 엄청나게 풍부하고 살기 좋은 작은 우주를 만드는 것이지요. 농장은 저절로 비옥해집니다. 나무와 울타리, 늪, 가축 배설물 등 바이오매스가 풍부하니까요. 그야말로 자급자족하며 회복력이 좋은 시스템이 되는 것입니다.

현재의 농업 시스템에서는 1칼로리를 생산하려면 10~12칼로리의 화석에너지가 필요합니다. 말이 안 되는 것이죠. 앞으로 석유는 훨씬 희소해지고 훨씬 비싸집니다. 지금처럼 식품이 장거리를 이동하게 둘 수 없을 것이고, 기후 문제가 점점 더 심각해질 겁니다. 이런 문제를 잘 알고 있지만, 그래도 우리는 먹어야 살 수 있습니다. 석유를 사용하지 않고 음식을 먹을 수 있는 방법을 만드는 것, 그리고 백퍼센트 손으로 농사를 짓는 것은 귀농들의 엉뚱한 생각이 아닙니다. 미래의 인류를 먹여 살리는 데 절대적으로 필요한 일입니다. 게다가 현재 전 세계를 살펴보면, 농부의 대부분은 기계를 사용해서 농사를 짓지 않습니다. 모두 손을 씁니다. 생태계가 제공하는 혜택의 정수만 뽑아낸 영속농업은 모든 사람을 먹여 살리는 문제에 있어서 엄청난 의미를 가질 수 있습니다."

농업의 새로운 미래

벡 엘루앵 농장의 경험과 올리비에 드 쉬테의 보고서가 아니더라도, '유기농업'이라 불리던 영속농업의 생산성과 인류를 먹여 살릴 수 있는 가능성에 대한 연구는 무수히 많다.

농학자인 자크 카플라Jacques Caplat는 "수백만 헥타르에 달하는 '실제 농장'의 '실제 수익성'(단순화 경향이 심한 농학자들이 내놓는 경험적 수익성이 아니다)을 연구한 모든 국제 연구는 하나도 빠짐없이 이의를 제기할 수 없는 동일한 결론에 이른다. 온대 지역 이외의 지역, 즉 지구의 4분의 3을 차지하고 인류 대부분이 살고 있는 지역에서 유기농업(농업생태학과 영속농업을 모두 포함)의 수익성이 전통 농업보다 더 높다는 것이다. 유기농업의 수익성이 더 낮은 지역은 캐나다와 유럽이 유일하다. 놀랄 일도 아니다. 유럽과 북아메리카의 농부들은 종자에 관한 규제 때문에 환경에 알맞은 품종을 얻을 수 없고, 혼합 재배와 산림농업에 관련된 노하우도 없다(현재 선도자들이 노하우를 개발하고 있지만, 아직 할 일이 많이 남아 있다). 또 노동력이 풍부한 시스템을 발달시킬 수도 없다(세금 제도가 고용을 억제하고, 기계화를 상려히는 방향으로 만들어졌기 때문이다. 이는 고용을 많이 창출하는 농업을 상대로 심각한 경쟁 왜곡을 낳는다)[*].

자크 카플라가 제시한 조건에 벡 엘루앵이 거둔 성과가 어느 정도 부합한다는 점을 본다면, 유럽과 북아메리카의 농업 관련 제도에 관한 그의 마지막 언급은 신중하게 받아들여야 한다.

우리는 이제 알고 있다. 생태계를 재생시키고, 토양과 나무에 이산화탄소를 저장하고, 서양에 수백만 개의 일자리를 창출하면서 100억 명의 인구를 먹여 살릴 수 있다는 것을 말이다. 다만 이를 현실화하기 위해서는 농업에 관한 생각을 바꾸고, 농업생태학과 영속농업을 선택한 농장을 위한 법을 바꿔야 한다. 또 육류 소비를 현격

---

[*] www.changeonsdagriculture.fr/la-bio-peut-elle-vraiment-nourrir-le-monde-a113788336. Jacques Caplat, L'Agriculture biologique pour nourrir l'humanité, Actes Sud, 2012 참조.

히 줄여야 한다.

그러나 올리비에 드 쉬테가 설명했듯이, 우리는 지금 단기간의 경제 성장만 추구하고 있고, 농식품과 농화학 산업의 다국적기업의 실적에만 신경을 쓰고 있다. 이성과 윤리는 모든 땅에 자율적인 유기농 시스템을 구축하라고 요구하고 있지만, 우리는 다국적기업들이 중앙집권화된 식량 시스템을 마음대로 주무르게 놔두고 있다. 사실은 이런 점을 본다면 지금의 사회 모델 전체를 바꿔야 우리의 목표를 이룰 수 있을 것이다. 그리고 새로운 사회 모델에서는 무엇보다도 화석에너지를 제외시켜야 할 것이다. 더 늦기 전에 말이다.

2장. 온실가스 감축을 위한

에너지 전환 ENERGY

미델구룬덴에 있는 협동조합 형태의 해상 풍력발전 단지

"우리에게는 선택의 여지가 없습니다. 사람들이 '탄소 중립을 위해 이렇게 많은 투자를 어떻게 하느냐?'고 물으면 저는 이렇게 되묻습니다. '이렇게 하지 않으면 어떻게 할 것이냐?'고요. 주위를 둘러보세요. 우리에게는 대안이 없습니다."

– 코펜하겐 시 전 환경·도시계획 보좌관 모르텐 카벨Morten Kabell과의 인터뷰 중에서

에너지 전환에 관해서는 많은 연구가 이뤄졌고, 그만큼 논의도 아주 활발하다. 그런데 도무지 갈피를 잡을 수 없다. 기후변화 회의론자들과 "화석에너지는 지구를 살기 좋은 곳으로 만드는 데 꼭 필요한 물질"[*]이라고 서슴없이 말하는 미국 석유 산업의 로비스트들, 그리고 그 사이에는 "현재로서는 기후 난민은 없다. 그런 건 존재하지 않는다."[**]고 못 박는 프랑스의 지구화학자 클로드 알레그르 Claude Allègre 같은 사람과, "석유와 천연가스 매장량은 21세기 말까지 사용할 수 있을 만큼 충분하다."[***]며 서둘러 에너지원을 바꿔야 한다는 주장은 과장이라고 주장하는 사람들까지 있으니 말이다.

우리는 이 모든 문제를 더 깊이 들여다보기 위해 에너지 공학자인 티에리 살로몽 Thierry Salomon을 만났다. 그는 2013년 프랑스 정부가 개최한 '에너지 전환에 관한 토론회'에 전문가 그룹으로 참여했으며, 네가와트[****] 협회 회장이다. 티에리는 변화란 이정표를 잘 세우고 효율성이 증명된 궤도가 있어야만 일어날 수 있다고 믿는다. 그래서 10년 전부터 30명의 엔지니어와 함께 프랑스를 위한 에너지 전환 시나리오를 만들고 있다. 2050년까지 거의 시간 단위로 아

---

[*] 2012년 환경운동가 빌 맥키번(Bill McKibben)과 벌인 토론에서 알렉스 엡스타인(Alex Epstein)이 한 말. https://www.youtube.com/watch?v=0_a9RP0J7PA.

[**] www.dailymotion.com/video/xbeml4_claude-allegre-climatosceptique-07_news. 유엔이 2012년 발표한 통계에 따르면, 기후 문제로 이주하는 사람이 1초에 1명이다. 연간 82개국에서 3200만 명이 기후 난민이 된다는 뜻이다. 이 수치는 2050년에 2억 명에 이를 것이다.

[***] 러시아 석유 산업 연합회 회장의 말. http://fr.sputniknews.com/french.ruvr.ru/2013_10_21/Fin-de-l-epoque-du-petrolebon-marche-0366/

[****] Negawatt. 절약을 통해 아낀 에너지를 말한다. 백열등을 형광등으로 바꾸거나 낡고 비효율적인 산업 시설을 고효율 시설로 대체하는 등 에너지를 효율적으로 사용하거나 절약하여 얻은 잉여의 에너지를 새로운 자원처럼 활용한다는 의미를 담고 있다.

주 세밀하게 계산한 시나리오이다. 엑셀의 100만 개가 넘는 셀을 더해 우리가 실천해야 할 일과 그 방법의 근사치를 계산했다. 티에리는 정부의 각 부처가 정책 결정을 위해 사용하는 모델이 얼마나 기초적인 수준인지 알고 무척 황당했다고 우리에게 '오프 더 레코드'로 털어놓았다. 민간 부문의 과학자들은 자신의 주장을 알리기 위해 백배는 더 정교하게 연구할 텐데 말이다. 어쨌든 티에리와 그의 동료들이 하는 말에 귀를 기울이는 사람이 늘고 있다. 내가 이 글을 쓰는 동안 그가 프랑스의 주요 일간지 중 하나인 〈리베라시옹〉의 1면을 장식했다는 소식이 들렸다.[*]

네가와트(negaWatt), 미래의 에너지 : 티에리 살로몽과의 만남

- 지금까지 저희는 어떻게 농업 모델을 바꿔야 하는가를 이해하기 위한 여정을 이어왔습니다. 그러다 보니 우리 일상을 점령하고 있는 석유 문제에 이르게 되더군요.

티에리 살로몽 우리가 사는 세상은 화석에너지를 중심으로 구성되어 있습니다. 석유, 석탄, 천연가스 등이지요. 화석에너지는 우

---

[*] 2015년 8월 12일자. www.liberation.fr/terre/2015/08/12/chaud-effroi_1362529.

리가 일상적으로 소비하는 물건 대부분에 들어 있고, 지정학적 의미도 큽니다. 예를 들어 우리가 쓰는 이동 수단의 98퍼센트가 석유를 사용합니다. 물론 농식품 시스템도 석유에 전적으로 의존하고 있지요.

– 화석에너지가 일으키는 가장 큰 문제점은 뭔가요?

티에리 크게 네 가지로 요약할 수 있습니다. 환경오염과 이상 기후 문제가 물론 포함되겠지요. 화석에너지는 추출할 때도, 배출할 때도 문제입니다. 공해 물질과 온실가스를 배출하니까요. 두 번째는 자원의 희소성이 가격 인상을 낳는다는 겁니다. 투기성이 높은 석유의 경우에는 특히 가격 인상 폭이 클 가능성이 높습니다. 세 번째는 화석에너지가 지정학적 긴장을 초래한다는 것입니다. 몇몇 나라에만 분포하기 때문에 서로 차지하려고 하죠. 석유를 보면 우크라이나, 이라크, 시리아에서 벌어지고 있는 상황을 이해할 수 있습니다. 마지막으로 화석에너지가 풍부하다고 생각해서 신재생에너지를 배척한다는 것입니다. 화석에너지는 효과적인 응축 에너지로, 사용하기도 쉽고 접근성도 뛰어납니다. 또 지배 계급의 부를 축적해주고요. 그에 반한다는 것은 지극히 어려운 일입니다.

– 화석에너지를 아예 쓰지 않을 수도 있을까요?

티에리 그 문제에 대해서는 2000년대 초반부터 연구가 진행되고 있는데, 연구가 진행될수록 '그렇다'는 확신이 커지고 있습니다. 그리고 신재생에너지로 전환했을 때 얻을 수 있는 이익도 살펴보는 연구도 많습니다. 에너지뿐 아니라 사회의 전반적인 조직, 거버넌스, 우리가 원하는 미래 세상 등에 대해 총체적으로 검토하는 거지요.

저와 동료들은 프랑스가 2050년에 완전히 신재생에너지로 전환하는 시나리오를 구상했습니다. '네가와트 시나리오'라고 하는데요, 열과 전기, 이동 등 모든 수요를 다루었습니다. 20명의 전문가가 10년에 걸쳐 진행한 대형 프로젝트였지요.

  – 어떤 결론이 나왔나요?

티에리 한두 세대 만에 신재생에너지로의 전환이 가능하다는 결론이 나왔습니다. 단, 에너지 소비를 열심히 줄여야 합니다. 그게 '네가와트'의 의미이기도 하고요. 네가와트는 우리가 쓰지 않는 잉여 에너지, 즉 생산할 필요가 없는 에너지입니다. 생활 수준을 적정하게 유지하면서도 말이죠. 이제는 '항상 더 많이' 요구하는 '메가와트 Megawatt' 체제로만 사고해서는 안 됩니다. 미래를 위한 가장 큰 에너지원은 우리가 절약한 에너지입니다.

  – 그 에너지가 얼마나 될까요?

티에리 세계 에너지 소비량의 50~60퍼센트 정도입니다. 이 문제를 다룬 여러 연구에서도 똑같은 결론이 나왔습니다. 프랑스를 대상으로 진행한 저희의 연구도 마찬가지였어요. 이 말은 곧 우리가 생산한 에너지의 절반을 낭비한다는 뜻이지요. 문제는 이 '네가와트'가 플라스틱으로 오염된 바다와 비슷하다는 겁니다. 눈에 보이지 않아요. 하지만 네가와트는 우리 주변에 있습니다. 예를 들어 몸무게가 70킬로그램인 사람을 이동시키기 위해 무게가 1300~1500킬로그램이나 나가는 자동차를 이용한다는 게 과연 합리적일까요? 지하철에 한 개당 전기 소비량이 두 가정의 소비량을 합친 것만큼 많은 스크린을 설치하는 게 맞는 일일까요? 그런 스크린 수가 100만 개나 된답니다. 몇 년 전에 조사한 바에 따르면, 유럽에서 전기제품을 대기 상태로 유지하는 데에만 원자로 6~7개가 필요합니다. 프랑스에서는 그중 2개가 필요하지요. 이런 사례는 무궁무진합니다. 뭔가 잘못되었지만, 우리는 그걸 보지 못합니다. 익숙하지 않으니까요.

– 어떻게 하면 에너지를 절약할 수 있을까요?

티에리 수요를 기준으로 생각해야죠. 그게 '네가와트' 방식의 기본입니다. 수요를 꼭 필요한 것에서 불필요한 것까지 나누어 표를 만들고, 그 표를 법제화해야 합니다.

– 개인의 실천만으로는 부족할까요?

티에리 네. 모두가 에너지를 절약한다고 해도 부족합니다. 에너지 절약은 필수이지만, 중요한 것은 공급입니다. 마우스 클릭 몇 번으로 공항까지 가는 택시비보다 싼 가격에 지구 반대편으로 여행할 수 있는 비행기 표를 구할 수 있다는 건 분명 문제입니다. 내 지갑에는 아무런 영향도 미치지 않고 대기 중에 이산화탄소를 2~3톤씩 내보낼 테니까요. 물론 '나는 그러지 않을 거야.'라고 다짐할 수도 있습니다. 하지만 가족 관계도 있고, 떠나고 싶은 마음도 생기니 그게 쉽지 않습니다. 우리가 해야 할 일은 우리의 행동에 외부 효과, 즉 에너지 소비의 결과를 반영하는 것입니다. 그리고 이 문제에 관한 국제적 규범이 필요합니다. 한 국가 차원에서만 법으로 통제하는 건 의미가 없습니다. 이것이야말로 에너지 소비를 제대로 줄일 수 있는 유일한 방법입니다.

다른 사회 문제가 그렇듯, 에너지 문제를 해결하는 데도 집단 지성이 필요합니다. 교통법만 보더라도, 할 수 있는 것과 하면 안 되는 것에 관한 규제와 제안을 담고 있습니다. 게임의 규칙이 있는 것이지요. 덕분에 저는 차를 타면서 '이 차에서 살아서 나갈 수 있다. 도로는 무법지대가 아니다.'라고 안심할 수 있습니다. 네가와트 협회도 에너지에 관한 집단적 게임의 법칙을 마련해야 한다고 생각합니다. 프랑스에서는 차량에 관해 매우 엄격한 규제를 도입했는데, 그 효과가 대단합니다. 연간 교통사고 사망자가 2만 명에서 4000명으로 줄었으니까요. 담배도 마찬가지입니다. 처음과 달리 사회가 규제를 잘 수용했습니다.

과거에는 에너지 소비에 높은 세금을 매기는 것은 지나치다는 의견이 많았습니다.

− 주로 어떤 부분에서 에너지를 절약해야 하나요?

티에리 사람들은 에너지라고 하면 전기를 떠올리는 경우가 많습니다. 하지만 전기(가전제품, 컴퓨터, 조명 등으로 소비하는)는 수요의 20퍼센트밖에 차지하지 않습니다. 에너지를 가장 많이 소비하는 부분은 냉난방(온수, 난방, 산업 난방, 냉방, 냉장, 즉 넓은 의미의 칼로리)과 이동(운송과 화물 수송)입니다. 이 두 부문이 우리가 소비하는 에너지의 80퍼센트를 차지합니다. 그런데 프랑스에서는 논의의 99퍼센트가 전기를 중심으로 이루어집니다. 특히 에너지 자립을 이루게 해준다는 원자력을 거론할 때 말입니다. 현실은 더 냉정합니다.* 2011년에 프랑스는 석유와 천연가스 수입에 710억 유로를 썼습니다. 보건부, 교육부, 청소년부, 문화부 예산을 모두 합친 것보다 높은 금액이지요.

− 그렇다면 가장 시급한 일은 뭘까요?

티에리 우선 건물을 바꿔야 합니다. 에너지를 소비하는 만큼 생산

---

* 글로벌 챈스(Global Chance)에 따르면 프랑스의 에너지 자립도는 9퍼센트 수준이다. 이는 아레바(Areva)가 수입한 우라늄까지 포함한 수치이다. www.lemonde.fr/les-decodeurs/article/2014/10/02/transition-energetique-10-chiffrespour-comprendre-le-debat_4498694_4355770.html#EgZMtC2x0WetgH9z.99.

하는(태양광 패널로) 제로 에너지 건물을 대중화해야 합니다. 그런데 이것만으로는 부족합니다. 신축 건물은 전체 건축물의 1 퍼센트밖에 되지 않으니까요. 건물을 새로 지어서 에너지를 전환하려면 100년에서 200년은 걸립니다. 따라서 기존의 건물을 공략해야지요. 지금의 건물은 난방할 때 어떤 집은 다른 집보다 에너지를 4배나 더 많은 쓰는 이상한 현상이 벌어지고 있습니다. 도로에서 동일한 거리를 가는 데 어떤 차는 휘발유를 5리터 쓰고, 다른 차는 20리터를 쓴다면 사람들이 그걸 용납할까요? 말도 안 된다고 생각할 겁니다. 그런데 건물에서는 그런 일이 일어납니다. 대규모의 아주 효율적인 개축과 보수 작업이 시급히 필요합니다.

처음에는 힘들더라도 일단 시작하면 세 배의 효과를 얻을 수 있습니다. 에너지 소비를 서너 배 줄이고 화석에너지를 신재생에너지로 대체하면, 미래의 거주자에게 유익할 뿐 아니라(경제 상황과 건강에 좋으니까), 경제와 고용은 물론이고(건물 개축과 보수로 30년 동안 지역 고용을 창출할 수 있으므로), 지구에도 유익합니다. 경제적으로 봤을 때 전혀 헛소리가 아니에요. 2011년에 독일의 투자은행이 발표한 연구에 따르면, 2008년에 시작한 건물 개·보수 프로젝트에 47억 유로를 투입해서 88억의 세수를 벌어들였습니다. 또 수십만 개의 일자리가 창출되어서 40억 유로에 달하는 실업 급여와 사회 보장 급여를 절약할 수 있었지요. 투자 대비 수입이 세 배나 더 많았던 것이지요.

– 그렇다면 이동 수단은요? 연료만 바꿔서는 안 될 것 같은데요. 교통망을 재정비해야 하지 않을까요?

티에리   둘 다 필요합니다. 단, 대상(자동차)부터 생각하지 말고 수요를 생각하는 게 더 중요합니다. 내가 정말 이동할 필요가 있는가 생각해야죠. 여가를 위한 이동과 부득이한 이동을 구분해야 하고, 그런 다음에 그에 맞는 전략을 짜야 합니다. 대중교통에서 카셰어링까지 선택의 폭은 넓습니다.

– 화석에너지를 절약했다고 쳤을 때, 그렇다면 신재생에너지의 생산량은 충분할까요?

티에리   그렇습니다. 저희가 제시하는 방법론은 바로 이겁니다. 우선 에너지를 절약하고 효율적으로 사용하는 습관을 들이고(프랑스의 경우 수요의 60퍼센트를 줄일 수 있다), 그런 다음에 생산할 수 있는 에너지를 들여다봐야지요. 우리에게는 지구에서 1억 5000킬로미터 떨어진 곳에 있는 훌륭한 원자력 발전소가 있지 않습니까? 지구의 에너지 수요 전체를 충족시킬 수 있는 태양 말입니다. 태양이 지구로 방출하는 에너지의 양은 인류 전체가 소비하는 양의 1만 배에 달합니다. 문제는 그 에너지를 어떻게 포집하고 전환하느냐죠.

– 프랑스에서는 어떤 신재생에너지를 생산할 수 있을까요?

티에리 프랑스는 축복받은 나라입니다. 사용량은 많지 않지만 모든 종류의 신재생에너지를 생산하고 있지요. 풍력 발전 규모가 유럽 2위이고, 전국에 태양열 발전 시설이 분포되어 있습니다. 지열, 바이오매스(생물체에서 얻는 에너지원), 수력, 해양에너지 등도 풍부합니다. 현재 수요량의 40퍼센트를 생산하려면(나머지 60퍼센트는 절약으로 얻어야 한다) 바이오매스를 위주로 해서 모든 에너지원을 혼합해야 합니다.

흥미로운 것은, 에너지와 먹거리, 즉 농업을 연계해야 한다는 겁니다. 이를 위해 우리는 국토 전체를 전반적으로 조망할 수 있는 공동 연구를 하고 있습니다. '아프테르 Afterres'라는 에너지 전환 시나리오를 고안한 프랑스의 농학자 그룹 솔라그로 Solagro와 함께 말이죠. '내일 우리의 식탁에는 무엇이 오를까? 어떤 작물을 재배할까? 어떻게 분배할 것인가? 어떤 신재생에너지를 쓸 것인가?' 우리는 이런 문제에 답하고자 합니다. 생산과 소비 사이의 접점을 찾으려고 합니다. 이미 한 가지는 확실합니다. 에너지와 공간을 아주 많이 소비하는 육류 생산을 반드시 줄여야 한다는 겁니다.

– 이미 에너지 전환을 진행하고 있는 나라가 있습니까?

티에리 독일과 덴마크, 오스트리아는 아주 적극적입니다. 스웨덴은 이미 에너지 공급의 55퍼센트를 신재생에너지로 전환했습니다(프랑스는 11퍼센트). 탄소세가 톤당 100유로(우리 돈 약 13만5천원)로 엄청나게 높아서 가능한 일이지요. 이렇게 해도 스웨덴이 선진국이 되는 데 아무런 문제가 되지 않습니다. 오히려 에너지 전환을 시작한 나라가 경제적으로 봤을 때 더 발전한다는 생각이 지배적입니다. 독일에서는 1980년대에 이 문제를 깊이 고민했고, 에너지 전환 시나리오도 많이 작성했습니다. 덕분에 초당적으로 국민적 합의를 끌어낼 수 있었고, 산업체들을 동참시킬 수 있었지요. 지금 독일에서는 두 기차가 박차를 가해서 달리고 있습니다. 하나는 신재생에너지로, 이미 큰 발전을 이루었죠. 또 하나는 에너지 효율로, 미래의 시장을 준비하는 산업체들이 참여하고 있죠. 독일에서는 특정 시기에 소비되는 전기의 절반 이상을 신재생에너지로 생산하고 있습니다.

– 독일과 프랑스가 다른 점은 무엇입니까?

티에리 아마도 중앙집권제가 프랑스보다 덜하지 않나 싶습니다. 프랑스는 지극히 중앙집권화된 국가입니다. 모든 게 우두머리, 즉 전지전능한 대통령에게 집중되고, 장관과 고위급 공무원 차원에서 처리됩니다. 검증되지 않은 것을 국가가 나서서 강제하는 경우가 많습니다. 이건 재앙이 될 수도 있습니다. 저는 우리가 다른 시각을 가질 때 전환이 일어난다고 생각합니다. '전환'이라는 말은 흥미롭지요. 고정된 모델이 아니라 과정이니까요. 그 출발은 지역 단위에서 이루어지는 작은 실험이지만, 일단 제도가 허용하는 틈새에 자리 잡고 성공하면 실험이 재생산되고, 결과를 내면 변화를 향해 나아갈 수 있는 규범을 만들어내지요. 이러한 움직임은 밑에서 시작되고, 확산을 위한 통합은 위에서 이루어지기 때문에 무척 흥미롭습니다.

– 이산화탄소 배출량을 줄이려면 반드시 원자력이 필요하다고 주장하는 환경운동가들*도 있습니다. 네가와트 협회에서는 이 의견에 대해서 어떻게 생각합니까?

티에리 우리의 생각은 아주 간단합니다. 니제르에서 추출되는 우라늄에서부터 영원히 땅에 묻는 폐기물에 이르기까지 원자력 생산 과정을 살펴보면, 전 라인에 엄청난 허점이 있습니다. 비극적인 사건이 발생할 수도 있다는 사실을 금방 알 수 있죠. 프랑스 원자력안전연구소IRSN의 보고서에 따르면, 한 번의 원전 사고에 3000억~1조5000억 유로의 비용이 든다고 합니다. 인적, 환경적, 정신적 비용은 제외하고 말이죠. 이 수치는 핵을 반대하는 환경운동가들이 제시한 게 아니에요. 제도권에서 나온 겁니다. 사고 위험이 통계적으로 아주 낮다는 주장에 따라 원자력 산업을 유지하면서(국가 경제의 파산을 이유로) 아주 큰 위험 부담을 안는 것입니다. 통계는 우리의 판단을 흐리게 합니다. 예를 들어, 칠면조가 크리스마스에 잡아먹힐 확률은 통계적으로 아주 낮습니다. 1월 1일부터 12월 23일까지는 아무 문제가 없

---

* 이 주제를 언급한 제임스 러브록(James Lovelock)의 연설 참조.

111

겠지요. 칠면조는 먹이도 많이 먹었습니다. 하지만 12월 24일이 막상 다가오자 아주 심각한 문제가 생깁니다. 그래도 칠면조는 문제를 보지 못합니다. 통계적으로는 삶의 대부분을 큰 문제 없이 보냈으니까요. 지금까지 아무 문제가 없었으니, 내일도 별일 없을 거라고 생각하는 겁니다. 원자력이 바로 이런 경우입니다. 프랑스에는 58개의 원자로가 있고, 그 원자로들이 점점 노후화한다는 사실은 대형 사고의 위험을 증가시킵니다. 현재 기술 수준으로 보면 원자력에서 벗어나야 합니다. 원자력은 우리를 아주 위험한 궁지로 몰 겁니다. 노후 원전을 현대화하고 재가동하려면 엄청난 투자를 해야 하고, 시간도 20년이나 걸립니다. 그 안에 사고가 일어날 가능성은 얼마든지 있습니다. 차라리 그 투자를 신재생에너지에 합시다. 고용도 마찬가지입니다. 퇴직자를 대체하는 것이 아니라 신재생에너지 부문에서 고용을 창출하고, 원자로 해체와 안전에 필요한 인원은 유지하는 방향으로 가야 합니다.

　- 네가와트 시나리오를 프랑스에 적용한다면, 어떤 효과를 가져올까요?

티에리　15년 동안 60~70만 개의 일자리가 창출될 겁니다. 주로 건물 리노베이션과 신재생에너지 개발, 에너지 시스템의 현지화 부문에서 고용이 많이 창출될 겁니다. 반대로 원자력 산업과 자동차 산업 부문에서는 일자리가 없어지겠지요.

–그 수치는 어떻게 도출된 겁니까?

티에리 프랑스 국립과학연구소 산하 환경발전국제연구소 CIRED가
수행한 연구 결과입니다. 네가와트 시나리오를 바탕으로 이루
어진 거시경제적 연구도 있습니다. 프랑스가 무너지지 않을뿐
더러 오히려 GDP가 증가한다고 말할 수 있습니다.

–그러니까 신재생에너지로 전환하면 고용이 창출되고, 지구
생태계를 지키고, 우리 건강에도 좋은데, 다만 우리가 하지
않고 있는 거군요. 거참, 이상한데요?

티에리 사람은 눈에 보이는 것에는 크게 반응합니다. 지진이나 전
쟁 같은 것에는 말이죠. 하지만 석유 고갈이나 지구온난화에
대해서는 믿지 않습니다. 만약 이산화탄소 분자가 대기의 색
을 바꿀 수 있다면 우리의 반응도 달라졌겠지요. 하지만 인간
은 두려움을 느껴야 반응을 보입니다. 기후에 관한 정부간 패
널 IPCC이 2050년이나 2100년에 재앙이 닥치리라고 전망하면 사
람들은 거기에 반응합니다. 기온이 계속 올라서 8도나 15도 더
뜨거워지면 인류의 생존이 문제가 됩니다. 심리학자, 예술가,
마케팅 전문가들이 집단적 거부의 원인을 규명하고 그에 대한
해결책을 제시해야 합니다.

–그럼 정치인들은요? 그동안 프랑스의 에너지 전환에 관한

정부 토론에 많이 참석하셨는데, 정치인들이 바뀌지 않는 이유는 뭡니까?

티에리　정치인들은 변화를 아주 두려워하는 것 같습니다. 그게 참 이상하더군요. 저는 오히려 변화가 없는 게 더 두렵던데 말입니다. 선거철에는 후보들이 변화에 초점을 두고 공약을 내걸지만, 그걸 실전에 적용하기 시작하면 되는 일이 없습니다. 모든 게 마비됩니다. 제도적인 원인에다가 특정 개인과 기업, 로비스트의 이권과 겹쳐 문제가 됩니다. 결국 보수주의자, 즉 변하지 않는 게 더 이익인 사람들, 그리고 몇 년 앞밖에 내다보지 못하는 사람들이 힘을 합치게 되지요. 시간은 아주 중요한 문제입니다. 우리가 네가와트 시나리오에서 제안하는 것은 향후 35년간의 방향입니다. 35년은 아주 긴 시간이지만, 인류의 역사에서 보면 아주 짧은 시간이기도 합니다. 하지만 정치인들은 겨우 5~6년을 내다보고, 기업가는 2년을, 금융가는 10억분의 1초(초극단파 매매의 경우)를 내다볼 뿐입니다. 우리에게는 올바른 시간 시스템으로 다시 돌아올 수 있게 해줄 지렛대가 필요합니다. 그렇게 되면 당장 내일 아침에 일어날 일만 생각하지 않겠지요. 많은 부모가 자식을 기준으로 생각합니다. 재산과 문화를 다음 세대에 물려주려고 하지요. 이런 유산 개념이 일부 환경운동가들 사이에서는 보수적으로 보일 수 있지만, 실천과 담화를 촉발하는 원동력이 될 수 있습니다.

- 이야기라는 지렛대도 연구해봐야 할 것 같습니다. 그렇다면 내일의 에너지 세상을 어떻게 설명하시겠습니까?

티에리 공상과학 소설 같은 이야기를 원한다면(저희가 하는 연구 작업에서는 금하는 일입니다만) 이렇게 말할 수 있겠지요. 2050년에 평범한 가족은 공간, 설비, 정원 등 많은 것을 공유하는 공동 주택에 삽니다. 주택은 리노베이션했거나 신축 건물입니다. 어느 경우이든 난방에 에너지를 거의 소비하지 않는 건물이지요. 온수 때문에 에너지를 조금 쓸까요? 전기제품은 모두 저전력 소비 제품입니다. 주택은 태양열 패널로 전기를 소비한 만큼 생산하는 건물이고요. 지능형 계량기가 있어서 가족은 가전제품마다 실시간 전력 소비량을 확인할 수 있습니다. 또 대부분 대중교통을 이용하는데, 그게 전부는 아닙니다(대중교통은 비용 때문에 일반화될 수 없을 겁니다). 도심에서는 무게가 200킬로그램 정도 나가는 소형 전기 자동차를 공동으로 소유하거나 카셰어링으로 사용합니다. 멀리 지방에서 사는 나이 지긋한 친척 아주머니를 찾아갈 때는 하이브리드 세단을 렌트합니다. 이 차는 도심에서는 전기를 쓰고, 도심을 벗어나면 재생가능한 메탄으로 굴러갑니다. 메탄은 지금 우리가 쓰는 휘발유처럼 주유소를 통해서 유통됩니다. 이 가족은 전기를 훨씬 적게 쓰면서도 지금과 똑같은 이동성을 유지하고, 우리만큼 멀리 다닐 수 있을 겁니다. 더 사회 친화적이고, 강제성이 적은(특히 직업적 이유로) 이동성이 되겠지요. 이 가족은 전력의 대부분을 신재생에너

115

지로 생산하는 곳에서 삽니다. 태양광, 풍력, 바이오매스를 혼합해서 쓰기 때문에 가능한 일이지요. 에너지 저장 문제는 분자를 저장할 수 있는 메탄으로 해결할 수 있을 겁니다.* 이러한 에너지 생산은 지방으로 분권화되어 지자체와 기업, 소비자 단체(협동조합)가 운영할 겁니다. 이 주체들이 함께 풍력 발전소를 소유하고, 발전소에서 벌어들인 소득은 필요한 건물에 방열 장치를 하는 데 사용할 겁니다. 결국 지자체는 '친절한 푸틴 씨'나 걸프만 국가에게서 에너지를 수입해올 때보다 더 적은 돈을 쓰게 됩니다. 연간 700억 유로가 절약될 것이고, 해외로 유출되지 않은 이 금액은 국내 경제에 재투자되어 유용한 기업의 창업과 고용 창출에 기여할 것입니다.

– 에너지 분야에 대기업이 계속 필요할까요? 앞으로 에너지
  생산의 완벽한 분권화가 이루어지는 게 가능할까요?

티에리 대규모 설비를 운영하는 대형 산업체가 앞으로도 필요할 겁니다. 특히 해양 풍력 발전 단지가 그렇지요. 대규모 해상플랜트 기술과 비슷합니다. 그러고 보면 해양 플랜트도 석유 산업과 조선업을 재활용하는 좋은 방법이 될 수 있고요. 하지만 지역에 훨씬 뿌리를 깊게 내린 기업도 많이 있습니다. 중소기

---

* P2G(Power-to-gas)는 전기를 메탄으로 바꿔서 저장하는 방식이다. 물의 전기분해를 이용해서 전기를 수소로 바꾼 다음, 이산화탄소로 사바티에 반응을 일으켜 메탄으로 바꾼다. 메탄은 저장이 쉽고 천연가스 공급망으로 직접 유통될 수 있다(https://fr.wikipedia.org/wiki/Conversion_d'electricite_en_gaz).

업이 대기업에 먹히는 것을 막고 둘이 공존하게 만드는 것이 좋겠지요. 이 부문에서도 독일의 사례가 흥미롭습니다. 독일의 대기업은 지역에 기반을 둔 중소기업과 대규모 파트너십을 맺고 있습니다.

재생 가능한 에너지로의 완전한 전환을 꿈꾸다

우리는 인터뷰를 마치고 활력 넘치는 네가와트 협회 사무소를 나왔다. 화석에너지를 쓰지 않아도 된다는 연구와 시나리오들을 봤으니, 이제는 이미 그런 길로 접어든 도시나 국가를 찾기로 했다. 지금까지 우리가 관심을 가진 모든 문제가 그랬듯이, 이번에도 모든 것이 실전에서 가능한지 확인하고 싶었다. 이후 여러 곳을 취재하고 촬영하면서 우리는 에너지 믹스*로 연계된 신재생에너지원의 다양성, 에너지 절약과 동시에 이루어지는 신재생에너지의 생산, 서둘러 행동에 나서야 한다는 조바심 등 티에리 살로몽이 언급했던 요소를 모두 찾을 수 있었다. 다양성과 자율성, 회복력, 협동 등의 주요 개념도 여정을 통해 하나씩 만나게 되었다.

인상적이었던 건 취재 과정에서 에너지 전환의 최선두에 있는

---

* energy mix. 온실가스 발생량을 줄이는 대책의 하나로, 석유와 석탄과 같은 화석연료의 사용량을 줄이고, 태양열, 풍력, 바이오매스와 같은 에너지원을 적절히 혼합하여 공급하는 것을 말한다.

지역이 주로 섬(아이슬란드, 카보베르데, 레위니옹)이나 반도(덴마크, 스웨드)라는 사실을 깨달았다는 것이다. 섬은 제약이 많은 환경이다. 약점이 다른 지역에서보다 더 두드러지는 곳이 섬이다. 자율성을 기를 필요도 더 많다. 환경적 제약 때문에 섬은 대륙이 미래에 실천할 것을 미리 시도해보는 실험실이 되었다.

아이슬란드 : 지열과 수력전기의 나라

아이슬란드에서는 6월 내내 해가 지지 않는다. 기껏해야 1시간 정도 해가 사라질 뿐이다. 마치 달에 착륙한 듯한 착각을 불러일으킨다. 경이로운 아이슬란드의 풍경에 취한 채 호텔 방에 도착한 나는 커튼 자락으로 창문 틈새를 대충 막아 놓았다. 밤 11시인데도 밖은 대낮처럼 환했다. 새벽 4시에 눈을 떠도 창밖의 빛은 여전히 그대로일 것이다. 이곳 아이슬란드에서는 시간이 다르게 흐른다. 길게 늘어지고, 많아지는 것 같다. 그리고 온통 자연이다. 레이캬비크는 세계적으로 유명한 아이슬란드의 수도이지만, 인구 12만 명의 중소도시에 불과하다. 혹독한 야생의 땅 가장자리에서 살아가는 아이슬란드 사람들은 처음에는 생존을, 그다음에는 풍요를 이룰 수 있는 환경을 개척해야 했다.

아이슬란드의 에너지 정책도 이런 상황과 밀접한 관련이 있는 듯하다. 사실 아이슬란드는 허허벌판 같은 느낌이다. 1973년에 제1차 석유 위기가 발생하자, 아이슬란드 정부는 에너지 자립 계획을 세웠다. 석유 가격은 계속 상승할 것이 빤했고, 수급 문제가 심각해

레이캬비크 근처에 있는 지열 발전소

질 테니 석유에 대한 의존도를 대폭 낮춰야 했다. 이후 20년 동안 정부가 한 예측이 완전히 들어맞은 건 아니지만(석유 가격이 1979년에 급등했다가 1980년대와 1990년대에는 비교적 낮아졌다), 어쨌든 아이슬란드 사람들은 에너지 상황이 바뀌리라는 것을 우리보다 35년 앞서 내다보았다고 할 수 있다. 당시 그들의 관심사가 현재 전 세계에서 에너지 전환을 지지하는 사람들의 생각과 일치하기 때문이다.

아이슬란드 당국은 에너지 자립을 위해 섬의 천연자원을 이용하기로 했다. 그중 단연 돋보이는 자원이 두 가지 있었다. 아이슬란드는 화산섬이어서(200개의 화산이 있다) 현지인과 세계 곳곳에서 몰려온 관광객이 모두 온천을 즐긴다. 바로 이 온천의 열을 이용할 수 있었다. 이밖에도 아이슬란드는 멋진 폭포와 빙하가 많다. 유럽에서 가장 큰 이 빙하들이 국토의 10분의 1을 차지한다. 수백 미터 고도에 있는 빙하가 엄청난 유량을 자랑하는 수많은 빙하천의 수원이다. 유량이 엄청나게 많고 표고차가 아주 커서 매우 뛰어난 에너지 잠재력을 보인다. 몇십 년 만에 이 두 자원을 개발하기 위한 인프라가 구축되었고, 인구 33만 명의 작은 나라가 전체 에너지 수요의 87퍼센트를 신재생에너지로 생산하는 놀랄 만한 기록을 세웠다.[*] 에너지 믹스 비율은 지열이 69퍼센트, 수력이 18퍼센트, 석유가 11퍼센트, 그리고 석탄이 2퍼센트이다. 더 자세히 살펴보면, 지열이 전국적으로 난방(공동)에 소요되는 에너지의 90퍼센트를 차지한다. 지열 발전소에서 각 도시로 연결된 거대한 파이프(가장 긴 파이프는

---

[*] www.statice.is/Statistics/Manufacturing-and-energy/Energy.

63킬로미터에 달한다)를 통해 지열을 공급한다. 또 지열이 전기의 27 퍼센트를 생산한다. 수력은 난방의 10퍼센트와 나머지 전기 73퍼센트를 커버한다. 에너지 믹스에서 13퍼센트에 해당하는 석유와 석탄은 주로 차량과 어선의 연료로 쓰인다. 따라서 이동 수단이 아이슬란드의 에너지 전환에서 해결해야 할 가장 중요한 문제이다.

아이슬란드 국립 에너지 기구 '오쿠스토프넌 Orkustofnun'의 이사장 귀드니 요하네손 Gudni Johannesson은 이렇게 말했다. "그 문제를 해결하는 게 다음 목표 중 하나입니다. 우리는 신재생에너지에서 연료를 생산하려고 합니다. 이미 전기 자동차를 도입했고, 쓰레기에서 발생한 메탄으로 다니는 차도 있습니다. 대기 중의 이산화탄소를 포집하는 공장도 건설했고, 수소를 사용해서 생산한 메탄올을 휘발유에 섞어 쓰기도 합니다. 수소 자동차도 도입했고, 레이캬비크에서는 수소 버스도 몇 대 운영 중입니다. 이런 기술을 이미 사용 중이지만, 아직은 가격이 상대적으로 비싼 편입니다. 앞으로 더 개선해서 대중화할 필요가 있지요. 10~20년 이내에 이 기술을 대중화해서 화석에너지 제로의 미래를 만들 수 있으리라고 생각합니다."

사실 아이슬란드는 실제 수요량보다 훨씬 더 많은 에너지를 생산한다. 따라서 이 남는 에너지에서 사업 확장의 기회를 엿본 기업을 많이 끌어들일 수 있었다. 그중 하나가 알루미늄 산업이다. 매우 에너지 집약적인 산업으로, 솔직히 친환경적이지 않으면서 전력의 73퍼센트를 소비한다. 아이슬란드는 앞으로 기술을 개선해서 더 많은 전기를 생산할 수 있다고 생각한다. 이미 아이슬란드는 화석에너지를 지열로 대체하고자 하는 나라를 지원하는 일종의 국제 컨설턴트가 되었다.

권디 이사장은 설명한다. "많은 개발도상국에 엄청난 잠재력이 숨어 있습니다. 아프리카의 리프트 계곡에서는 15기가와트의 전기를 생산해서(이는 소규모 원자력 발전소 20개와 맞먹는다) 케냐나 에티오피아에 공급할 수 있을 것입니다. 현재 전 세계의 석유 중 40퍼센트는 물을 데우거나, 주택 난방 등 기본적인 수요를 충족시키는 데 쓰입니다. 지열을 보유한 국가(스위스, 독일, 프랑스, 이탈리아)에서는 우리의 노하우로 충분히 화석에너지를 대체할 수 있습니다. 그런데 지열이 유일한 해결책은 아닙니다. 다른 신재생에너지와 믹스하면 화석에너지 사용 비중을 기후를 위험에 빠트리지 않는 수준으로 끌어내릴 수 있을 것입니다."

레위니옹 : 태양과 농업에너지의 섬

레위니옹도 아이슬란드처럼 섬이어서 비슷한 문제를 가지고 있지만, 상황은 훨씬 뒤떨어진다. 에너지 믹스 현황을 보면, 신재생에너지가 35퍼센트, 화석에너지가 65퍼센트를 차지한다. 디젤이 에너지 수요의 절반을 차지해서 석유 의존도가 여전히 높다. 파업이 일어나거나 수급에 차질만 생겨도 며칠 만에 섬의 경제가 무너질 상황이다. 디디에 로베르Didier Robert 지역위원회 위원장은 "한 기업이 공급 독점권을 가지고 있어서 기업의 힘이 커졌습니다. 이 독점을 없애고 에너지원을 다각화하는 게 우리의 목표입니다. 신재생에너지를 이용해서 2025~2030년에 에너지 자립을 이루려고 합니다"

라고 말하며 자신감을 보였다. 그러나 레위니옹에는 다른 문제들도 산적해 있다. 아이슬란드의 인구 밀도는 1제곱미터당 3명인데 반해, 열대 지방의 작은 섬인 레위니옹은 인구 밀도가 아주 높다. 화산과 국립공원 때문에 살기 편한 해안 지역에만 90만 명의 인구가 밀집해있다. 2030년이 되면 그 수가 100만 명에 이를 것으로 예상된다. 따라서 점점 더 작아지는 땅덩어리에서 집은 어떻게 지을 것이며, 식량과 신재생에너지는 어떻게 생산할 것인지 그 방법을 찾아야 한다. 또 레위니옹의 날씨는 일조량과 풍량의 변화가 심해서 신재생에너지의 지속적인 생산이 불가능하다. 따라서 신재생에너지의 생산이 불규칙한 문제도 해결해야 한다. 그래야 에너지 믹스 비율이 35퍼센트를 넘어갈 수 있다.

해결의 실마리를 제공한 것은 2007년 한 프랑스 중소기업이었다. 세계 여러 나라에서 신재생에너지를 개발하는 기업 '아쿠오Akuo'는 아그리에네르지(Agrienergie, 농업에너지)에서 그 해결책을 찾았다. 아이디어는 사실 간단하다. 좁은 땅에서 먹거리 생산과 에너지 생산을 조율하는 것은 어불성설이므로, 같은 땅에서 두 가지를 동시에 생산한다는 것이다. 첫 번째 실험에서는 태양전지를 설치하고, 그 아래에 생기는 그늘에 사이짓기를 시도했다. 그래서 허브를 심기로 했다. 용기 있는 시도였지만, 실은 생산량이 많은 작물을 재배하기에는 땅이 너무 비좁았다. 두 번째 실험은 채소 온실에서 이루어졌다. 결과는 더 좋았다. 땅을 모두 작물 재배에 쓸 수 있었고, 온실의 지붕 절반으로는 전기를 생산했기 때문이다(나머지 반은 빛이 들어올 수 있도록 두었다).

처음에 농부들은 소극적이었다. 사실 새로운 실험을 하려면 기존의 농사법을 바꿔야 하는데, 농부들이 보기에는 새 농법에는 제한점이 많았다. 그러나 일단 해결책을 찾고 나면 새 농법은 여러 가지 측면에서 장점이 아주 많다. 온실은 태풍 등(열대 지역에서는 상대적으로 빈번한) 극단적인 기상 현상이 일어날 때 작물을 보호해준다. 빗물을 저장해서 수자원을 자급할 수도 있다. 비용 한 푼 들이지 않고 말이다. 아퀴오는 상징적인 금액인 1유로를 농부들에게 받고 온실 지붕 사용권을 주었다. 농업회의소 회장이자, 직접 유기농업을 하는 장 베르나르 공티에Jean-Bernard Gonthier는 자신의 온실 12채에서 생산한 전기를 600가구의 2000명에게 제공하고 있다. 2014년에 사이클론 베지사가 섬을 관통했을 때 다른 농장들은 폐허가 되고 농작물을 모두 잃었지만, 그의 온실은 꿈쩍하지 않았다.

이 시스템은 토지를 소유할 여력이 없는 농부들에게 정착할 수 있는 기회도 제공한다. 아퀴오가 농부들에게 1유로를 받고 땅을 20~40년 동안 빌려주는 형식이다. 아퀴오의 설립자이자 회장인 에릭 스코토Eric Scott는 이렇게 말한다. "기업의 재정적 능력을 농부에게 쓰는 거죠. 우리는 향후 20년간 두 가지 큰 목표를 이루려고 합니다. 우리가 가진 땅에서 식량과 에너지의 자립성을 확보하는 것입니다. 여기서 가장 큰 어려움이 바로 땅값입니다. 우리는 식량과 에너지의 협업을 통해서 목표를 달성하고자 합니다."

아퀴오는 이런 시도가 꽤 승산이 있다고 판단하고 유휴지에도 같은 원리를 적용하고자 한다. 대표적인 예가 레위니옹의 주요 교도소인 포르 교도소 주변의 땅이다. 지자체와 교도 행정당국의 협력 덕분에 아퀴오는 감옥 주변의 폐허가 된 땅을 생산과 재편입의 공간으로 탈바꿈시켰다. 지금은 이곳에 태양 전지를 이고 있는 채소 온실이 있으며, 그 옆으로 수목원과 14개의 꿀벌통, 1기의 태양발전소가 있다. 이 새로운 공간은 수감자의 이미지뿐 아니라 그들의 삶도 개선했다. 수십 명의 수감자가 이곳에서 정기적으로 일하고, 유기농 채소 재배, 양봉, 태양 전지 제작 등 미래에 도움이 될 직업교육을 받는다. 20년간 감옥을 들락날락했으며, 포르 교도소에서 3년째 수감 생활 중인 파트릭은 이렇게 소감을 말한다. "철장 밖으로 한 걸음 내딛는 것 자체가 이미 좋은 일이지요. 여기 들어오기 전에 가족과 직업, 집이 있었더라도 나갈 때는 아무것도 남지 않아요. 그러니 기술을 가지는 게 중요하죠." 현재로서는 가장 적극적인 수감자와 사회 재편입이 용이하다고 판단되는 사람에게만 기회를 주고 있다. 파트릭의 아들도 같은 교도소에서 복역 중인데, 그는 아직 이 프로그램에 참여하지 못했다. 2009년 이후 37명의 수감자가 교육을 받았고, 그중 8명은 출소 후 관련 분야에서 일자리를 구했다. 앞으로 20년 동안 240명을 사회에 재편입시키는 것이 목표다.

아퀴오는 새로운 실험장을 발판으로 삼아 에너지 전환의 관건 중 하나인 에너지 저장 문제를 해결하고자 했다. 태양 전지에서 생산하는 9메가와트는 축전지에 저장된다. 작은 컨테이너처럼 생긴 9개의 육면체에 충전용 건전지가 들어 있고, 이것이 태양 전지를 둘러싸고 있다. 이 태양열 발전소는 포르 시 인구(3만 6000명)의 3분의 1에게 지속적인 전기 공급을 하고 있다. 건설 당시에는 태양열 발전소로는 세계 최대 전력 생산량을 자랑했다. 이 프로젝트를

515가구에 전기를 공급하는 탐퐁 근교의 온실들

지휘했던 안 르모니에Anne Lemonier는 "많은 섬이 에너지 믹스에서 신재생에너지 비중을 크게 높였습니다. 하지만 풍력이나 태양광과 마찬가지로 신재생에너지는 간헐적으로 생산됩니다. 레위니옹에서는 신재생에너지 생산이 30퍼센트를 넘기면 프랑스전기공사EDF가 발전소 일부의 연결을 해제시켜 전력망을 안정화시킵니다. 따라서 신재생에너지를 30퍼센트 이상 넘기고 싶다면, 에너지 저장 기술이 필수적입니다."라고 말한다. 그러나 대부분 에너지 저장은 전력망과 연동되어 있다. 아퀴오는 지금까지 볼 수 없었던 실험을 시도했다. 발전소와 태양 전지를 지역과 직접 연동한 것이다. 이렇게 하면 태양이 구름에 가리면 저장 시스템이 즉각 작동되어 안정적이고 지속적인 전기 생산이 가능해진다. 안 르모니에는 "신재생에너지 100퍼센트로 에너지 믹스를 실현하려면 바이오매스, 수력, 지열, 조력 등 지속적으로 생산이 가능한 항시적 에너지가 50퍼센트, 그리고 저장 장치와 연결된 태양광, 풍력 등 간헐적 에너지가 50퍼센트를 차지해야 합니다."라고 설명했다.

티에리 살로몽이 말한 것처럼 에너지 저장 방법에는 여러 가지가 있다. 아퀴오의 선택은 흔히 전기 자동차에 사용하는 리튬 이온 배터리였다. "리튬 이온 배터리에는 재활용이 가능한 탄소, 니켈, 마그네슘, 망간 전극이 사용됩니다. 리튬과 이온은 극히 적지요. 저희와 같은 유형의 발전소에서는 배터리 수명이 80퍼센트밖에 되지 않습니다. 그러면 남은 20퍼센트는 성능에 대한 요구가 덜 까다로운 다른 분야(예를 들어 전기 자동차)에 사용됩니다. 그런 다음 납품업체가 배터리를 회수하여 분해한 뒤 재활용합니다." 이 방식에 프랑스 정부가 관심을 보였고, 현재는 다른 섬과 본토의 대도시뿐 아니라 같은 문제를 겪고 있는 다른 많은 열대 지역에서도 이 방식을 지원하고자 한다.

혹자는 아이슬란드와 레위니옹은 인구가 상대적으로 적은 국가가 아니냐고 반박할 수도 있을 것이다. 그래서 우리는 인구가 560만 명인 덴마크와 1000만 명인 스웨덴으로 규모를 바꿨다. 스칸디나비아 반도의 이 두 국가는 2050년까지 신재생에너지 비율을 100퍼센트로 늘리겠다고 공식 선포했다. 스웨덴은 2013년에 이미 51퍼센트를 달성했고, 덴마크는 36퍼센트까지 높였다. 이 두 국가의 도시들이 내건 목표는 더욱 놀랍다. 서로 몇 킬로미터 거리에 있는 코펜하겐과 말뫼는 각각 2025년과 2030년까지 이산화단소 배출을 제로로 만들겠다는 야심 찬 계획을 발표했다. 이 두 도시가 우리의 다음 행선지이다.

비행이 아직 4시간 남았다. 나는 지난 18일간의 촬영 기록을 다시 한번 훑어보면서 다음 도시에서는 어떤 것을 끌어낼 수 있을지 고민했다. 모든 게 빠르게 지나갔다. 우리가 만난 모든 사람의 삶을 표면적으로만 나눌 수 있을 뿐이었다. 하지만 그들과 헤어질 때는 매번 슬펐다. 우리가 함께 나눈 것의 강도가 시간을 초월하는 듯했다. 레위니옹에 도착했을 때 우리는 일주일 동안 휴식 시간을 가졌다. 이후 나는 먼저 코펜하겐으로 떠났다. 나머지 팀원들은 다음 날 도착하기로 했다. 나는 비행기 좌석에 앉아서 주위를 둘러보았다. 모든 승객이 스크린을 응시하고 있었다. 좌석에 부착된 스크린,

테이블PC 스크린, 스마트폰 스크린, 컴퓨터 스크린…. 파리 지하철에서도 똑같은 광경이 벌어진다. 승객들은 옆자리에 앉은 사람에게는 아랑곳하지 않고 고개를 숙인 채 스크린에 열중한다. 스크린에 대한 갈증을 가라앉힐 수 있는 것은 아무것도 없는 듯 보인다. 언제 어디든 존재하는 스크린. 그 위에서 우리의 눈과 손가락은 쉴 틈 없이 움직인다. 우리 삶의 아주 작은 공간마저도 차지해버린 스크린은 꿈, 관찰, 권태의 순간마저 소멸시킨다. 미쳐버릴 때까지. 시공간의 제약도 없는 스크린이라는 상호작용, 지식, 다변의 바다에 우리는 기계적으로 몇 시간씩 잠수한다. 나도 매일 금속과 유리로 만든 얇은 판 위에 쏟아지는 덤프트럭 한 대분의 이메일과 SNS, 문자 메시지를 마주해야 했다. 그것들은 약속, 만남, 작업 사이에 숨 쉴 틈도 주지 않고 나의 시간을 가속화했다. 그리고 일중독자인 나에게 쉴 틈 없는 노동과 24시간 내내 전방위 소통이 가능한 휴대용 사무실을 제공했다. 스마트폰은 고요함을 몰아냈다. 스크린의 흡인력을 나는 견딜 수 없다. 스크린은 나를 빨아들이고, 내게서 사람, 물건, 냄새, 소리를 빼앗아갔다. 판단력을 무디게 만드는 동시에 신경계를 흥분시킨다. 스크린 앞에 있으면 내 삶이 내 것이 아닌 것처럼 느껴지고, 근심 걱정을 내려두게 된다. 이미지가 혼을 빼놓고 생각을 유쾌하게 자극하지만, 그렇다고 정확한 방향으로 사고를 이끌지는 않는다. 의지는 점점 약해지고, 나는 스크린 앞에 멍하니 앉아 콘텐츠가 지나가는 것을 바라보며 한 사이트에서 다른 사이트로 이동하는 것 말고는 아무것도 하고 싶지 않아진다. 그저 상징과 사상, 유행을 받아들이는 수용체가 될 뿐이다. 어떤 때에는 이 인접

현실에 뛰어들어 영화, 기사, 비디오만 보며 일생을 보낼 수 있을 것 같기도 하다. 그리고 내 진짜 삶은 화면에서 화면으로의 전환의 연속처럼 보일 것 같다. 내가 만약 다른 삶을 살 가능성을 느끼게 해주는 온라인 게임에 빠져들었다면, 나는 아마 정신을 차리지 못했을 것이다. 사실 나의 하루가 가상의 세계에 빠져 있다는 느낌에 소름이 끼칠 때가 있다. 그럴 때면 나는 가장 구체적인 행위, 예를 들어 요리나 정원 가꾸기, 수리하기 등을 어떻게 다시 할 수 있을까 궁리한다. 이처럼 거리두기와 명철한 생각이 가능한 순간에 끔찍하게 느껴지는 일이 또 하나 있다. 내가 스크린에 이토록 의존적이고 거기에서 벗어나지 못한다면, 다른 사람들도 그럴 가능성이 아주 높다는 사실이다.

이것은 통계로도 드러난다. 프랑스인은 스마트폰과 태블릿PC, 컴퓨터, 텔레비전 앞에서 여가를 위해 하루 평균 3시간 50분(스마트폰 세대를 생각하면 이것도 낮은 수치가 아닐까 싶다)을 보내고, 일을 위해 몇 시간을 보낸다. 몇 년 전에 나는 재미 삼아 계산을 해 본 적이 있다. 일을 위해 7시간, 여가를 위해 4시간을 스크린 앞에서 보내는 사람은 백라이트가 밝혀주는 얇은 유리판 앞에서 20년 이상을 보내게 된다. 그리고 매일 8시간씩 자면서 25년을 수면으로 보낸다. 즉 45년을 침대에 누워있거나 스크린 앞에서 보내는 셈이다. 장보기, 빨래하기, 청소하기, 요리하기, 교통수단으로 이동하기, 고지서 내기, 자동차 수리하기 등등 나머지 일을 할 시간은 고작해야 40년 남는다. 그렇다면 꿈꾸기, 자연 속에서 걷기, 시 읽기, 바람을 느끼기, 사랑하기, 특별한 관계 만들기에 할애할 시간은 얼마나 남을까? 현란하고 재미있는 스크린의 품에서 우리의 관심과 에너지가 점점 정치·교육·환경에 관한 쟁점으로 잘못 쏠리는 것이 아닐까? 이런 문제에 대해서 생각해봐야 하지 않을까?

코펜하겐 : 최초의 탄소 배출 중립 수도

인구 200만(도심 인구 57만)을 헤아리는 코펜하겐 시는 약 10억 유로를 들여 풍력 발전기 100기를 도입하고, 냉난방과 에너지 생산 시스템에서 석유와 석탄을 완전히 배제하기 위해 열심히 일하고 있다. 그 한 예가 시민들이 풍력 발전기를 수용해서 '님비' 현상에 빠지지 않도록 '풍력 협동조합'이라는 전형적인 덴마크식 노하우를 활용한 것이다.

1980년대 말에 한 작은 시민 모임에서 신재생에너지 생산의 필요성에 관한 국민적 관심을 불러일으키고자 했다. 그래서 공개 토론회도 여러 차례 열고, 동에너지 Dong Energy라는 국영 기업과 협력도 모색했다. 이렇게 해서 1996년에 코펜하겐 앞바다에 협동조합 형태의 풍력 발전 단지인 '미델구룬덴'을 건설한다는 계획이 탄생했다. 이 단지는 2000년에 완공되었는데, 총 20기의 풍력 발전기 중 10기는 개인 8700명의 소유이고, 나머지 10기는 동에너지의 소유이다.

미델구룬덴은 세계 최대 규모의 해상 풍력 발전 단지로, 코펜하겐 전력 수요의 4퍼센트를 충당했다. 당시 시민 모임의 일원이었던 한스 쇠렌센 Hans Sørensen은 현재 미델구룬덴의 운영자이기도 하다. "시민들이 풍력 발전기를 수용하기를 원한다면, 초기 단계부터 계획에 참여해야 하고, 전기 생산으로 발생하는 이익을 받을 수 있어야 합니다. 수익과 경영은 지역 차원에서 해결해야 하고요." 실제로 협동조합의 조합원들이 돈을 투자해서 풍력 발전기를 구입했고, 여기서 연간 6~7퍼센트의 수익이 발생한다. 프랑스의 예금 이자율보다도 높다. 덴마크는 현행법상 새로운 사업 계획을 마련할 때 시민과 지역의 지분율이 최소 20퍼센트 수준이어야 한다. 기업과 관할 당국은 성공을 보장받고, 시민들은 민주주의를 보장받는 방식이다. 2025년에는 풍력 발전기를 100기 더 도입해서 코펜하겐 시에 공급하는 전력 대부분을 충당할 예정이다. 생산된 전기를 천연가스와 전기 사동차 배터리로 저장하는 것도 곧 가능해질 전망이다. 지금도 바람이 많이 부는 날에는 생산량이 소비량을 웃돈다. 예를 들어 2015년 7월에는 전국 수요량의 140퍼센트에 해당하는 전력이 생산되었다.* 현재 잉여 생산량은 수력 시스템으로 전기를 저장할 수 있는 독일과 스웨덴, 노르웨이로 수출하고 있다. 그리고 바람이 약해진 시기가 되어 전력이 더 필요하면 노르웨이에서 수력 전기를 수입할 수 있다. 한스 쇠렌센은 각국이 보유한 재생에너지의 다양성에 기반을 두고 지역 차원의 협력을 도모하는 것이 미래를 위한 열쇠라고 주장한다.

이밖에도 코펜하겐 시는 에너지 기업에게 석탄이나 석유를 사

---

* www.theguardian.com/environment/2015/jul/10/denmark-wind-windfarm-powerexceed-electricity-demand?cmp=share_btn_fb.

용하는 발전소를 '친환경' 발전소로 바꾸도록 압력을 행사한다. 코펜하겐 2025 기후계획 CPH의 코디네이터 예르겐 아빌고르 Jørgen Abildgaard는 이렇게 밝힌다. "우리는 신재생에너지로 전환하기로 결정했습니다. 기업에게는 선택의 여지가 없는 셈이지요. 기업은 우리가 요구하는 사항을 들어줘야 합니다. 그들 대부분은 바이오매스로 석탄을 대체합니다. 코펜하겐에서 큰 발전소 중 하나는 이미 백 퍼센트 친환경 에너지로 전환했고, 다른 발전소도 4~5년 안에 목표를 달성할 예정입니다." 그가 '큰 발전소'라고 한 것은 그저 단순한 표현이 아니다. 우리는 미델구룬덴 단지를 마주한 아베되레의 발전소에서 여러 수치를 확인하고 입을 다물지 못했다. 이 발전소에서는 이웃 국가에서 수입해온 숲 폐기물, 목재 팰릿, 지역 농부들이 추수를 끝내고 보내온 짚을 태워서 130만 가구에 전기를 공급하고, 20만 가구의 난방을 책임진다. 투입된 원료의 94퍼센트를 에너지로 바꾸는, 세계에서 가장 효율적인 발전소이다. 보통 에너지 전환율은 50퍼센트 정도이다.

이제 코펜하겐은 난방 시스템에 화석에너지 사용을 중단하기 위해 변신을 꾀하고 있다. 바이오매스와 플라스틱을 제외한 폐기물을 연소해서 발생하는 에너지를 동시에 사용하는 하이브리드 시스템을 도입해서 화석에너지 사용률을 이미 58퍼센트까지 떨어뜨렸다. 중단기적으로는 지열이 석탄과 석유의 대안이 될 전망이다. 그렇더라도 티에리 살로몽이 강조한 것처럼, 추운 나라인 덴마크에서 수요가 매우 높고 에너지도 사용도 많은 난방 부문에서 에너지 절약은 필수적일 수밖에 없다.

코펜하겐 시장의 환경·도시계획 보좌관인 모르텐 카벨 Morten Kabell은 이러한 시도가 비용은 많이 들어도 꼭 필요한 투자라고 설명한다. "코펜하겐에서는 많은 건물이 낡은 난방 시스템을 개선하고 중앙난방 시스템도 도입했습니다. 코펜하겐 시민의 한 사람으로서, 저도 예전보다 난방비가 크게 줄었다는 것을 체감합니다. 저는 도심에 있는 100제곱미터짜리 아파트에 사는데, 난방비가 한 달에 60유로입니다.* 지난달에 독일 친구가 놀러 왔는데, 이 얘기를 듣고 깜짝 놀라더군요. 물론 돈이 꽤 나가기는 하지만 어차피 되돌아오는 돈이라고 설명했죠. 비용 대비 손익을 따져보면 분명히 저희에게 유리합니다." 어쨌든 코펜하겐이 정한 목표를 이루려면 이는 피할 수 없는 방식이다. 덴마크가 배출하는 이산화탄소의 40퍼센트가 건물 난방에서 배출되기 때문이다. 이밖에도 친환경 지구를 많이 조성했고, 지금도 조성 중이다. 친환경 지구에서는 단열, 옥상녹화, 태양 전지, 폐기물 운영 등 모든 것에서 환경을 고려한다.

교통수단은 또 다른 이산화탄소 배출의 온상이다. 코펜하겐 시는 이에 대해서도 대책을 마련했다. 코펜하겐은 43킬로미터에 달하는 자전거 전용로와 자전거 고속도로, 자동차 통행 금지 교각 등을 마련해서 자전거 이용자들의 천국이 되었다. '스마트 시티' 프로그램을 위해 일하고 있는 엘세 클로펜보르 Else Kloppenborg는 코펜하겐 시민 5명 중 4명이 자전거를 보유하고 있으며(자동차는 5명 중 1명꼴이다), 시민의 41퍼센트가 매일 자전거를 이용한다고 밝혔다. 2명 중

---

* 프랑스에서는 동일한 면적의 평균 난방비가 175유로이다.

거의 1명꼴이다. 파리에 사는 우리에게는 꿈같은 일이다. 출퇴근할 때, 장 보러 갈 때, 자녀를 학교에 데려다줄 때 코펜하겐 시민은 비가 와도 눈이 와도 자전거를 고집한다. 전면에 짐받이가 달린 화물 자전거로는 부피가 큰 물건도 옮길 수 있고, 자전거 트레일러로는 장 본 물건을 옮기거나, 어린 자녀 한두 명을 태우고 이동할 수 있다(아이들도 여섯 살이 되면 스스로 자전거를 탄다). 날씨가 흐릴 때는 자전거 통행량이 줄어드는지 묻자, 엘세는 웃음을 터뜨렸다. 소나기가 올 것에 대비해 누구나 기본적으로 비옷을 가방에 넣어 다닌다고 하면서, 기온이 내려가면 "외투를 입으면 되죠!"라고 하며 그것도 모르냐는 투로 대답했다. 시청에서는 몇 년 전부터 눈이 내리면 자전거 전용로부터 제설 작업을 시작한다. 인터넷에 올라온 사진을 보니 정말 자전거가 다니지 않는 날이 없다는 걸 확인할 수 있었다. 우리가 자전거에 관해 이야기를 나눈 사람들과 마찬가지로, 엘세에게도 이 모든 게 하나도 이상하지 않았다. 자전거가 자동차보다 더 빠를 때가 대부분이고(교통체증에 꼼짝도 못 하거나 주차할 자리를 찾느라 시간을 낭비하지 않아도 된다), 건강에도 좋으며, 비용도 적게 들고, 도시 분위기도 더 좋게 한다.

　코펜하겐 시가 수행한 경제적 연구에서도 자전거를 이용했을 때 얻는 장점이 개인적인 느낌이 아님을 확인할 수 있다. 자전거를 이용하면서 매년 건강 관련 지출이 2억3000만 유로가 절약되며, 개인이 자전거로 1킬로미터를 주행할 때마다 같은 거리를 주행하는 자동차에 비해 공동체에 16유로상팀의 사회적 순이익이 발생한다. 여러 국가의 도시에서 실시한 연구에서도 주행거리가 5킬로미

자전거 전용로가 있는 루이세 왕비 다리를 건너는 엘세

터 미만일 때에는 자전거의 평균 속도가 자동차와 동일하거나, 자동차보다 더 빠르다는 사실을 증명했다.[*]

좀 더 광범위하게 살펴보면, 코펜하겐 시는 상호 연결된 '친환경' 교통망을 구축했다. 기차와 전철, 버스와 배, 자전거가 연동되어 80킬로미터 반경 내에서는 자동차 없이도 이동이 가능하다. 엘세와 동행해서 시험해보니, 자전거가 엔진이 있는 다른 교통수단을 서로 연결하는 기본 명제임을 이해할 수 있었다. 역내 계단을 오르내리거나 강둑에서 수상 택시에 오르기 쉽도록 레일이나 경사로를 설치했다. 기차 안에 자전거를 보관할 수 있는 칸을 마련했고, 전철 안에도 전용 공간이 있다. 코펜하겐 해변에서 해수욕을 즐기고 싶다면 자전거를 가지고 집을 나서기만 하면 된다. 지하철을 타고 일고여덟 개 역을 지나 내린 다음, 다시 자전거로 5분만 더 가면 모래사장이 나타난다. 엘세는 이렇게 설명했다. "이런 시스템 덕분에 지하철역을 좀 더 넓은 간격으로 지을 수 있었습니다. 그러면 규모나 비용을 훨씬 줄여서 지을 수 있지요. 이런 방식으로 각 교통수단을 최적화합니다." 그 결과, 자동차가 시내 이동 수단에서 차지하는 비율이 33퍼센트를 넘지 않는다. 그러나 코펜하겐 시는 여기서 멈추지 않고 이 수치를 2025년까지 25퍼센트 수준으로 낮출 계획이다.

환경·도시계획 보좌관인 모르텐은 코펜하겐 시가 여러 길로 돌아가지 않는다고 말했다. "물론 로비하는 사람도 많고, 자동차를 없앨 수는 없으리라고 말하는 사람도 많습니다. 하지만 우리는 그

---

[*] *Le Pouvoir de la pédale*, d'Olivier Razemon, Rue de l'Echiquier, 2014 참조.

일을 가능하게 할 수 있으며, 실제로 그렇게 하고 있습니다. 반드시 해야 할 일이니까요. 환경뿐 아니라 교통체증도 문제입니다. 너도 나도 자동차로 다니려고만 하면 코펜하겐 시내에서 운전은 불가능합니다." 같은 공간과 시간을 투자했을 때 자동차는 1명을 운송하는 반면, 버스는 4~5명을, 자전거는 6명을 이동시킨다. 오늘날 대도시에서는 매일 교통 체증으로 19만 시간의 손실이 발생한다. 현 시스템이 없었다면 그 수치는 더 올랐을 것이다. 코펜하겐 시는 여전히 25퍼센트의 이동이 자동차로 이루어지고 있는 만큼 자동차의 연료를 바꾸기로 목표를 세웠다. 코펜하겐 시는 이미 관련 기술의 효율성을 입증해주는 전기 자동차 40여 대, 수소 자동차 15대를 보유하고 있다. 시민들이 더 저렴한 비용으로 해당 기술을 누릴 수 있도록 자동차 제조업체를 독려한다. 이와 동시에 아직 초기 단계인 충전소를 확충해서 전국에서 전기 자동차와 수소 자동차를 몰 수 있게 할 예정이다.

코펜하겐 2025 기후계획 CPH의 코디네이터인 예르겐은 이 계획이 모든 주체가 참여하는 '포괄적인 아젠다'가 될 수밖에 없다고 말한다. "이런 정책은 막대한 지출을 요구하기 때문에 저희가 전부 다 수행할 수는 없습니다. 그래서 기업과 투자자, 개인의 참여를 끌어낼 수 있는 투자 계획을 마련했지요. 시에서 1유로를 투자할 때마다 민간 부문에서 100유로의 투자가 따라오는 형식입니다." 어떻게 그렇게 할 수 있었느냐고 묻자, 예르겐은 환경론자라면 의아할 수 있는 답을 내놓았다. "우리는 누구나 구미가 당길 만한 훌륭한 경제 모델을 구축하고 투자자들에게 좋은 비즈니스 스토리를 들려주었습니다. 환경 분야를 공략할 때는 훌륭한 사업 계획이 있다는 점을 입증해야 합니다. 결국 재무부, 은행, 투자자들이 보려고 하는 건 바로 비즈니스 플랜이니까요. 우리는 우리의 모델이 견고하다는 사실을 입증하려고 엄청나게 노력을 기울였습니다. 실제로 견고한 모델이기도 하고요. 또 덴마크에서 가장 유능한 인재가 모여 있고, 일반 대학이나 상경 대학과도 협력 관계을 맺었습니다." 그 결과, 미국의 한 연구는 코펜하겐을 기후변화에 가장 회복력이 강한 도시 1위로 꼽았다.[*]

모르텐은 코펜하겐의 변신이 가속화된 것은 코펜하겐 기후회의 협상이 실패로 돌아갔던 트라우마 때문이라고 설명했다. "2009년 기후정상회의는 엄청난 재앙이었습니다. 정치 지도자들이 의지가 없으니 아무런 힘도 발휘하지 못했기 때문입니다. 저는 기후와 환경 문제가 무엇보다 정치적 용기와 협력의 문제라고 생각합니다. 코펜하겐 시는 그 방향으로 나아가려고 하고, 시민들도 압력을 가하고 있습니다. 자동차에서 자전거로의 이행을 실천하는 것 등 최근에 벌어진 많은 변화도 시가 아니라, 시민들이 만들어낸 것이지요. 시위도 하고, 직접 찾아와 의견을 말하고, 스스로 프로젝트를 만들었으니까요. 우리는 그냥 따르기만 했습니다. 우리가 주도한 것도 있었지요. 변화를 원할 때 정치인에게만 모든 걸 기대해서는 안 됩니다. 함께 변화를 이루어가야지요."

우리가 만난 많은 사람과 마찬가지로 모르텐도 도시나 지역 차

---

[*] www.triplepundit.com/2011/06/top-10-globally-resilient-cities/

원에서 변화를 시작하는 것이 특히 효과적이라고 평가했다. "기후변화를 해결하기 위해 정부가 대단한 일을 하는 나라는 많지 않습니다. 대신 도시는 매우 적극적으로 뛰어들지요. 미국과 캐나다에서 이런 경향이 두드러집니다. 저는 도시가 세계의 새로운 지도자라고 생각합니다. 국가가 성공하지 못한 분야에서 도시가 역할을 대신하는 것이지요. 우리에게는 선택의 여지가 없습니다. 사람들이 저에게 '탄소 중립을 위해 이렇게 많은 투자를 어떻게 하느냐?'고 물으면, 저는 '그렇게 하지 않으면 어떻게 할 것이냐?'고 되묻습니다. 주위를 둘러보세요. 우리에게는 대안이 없습니다."

말뫼 : 미래형 생태 주거단지

코펜하겐의 이웃인 말뫼 시 역시 같은 생각이었다. 큰 다리 하나를 사이에 두고 코펜하겐과 접해 있는 말뫼에서 우리는 Bo01이라는 생태 주거단지를 방문했다. 이곳에는 전 세계 건축가와 정치인, 생태학자의 발길이 끊이지 않는다. 2001년 말뫼 시는 바스트라함넨의 항만 부지에 수천 채의 주택을 건설해서 자원과 에너지를 절약하면서도 편리하게 사는 일이 가능하다는 것을 증명하고자 했다. 목표는 설계 단계부터 신재생에너지를 이용한 에너지 자립도를 100퍼센트 달성하는 것이었다. 2001년 제1단계로 설계된 1000채의 주택은 1제곱미터당 전력 소비가 연간 100킬로와트가 되도록 고안

되었다. 이는 스웨덴 건물의 평균 전력 소비량보다 40퍼센트 낮은 수치이다. 가장 최근에 지어진 건물은(주거단지는 계속 확장되고 있다) 전기를 50킬로와트밖에 소비하지 않는다. 녹화된 옥상에는 온수용 태양 전지가 설치되어 있고, 풍력 발전기 1기로 1000가구의 전력 소비를 충당하고 있으며, 지하 90미터에 있는 석회암반의 온천수로 중앙난방을 하고 있다. 단지 내에는 다세대 주택과 단독주택이 각자 개성 있는 모습으로 조화를 이루고 있다.

Bo01에는 현대식 주거 단지에서는 볼 수 없는 작은 골목길이 있다는 점도 특이하다. 말뫼 시 홍보 담당이자, 지난 15년간 생태 주거단지 조성에 힘쓴 다니엘 스코그Daniel Skog가 그 이유를 설명해주었다. "건축가 클라스 탐Klas Tham은 중세 유럽의 마을에서 영감을 얻었습니다. 옛 도시들이 왜 그토록 정겨운지에 대해 나름대로 이론을 만들어갔지요. 얽히고 섞인 골목길에서 우리는 뜻밖의 사람들을 만날 수 있습니다. 길모퉁이에서 갑자기 옛 친구가 나타날 수도 있으니까요. 클라스 탐은 그런 느낌을 만들어내고 싶어 했습니다."

도시의 전체적 설계는 다양성과 기능성에 중점을 두었다. 주민들이 자동차 없이 살 수 있도록 모든 것을 배려하였다. 도심은 걸어서 15분, 자전거로 5분 거리에 있고(자전거 전용로의 길이가 8킬로미터에 달한다), 도심으로 가는 바이오가스 버스가 10분마다 있다. 독특한 아름다움을 자랑하는 건물 1층에는 카페, 레스토랑, 헬스장, 미용실, 유기농 상점 등이 들어서 있다. 단지 외곽에 있는 주차장에는 태양 전지로 전기를 생산하는 충전소가 있다.

건물 주변에는 녹지가 조성되어 있고, 빗물이 공급되는 운하가 있다. 다니엘의 설명이 이어졌다. "미래의 도시에서는 계절을 느끼고 나무와 물을 바라보는 가능성을 반드시 마련해주어야 합니다." 스웨덴의 병원에서 수행된 연구는 환자가 자연과 접할 때 더 빨리 치유된다는 것을 보여주었습니다."

건물 내부에서는 지능형 계량기가 물과 전기의 사용량을 알려주고 절약 방법을 제안한다. 주민들은 물을 절약할 수 있는 장치가 부착된 수도꼭지와 변기, 그리고 전기를 아낄 수 있는 콘센트를 사용하며, 쓰레기는 재활용 쓰레기와 바이오가스 생산용 음식물 쓰레기로 분리수거한다.

건축가인 코르드 시겔Cord Siegel과 그의 부인 마리아 라르손Maria Larsson은 11년째 Bo01에서 자신이 설계한 3채의 건물 중 한 곳에서 살고 있다. 처음 지은 이 건물로 권위 있는 스웨덴 건축학회가 수여하는 '카스페르 살린' 상을 받았다. 코르드가 말했다. "이 프로젝트는 우리가 서른 살 때 시작되었습니다. 그 나이면 보통 교외에 있는 작은 주택에 살 나이지요. 우리는 그 단독주택을 도시 안으로 들여오자고 생각했습니다." 하지만 지금 부부는 딸과 함께 6층짜리 아파트의 맨 꼭대기 층에 살고 있다. 작은 승강기를 타고 올라가면 곧장 아파트 내부로 연결된다. 바닥에는 방수 시멘트가 깔려 있고, 전면 유리창은 바다로 나 있다. 미니멀한 실내 장식이 공간감을 증폭시킨다. 그리고 발코니에 설치한 뉴욕식 철제 계단을 올라가면 지붕 위에 마련된 작은 정원을 볼 수 있다. 우리는 이곳에서 바스트라 함넨의 탁 트인 전경을 찍을 수 있었다.

"이 집은 단독주택보다 에너지 소비가 적어서 지속 가능한 삶의 방식을 유지하기가 더 쉽습니다. 저희는 자동차가 없습니다. 필요할 때 다른 주민들과 나눠 쓰는 차가 한 대 있기는 하지요. 기차를 많이 이용하는 편이고, 자전거를 탑니다. 자전거를 타면 거리 감각이 훨씬 살아나죠. 건강에도 좋고요!" 코르드는 이 말을 증명이라도 하려는 듯이, 자신의 접이식 자전거를 꺼내왔다. 그리고 자전거를 순식간에 펼쳐서 타더니 아파트를 누비기 시작했다. 그런 다음에 승강기에 자전거를 밀어 넣고는 우리에게 자신이 설계한 두 번째 건물을 보러 가자고 했다. 그곳에는 그의 두 자녀 니콜라이와 오바가 살고 있다.

건물 앞에 도착해보니, 주변 분위기가 좀 더 차분하고 건물도 BoOl 중심보다는 멋이 덜했다. 프랑스에서 볼 수 있는 현대식 건물을 닮아 있어서 도심보다는 획일적이었다. 하지만 건설 비용이 더 적었고, 여러 계층이 함께 살 수 있는 여건이었다. 코르드는 주민의 절반이 소유주이고, 나머지 절반은 세입자라고 알려주었다. 방 세 개가 있고, 면적이 65제곱미터인 집의 평균 월세는 900유로(우리 돈약 120만 원)이다. 아주 비싸지는 않지만 그렇다고 싸지도 않다. 스웨덴의 평균 월세를 약간 웃도는 수준이다.

오바와 니콜라이의 작은 집은 사각형의 건물들 사이에서 눈에 확 띄었다. 다른 건물보다 낮기도 하지만, 집 옆에 투명한 탑이 서 있기 때문이었다. 탑 안에는 어두운 색깔의 관이 가득 차 있고, 그 위에는 작은 풍력 발전기가 있었다. 코르드는 그 탑을 '교육용 탑'이라고 소개했다. "보이지 않는 에너지를 보이도록 하기 위한 연출입니다. 벽과 지붕, 계량기에 동시에요. 에너지 사용을 실감하고 아껴

Bo01 한복판에서 만난 건축가 코르드와 그의 접이식 자전거

쓰라는 취지이지요." 풍력 발전기와 지붕 위에 설치한 태양 전지가 전기를 공급하고, 난방은 앞에서 말한 중앙난방 시스템으로 해결한다. 임목 폐기물(정원 쓰레기와 음식물 쓰레기)은 믹서에 넣어 바이오가스를 생산하는 데 사용한다. 집 한 귀퉁이에 설치된 파란색 작은 펌프로 자동차에 바이오가스를 주입한다. 어쩌면 머지않아 전기 자전거에도 바이오가스를 연료로 사용할지 모른다. 적어도 코르드는 그런 날이 오기를 꿈꾸고 있다. 차고 문을 열자 전기 자동차 한 대가 얌전히 주차되어 있었다. 벽에 있는 콘센트에 연결해서 자동차를 충전 중이었다. 벽에는 태양 전지와 미니 터빈으로 생산한 에너지의 잉여분을 저장하는 배터리(자동차 배터리와 별도로)가 장착되어 있다. 니콜라이는 자기 집을 직접 짓는 것, 그리고 그 집을 완전한 에너지 자립 주택으로 만드는 것이 오랜 꿈이었다고 말했다(프랑스에도 관련 주제를 다룬 잡지와 방송이 많은 걸 보면 니콜라이만 그런 꿈을 꾸는 것은 아닌 듯하다).

니콜라이는 기꺼이 우리에게 집 구경을 시켜주었다. "친환경적인 생활방식이라고 하면, 사람들은 흔히 온도가 15도밖에 안 돼서 항상 털 스웨터를 입어야 하는 축축한 동굴 같은 곳에서 사는 모습을 떠올립니다. 제 생각은 다릅니다. 저희 집은 전면 유리를 써서 일반 벽보다 방열이 더 잘되고, 수영장의 물은 태양열로 작동하는 보일러로 덥힙니다. 수온을 일정하게 유지해주는 수온계가 있어서 에너지를 최소한으로 쓰면서도 1년에 절반은 수영을 즐길 수 있죠." 오바의 생각도 다르지 않았다. "에너지를 절약할 수 있는 방법이 있는데, 굳이 낭비할 이유가 있나요? 아이를 낳고 교외로 이사 가는 친구들이 많지만, 저는 그러지 못할 것 같아요. 이곳에 살면 바닷가도 가깝고 공원도 많아요. 시내까지 걸어서 갈 수도 있고요. 우리가 원하는 게 여기에 다 있어요. 게다가 그 모든 걸 지속적으로 누릴 수 있지요." 우리는 코르드에게 환경을 중시하는 건축가로서, 수영장 물을 데워 1년에 절반은 수영을 즐기는 것에 대해 어떻게 생각하는지 물었다. 그러자 코르드는 아무렇지도 않은 듯 자신의 신념을 밝혔다. 일부러 지구 반대편까지 여행을 떠나지 않아도 될 만큼 머물고 싶은 집을 만들고 싶다는 것이다. 누구나 다 그럴 수 있을지 모르겠지만, 그래도 한 번쯤 시도해볼 만하지 않을까?

코펜하겐과 말뫼를 방문하는 동안 나는 내가 아는 모든 환경론자를 떠올렸다. 친구 이방*뿐 아니라 대도시를 이단 종교와 탐욕스러운 문어에 비유하는 피에르 라비도 생각났다. 피에르 라비는 도시가 노동력과 자원을 모두 빨아들이고(그러면서 이농 현상을 발생시키며) 인간을 서로에게 무관심한 익명의 존재로 변질시킨다고 생각한다. 도시로 인해 인간은 더 많은 오락거리를 탐하게 되었고, 생존을 위해 의지해야 할 자연을 제대로 이해하지 못하고, 오히려 자연에서 점점 멀어진다는 것이다. 그들의 목소리가 들리는 것 같았다. 내가 만든 영화를 보고 그들이 어떤 비판을 할지 듣지 않아도 알 수 있었다. 그들은 이미 흙과 나무로, 들판과 최대한 가까우면서 가볍고도 독립적인 주택을 지을 수 있다는 것을 증명하지 않았던가. 아

---

* 이방 생 주르(Yvan Saint-Jours)는 나와 함께 잡지 〈카이젠(Kaizen)〉과 〈라 매종 에콜로지크(La Maison écologique)〉을 만들었다. 그린 빌딩 지지자들에게 명성이 자자한 인물이다.

모 데 뷔Hameau des Buis[*]는 자신이 건설한 친환경 마을의 집 22채를 지역에서 난 목재로 구조를 세우고, 흙과 짚으로 만든 벽돌을 쌓아 벽을 만들었다. 그 집은 한겨울에 난방을 하지 않아도 실내온도가 16도 이하로 내려가지 않는다(아르데슈 지방 세벤 산맥은 혹독한 추위로 유명하다). 인근 숲에서 땔감을 얻어다 난로를 때면 겨울에 난방 효과를 볼 수 있고, 태양 전지로 전기를 만들어 사용한다. 채소 재배업자 한 명이 마을 주민 80명이 먹을 채소를 공급하고, 농부 겸 제빵업자는 빵을 만든다. 아이들을 위한 학교도 있다. 피에르와 이방은 이러한 환경이 집약적이고 복잡한 네트워크, 트럭이 매일 실어다 주는 식량에 의존하는 대도시보다 훨씬 덜 취약하다고 강조한다. 그리고 자신들의 선택이 앞으로 다가올 위기에 더 적합한 해결책이라고 주장한다. 이들이 남기는 환경발자국은 아주 석나. 긴물 전체가 천연 자재로 만들어졌는데, 주변의 비오톱에서 구한 자재여서 자연을 파괴하지 않고 다시 자연으로 돌아갈 수 있다.

우리는 코펜하겐에서 건축가이자 도시계획가인 얀 겔Yan Gehl을 만나서 이 문제에 관해(그리고 그밖에 다른 문제에 대해서도) 이야기를 나누었다. 얀은 도시를 보행자와 자전거에 돌려주는 '도시의 코펜하겐화' 현상을 만들어낸 장본인이다. 그가 쓴 《인간을 위한 도시 Cities for People》는 프랑스에서 《인간적 차원의 도시를 위하여 Pour des villes à échelle humaine》[**]라는 제목으로 번역되어 출간되었는데, 얀은 번

---

[*] 피에르 라비의 딸 소피와 그의 배우자 로랑 부케(Laurent Bouquet)가 함께 건설한 친환경 마을.
[**] Trad. N. Calvé, Ecosociété, 2012.

역본의 제목을 그다지 좋아하지 않았다. 이외에도 그는 뉴욕 타임스 스퀘어의 일부와 모스크바의 한 동네를 차 없는 거리로 만들었으며, 코펜하겐의 도시계획에 영감을 불어넣었다. 뛰어난 건축가들이 늘 그렇듯, 그도 검은색 옷만 입고 다닌다. 촬영 전날에는 "더 멋지게 보이려고" 일부러 미용실에도 다녀왔다. 그의 눈에는 장난기가 넘쳤다. 재기 넘치는 사람들이 지닌 유머도 엿보였다. 최근에 정비된 운하의 작은 다리 위에서 우리는 아주 즐거운 시간을 보냈다. 정화 작업이 끝난 뒤로는 사람들이 운하에서 수영을 하고 보트를 타기도 한다. 양 기슭에서는 피크닉을 즐기고 자전거와 스케이트보드를 타는 사람들도 있다. 삶을 사는 것이다.

시민이 행복한 도시 만들기 : 얀 겔과의 만남

– 꼭 환경운동가가 아니더라도 이제는 도시에 살면 안 된다, 도시는 지속 가능하지 않다, 자연과 흙으로 돌아가야 한다고 주장하는 사람들이 있습니다. 어떻게 생각하십니까?

얀 겔 저는 우리에게 선택권이 없다고 생각합니다. 세계 인구는 아주 빠르게 증가하고 있습니다. 지구촌 인구가 이미 70억 명을 넘어섰고, 90억 명이 될 날도 머지않았습니다. 그 많은 사람이 지속적인 방식으로 거주하기 위한 가장 합리적이고 경제적인 방법은 시골이나 교외 지역에 아무렇게나 흩어져 사는 게 아니라, 제대로 계획된 도시에 사는 것입니다. 다만 20세기의 산물인 엉망진창의 도시를 개선해야죠.

— 주민 수를 제한해야 하지 않을까요? 2000만 명이 집중적으로 도시에 몰려 있으니까요.

얀   3000만 명이 넘는 도시도 있지요.

— 그러다 보니 식량 공급, 환경오염, 자연과의 단절, 익명성 등 많은 문제가 생깁니다.

얀   그렇죠. 도시가 급성장하고 있는 중국, 인도, 브라질 같은 나라에서 그런 현상이 벌어집니다. 저는 분할이 열쇠라고 봅니다. 주민들이 필요한 서비스를 모두 제공받을 수 있는 자립적인 동네를 만들어야 합니다. 자신이 사는 지역에서 문화, 교육, 의료 혜택을 모두 받을 수 있어야 하고, 주택의 개별난방을 피하는 등 난방, 수도, 전기의 소비를 합리화해야 합니다. 또 설비(자동차, 물건, 가전제품 등)도 공유하고, 동네에 자연과 농업, 만남과 교류, 재창조의 공간을 다시 들여와야 합니다.

— 사실 우리가 도시에 사는 이유가 뭡니까? 합리성 때문이 아니었나요?

얀 인간이 집단을 형성하고 도시를 건설한 것은 온전한 만남을 이루고 함께 문화를 발전시키기 위해서였지요. 도시는 문명의 발전에 아주 중요한 역할을 했고, 앞으로도 그러리라고 생각합니다. 도시는 격동의 장소, 아이디어가 서로 부딪히는 공간, 다름을 수용하는 곳입니다.

물론 오늘날에는 디지털 소통 수단이 발달해서 서로 직접 만나지 않고도 얼마든지 교류할 수 있습니다. 그러나 만남이 갖는 물리적 가능성과 상호성은 사회 발전의 기초입니다. 간접적인 소통이 서로 얼굴을 맞대고 대화를 나누는 소통을 대체할 수는 없을 것입니다.

 - 그게 도시를 사람들에게 돌려준다는 개념이군요? 당신의 저서 제목처럼 말입니다.

얀 맞습니다. 20세기 후반에 도시에서의 삶을 파괴하는 두 가지 중요한 사건이 벌어졌습니다. 첫 번째는 자동차의 대량 도입입니다. 자동차가 도시의 공간을 차지하고 사람들을 인도 위로 몰아냈지요. 두 번째는 건축과 도시계획의 모더니즘 현상이 대규모로 일어났다는 겁니다. 거리와 광장 대신 미국식 모델을 따라 단독주택이 꽉 들어찬 교외 지역을 만든 것이지요. 지난 20년 동안 도시를 되찾기 위한 운동이 벌어졌습니다. 자동차나 도시계획 전문가가 행복하기 위한 도시를 건설하는 것이 아니

각양각색의 주택들이 들어선 생태 주거단지 Bo01

라, 시민들이 행복한 삶을 살 수 있는 도시를 만들어야 합니다.

　– 어떻게 하면 될까요?

얀　그 출발은 공공장소를 주민들에게 돌려주는 것입니다. 저희 사
　무소는 오스트리아와 뉴질랜드의 많은 도시에서, 그리고 모스
　크바와 런던, 말뫼에서 그 일을 했습니다. 모든 도시가 더 매력
　적이고, 살기 좋고, 지속 가능해지기를 바라지요. 지난 몇 년 동
　안 우리는 코펜하겐 대학과 함께 최고의 전략을 세우기 위해
　수많은 연구를 진행했습니다. 요즘은 그 전략을 퍼뜨리고 있지
　요. 뉴욕에서는 타임스 스퀘어의 일부를 보행자 전용 공간으로
　탈바꿈시켰습니다. 브로드웨이쯤이죠. 차량 통행을 금지한 날
　에는 광장에 사람이 가득 차서 발 디딜 틈이 없었습니다. 현재
　뉴욕에서만 약 50개의 광장에서 차량 통행을 금지하여 그 공간
　을 시민에게 돌려줄 수 있게 되었습니다. 그런 광장이 인기를
　끄는 건 현대 사회에서 만남의 장소가 그만큼 필요했기 때문입
　니다.

　– 도시계획 전문가이자 건축가로서 인간을 위한 도시가 어떠
　　해야 한다고 생각하십니까?

얀　비밀 하나 알려드릴까요? 지난 50년 동안 연구해보니, 도로를
　만들면 만들수록 자동차 통행량도 늘어난다는 사실이 밝혀졌

답니다. 놀랍지 않습니까? 이 말은 곧 자전거 전용도로와 기반 시설(주차장, 계단의 레일, 기차 내 보관 장소 등)을 더 많이 만들어 놓으면 10년 뒤에는 자전거 이용자가 훨씬 많이 늘어나 있을 거라는 소리지요. 마찬가지로, 도로, 광장, 강둑을 정비해서 시민들에게 공공의 삶을 권하면, 시민들은 거리를 다시 자기 것으로 만듭니다. 뉴욕이 그런 경우였죠. 도시를 정비할 때 우리는 선택할 수 있습니다. 거리에 자동차를 더 많이 다니게 할 것인가, 사람을 더 많이 다니게 할 것인가를요.

– 정말 아무도 모르던 비밀이네요! (웃음)

양   그게 다가 아닙니다. 사람들은 현대의 도시계획이 건강에 아주 해롭다는 사실도 깨닫기 시작했습니다. 컴퓨터나 텔레비전 앞에 앉아 있거나 차 안에 앉아서 시간을 보내면 수많은 질병에 걸리게 됩니다. 그래서 보건 관련 조직까지 나서서 사람들이 최대한 많이 걷고 자전거를 탈 수 있도록 도시를 만들라고 권고하는 상황입니다.

– 병원비 대는 것보다 운동을 시키는 게 비용을 아낄 수 있는 방법이니까요.

양   시 입장에서도 보행자와 자전거 이용자를 위한 기반시설을 만드는 게 가장 적은 비용을 들이는 길입니다. 전철, 전차, 버스,

자동차를 위한 기반시설을 짓는 게 훨씬 돈이 많이 드니까요. 자전거와 보행자가 많을수록 돈을 아낄 수 있습니다.

또 사회 통합을 위해서도 안전하다고 느끼는 것, 상대방을 두려워하면서 집에만 머무르지 않고 서로 알아가고 친교할 수 있다는 것이 중요합니다. 집에서 텔레비전이나 보고, 전화에 매달려 있는 것만으로는 충분하지 않습니다. 우리는 도시에서 다양성을 경험할 수 있고, 우리의 감각을 이용해서 사물에 더 가까이 다가갈 뿐 아니라 서로에 대해 배울 수 있습니다.

새로운 도시 정비가 가져올 부수적 이익은 엄청납니다. 그렇게 되면 도시는 더 활기차고, 지속 가능하며, 안전하고 건강해질 것입니다. 그런데도 더 기다릴 이유가 있나요?

─ 코펜하겐은 시민이 도시를 돌려받은 좋은 예이겠죠?

얀 물론이죠. 그런 시도가 아주 일찍 시작되었다는 게 가장 놀랍습니다. 코펜하겐은 1962년부터 주요 도로에서 자동차를 몰아내기 시작했으니까요. 당시에 그런 시도가 성공할 거라고 말하는 사람은 아무도 없었습니다. 우리가 이탈리아 사람이냐, 공공장소에는 투자를 안 할 거냐, 하면서 말이죠. 하지만 코펜하겐은 잘 버텨줬습니다. 이듬해에 정말 이탈리아 사람처럼 카페 테라스에서 차를 마시고 산책로를 즐겼으니까요. 그러자 다른 도로에도 차량을 통제하자는 목소리가 커졌습니다. 그렇게 조금씩 변화가 일어난 것이지요. 시민들은 삶의 질이 훨씬 높아졌다는 것을 점점 더 많이 깨달았고, 그만큼 코펜하겐에 대한 애정도 더 깊어졌습니다. 우리는 교통체증, 소음, 배기가스에서 벗어났습니다.

　- 전 세계 어디에서나 이런 시도가 성공할 수 있다고 믿으세요? 문화가 달라도요?

얀　그렇습니다. 문화가 빈약한 곳일수록 도시민에게 신경 써야 합니다. 빈곤층의 이동성을 높일 수 있는 정책도 만들어야 하고요. 짧은 시간 내에 자동차를 보유할 수는 없겠지만, 효율적인 대중교통과역과 역 사이를 이어줄 보행로와 자전거 도로는 만들 수 있습니다.

　- 하지만 자동차가 폭발적으로 증가한 중국 같은 나라는 어떻게 합니까?

얀　중국에서도 재미있는 일이 많이 일어납니다. 최근에 경제가 성장하면서 상하이와 베이징에는 자전거 통행이 금지되었습니다. 발전에 방해가 된다고 여겼기 때문이지요. 그리고 자동차가 도시를 대거 점령했습니다. 우리가 익히 알고 있는 여러 가지 폐해도 함께 나타났지요. 하지만 요즘은 반대 현상이 일어나고 있습니다. 자전거가 부활한 것이죠. 저희 사무소도 상하이 도심의 재정비 사업에 참여하고 있습니다. 상하이 시는 공공장소를 아름답게 가꾸고, 작은 골목길과 자전거 도로를 만들고 싶어 합니다.

    — 우리가 발전을 생각하는 방식이 바뀐 것인가요?

얀 과거에는 자동차나 대형 빌딩을 발전이라고 생각했지요. 지금은 행복이나 건강을 척도로 삼습니다. 양보다 질이 우선하는 것이죠. 즉각적인 욕구가 일단 충족되고 나면 사람들은 '좋은 삶'이란 무엇인지 생각하기 시작합니다. 과거의 모델이 자동차가 들끓는 마이애미나 로스앤젤리스 같은 도시라는 것을 깨달은 사람들은 "이것이 과연 인류가 자신을 위하는 최선인가?"라는 물음을 갖게 됩니다.

    — 주민의 행복 수준을 측정한 도시별 등급을 보면, 코펜하겐이 밴쿠버와 함께 1위를 차지합니다. 당신의 전략이 성공한 것 같군요.

얀 그렇습니다. 지난 50년 동안 매일 아침 도시가 어제보다 더 나아지고, 내 아이들이 내가 알던 도시보다 더 좋은 도시에서 살 수 있다는 걸 느끼며 눈을 뜨는 일은 환상적인 경험이었습니다. 그렇지 않은 도시가 아주 많으니까요.

    — 그래서 그렇게 열심히 일하십니까? 자녀들과 이곳에 사는

주민의 미래를 위해서요?

얀　물론이죠. 저는 건축가입니다. 건축가가 세상을 더 살기 좋은 곳으로 만들기 위해 존재하는 건 당연한 일입니다. 우리가 건물과 도시를 만들지만, 시간이 흐르면 건물과 도시가 우리를 만듭니다. 우리가 짓는 게 일상에 영향을 미치니, 이건 막중한 책임이 따르는 일이지요. 1960년대와 1970년대, 그리고 1980년대까지 교외 지역에 쌓아 올린 콘크리트 빌딩이 어떤 결과를 낳았는지 보십시오. 미국에는 자동차 없이는 살 수 없는 곳이 많습니다. 그런 도시를 만들면 누구나 자동차를 사용하겠지요. 어쩔 수 없습니다. 도시가 자동차와 소음, 공해로 가득 차면 사람들은 공격적으로 변합니다. 반대로 길모퉁이마다 오페라 극장을 짓는다면 더 많은 사람이 공연을 보러 갈 것입니다. 광장을 지으면 밖으로 나올 것이고요. 우리의 아들딸과 손자손녀가 어떤 환경에서 자라기를 바라는지 생각해보아야 할 때입니다.

새벽 한 시. 나는 촬영으로 정신없이 바빴던 일과와 끝없이 이어진 저녁 식사를 마치고 호텔방으로 돌아왔다. 오늘도 우리는(적어도 우리 중 몇몇은) 새로운 세상을 만들자는 포부를 늘어놓으며 맥주를 마시고 싶은 유혹을 참지 못했다. 내일 아침 그 대가를 치르겠지. 나는 규격화된 침대가 있는 규격화된 객실에 들어가서 규격화된 전자카드를 작은 틈새에 넣었다. 갑자기 천장, 침대 옆 스탠드, 화장실, 작은 책상 등 예닐곱 군데에서 동시에 전깃불이 환하게 들어왔다. 나는 침대에 털썩 드러누워 벗은 양말을 한쪽 구석에 집어 던지고 노트북을 켜 메일을 확인했다. 다큐멘터리를 찍겠다는 결정은 거의 충동적이었다. 2014년 4월, 크라우드펀딩으로 비용을 충당할 수 있고, 일부 나라에서는 촬영을 2014년 여름이 오기 전까지 무조건 마쳐야 한다는 것을 깨닫자마자 내린 결정이었다. 파리에서 유엔 기후변화협약 당사국 총회 COP21가 열리는 2015년 말에 다큐멘터리를 상영하고 싶었기 때문에 촬영 일정은 여느 영화 촬영과는 거리가 멀었다. 나는 촬영 내내 다음 이동을 준비하느라 밤 시간의 대부분을 보냈다. 장소를 고르고, 약속을 잡고, 이동 경로를 줄이고, 현지 진행요원과 일별 계획을 세웠다. 또 매일 찍은 사진을 다큐멘터리 페이스북에 올려서 우리의 여행 상황을 펀딩 참여자들에게 알리기도 했다. 나는 뉴스피드를 훑어보다가 2008년에 〈가디언 Guardian〉에 실린 제임스 러브록James Lovelock에 관한 기사를 보았다. 샌프란시스코에 사는 친구 한 명이 올린 포스트였다. 제임스 러브록은 지구온난화를 예언한 생태학의 대부로, 지구도 인간처럼 면역 체계를 가진 생명체라고 여기는 '가이아 이론'을 주장했다.

처음에는 포스트를 대충 읽다가 아예 집중해서 읽기로 했다. 노익장은 신념을 잃었다(제임스 러브록은 현재 96세이다). 기사가 나왔을 때 그는 90세였다. 그는 인류가 지구 온난화의 임계점을 이미 넘어섰으며, 이를 돌이킬 수 없다고 주장했다. 때는 이미 늦었고, 더는 어찌할 도리가 없다, 2020년에 극단적인 기후 현상이 세계 곳곳에서 일어날 것이다, 2040년이 되면 유럽의 기후는 엉망진창이 되어 있을 것이다, 영국의 일부가 물에 잠길 것이고, 남반구의 상황은 그보다 더 나쁠 것이다, 유럽은 수백만 명의 기후 난민을 받아들여야 할 것이다, 풍력 발전기를 건설해도 아무 소용이 없을 것이다, 이제 살아남기 위한 준비를 해야 한다… 우리가 보낸 하루와는 완전히 대비되는 전망이다. 우리는 지구의 운명을 개선해보겠다고 소매를 걷어붙인 평범한 시민들을 보았다. 그들은 자신들의 노력이 헛되다는 것은 꿈에도 생각하지 못할 것이다.

물론 러브록의 예언이 적중한다는 말은 아니다. 사실 그는 지구온난화를 제때 멈추려면 원자력 발전이 필수라는 둥 엉뚱한 소리를 하는 경향도 있다. 그러나 제임스 러브록이 1970년대에 했던 예측을 보면(대부분 적중했던), 그의 말에 귀를 기울이지 않을 수 없으며, 그가 어떤 면에서는 옳다는 것을 인정하지 않을 수 없다. 아무리 극복하려는 의지가 있다고 해도 우리는 이미 안락함과 자동화에 익숙해져버렸다. 열렬한 환경운동가를 자처하는 사람들도 예외가 아니다. 환경단체 대표들은 뉴질랜드로 스쿠버다이빙이나 낚시를 즐기러 가고, 열성적이라 믿었던 운동가들도 때때로 등심 스테이크를 즐겨 먹는다(나는 지금은 완전한 채식주의자가 되었지만, 촬영 당시에는 내내 무수히 많은 햄버거를 먹었다). 아이폰 최신 모델이 출시되자마자 구입한 친구들은 잘못을 빈다(환경운동가이니까 잘못을 비는 게 예의라고 생각하기 때문이다). 나도 다국적기업의 패권주의를 비판하면서도 종종 리바이스 청바지나 애플의 컴퓨터를 구입한다. 입지도 않을 거면서 지구 반대편에서 만들어진 옷을 사고 온갖 핑곗거리를 대기도 한다. 자전거를 타고 가도 충분한 거리를 굳이 차로 가기도 한다. 세상에는 손쉬운 유혹이 참 많다. 그런 유혹은 요란스럽게 우리의 혼을 쏙 빼놓는다. 나는 몇 년 전에 베르트랑 메외스트 Bertrand Méheust가 쓴 《모순어법의 정치 La Politique de l'oxymore》를 무척 재미있게 읽었는데, 이 책의 결론도 똑같다. 어쩌면 우리가 뛰어넘지 못할 가장 큰 장애물은 '안락함의 유혹'이 아닐까. 오늘 밤은 그만 컴퓨터를 끄고 생기 없는 이 호텔 방의 매우 안락한 더블베드에 몸을 맡겨야겠다. 앞으로 만날 우리의 주인공들이 안내할 길을 따라 생각을 이어가야지.

쓰레기 없는 도시 : 샌프란시스코의 전환

샌프란시스코는 촬영팀 대부분이 어렸을 적부터 꼭 와보고 싶었던 도시이다. 시내로 들어가면서 우리는 각자 자신만의 전설을 만나보고 싶었다. 〈현기증〉, 〈블리트〉, 〈상하이에서 온 여인〉 등의 고전 명화, 비트 제너레이션의 문학적 안식처였던 시티 라이트 서점, 콜럼버스 타워, 캐스트로, 그리고 하비 밀크의 사회 투쟁, 슬라이 & 더 패밀리 스톤이나 제퍼슨 에어플레인의 음악….

그러나 샌프란시스코가 유명한 또 다른 이유가 있다. 이 도시는 단 몇 년 만에 '제로웨이스트 Zero Waste' 캠페인의 선두주자로 우뚝 섰다. 캠페인 담당자 줄리 브라이언트 Julie Bryant는 제로 웨이스트란 도시에서 발생한 쓰레기의 양을 줄이고, 재사용 또는 재활용하는 것이라고 설명했다. 하루에 쓰레기가 1000만 톤이나 쌓이는 세상에서 꼭 필요한 캠페인임은 두말할 필요가 없다.[*] 쓰레기 하역장, 강물, 숲, 바다에는 서양 사회에서 버린 쓰레기가 넘쳐난다. 아프리카에는 우리가 버린 컴퓨터, 텔레비전, 자동차를 받아들이는 도시들이 있다. 이 폐기물은 물과 토양을 오염시키고, 아이들을 중독시킨다. 게다가 생산된 식량의 3분의 1이 그대로 버려진다. 필요한 사람에게 식량이 제공되지 않고 쓰레기장에 버려져 그대로 소각된다. 샌프란시스코 시는 이 문제를 해결하기 위해서 세상에서 가장 야심 찬 방법을 선택했다. 퇴비로 만들어지거나 재활용되는 쓰레기의 비율을 2020년까지 100퍼센트까지 끌어올린다는 것이다. 샌프란시스코는 이미 2014년에 가정 쓰레기, 공공 토목공사와 기업 쓰레기의 활용률을 80퍼센트까지 증가시켰다.[**]

시는 명쾌한 전략을 세웠다. 쓰레기 분리수거를 쉬우면서도 반드시 지켜야 하는 의무사항으로 만든 것이다. 시민들은 3개의 쓰레기통을 사용해야 한다. 초록색 통에는 퇴비용 쓰레기를, 파란색 통에는 재활용 쓰레기를, 검정색 통에는 나머지를 버릴 수 있다. 가정에서는 실내에 작은 용량의 쓰레기통 3개를 두고, 통이 다 차면 외부에 있는 큰 쓰레기통에 색깔을 구분해서 버린다. 식당, 주유소, 공공도로에서도 마찬가지이다. 화장실에 다녀와서 손을 씻은 다음 재활용 휴지로 손을 닦았다면, 그 휴지는 초록색 통에 버려야 한다. 거리에서 바나나를 먹었을 때도 마찬가지이다. 줄리는 "원칙적으

---

[*] www.planetoscope.com/dechets/363-production-de-dechets-dans-le-monde.html.
[**] 프랑스소비자연맹-크 슈아지르(UFC-Que choisir)가 2015년에 실시한 연구에 따르면 프랑스에서는 재활용되지 않는 쓰레기의 비율이 75퍼센트나 된다.

로는 올바른 방법으로 쓰레기를 재활용하거나 퇴비로 만들지 않으면 벌금 100달러를 내야 합니다."라고 설명했다. 재활용과 퇴비 만들기가 법적인 의무사항인 것이다. 그러나 실제로는 시에서 금전적인 동기 부여에 더 신경을 쓴다. 수거되는 쓰레기의 양에 따라 요금을 내기 때문에 검은색 쓰레기통을 많이 채울수록 돈을 더 많이 내야 한다. 재활용이나 퇴비용 쓰레기통을 더 많이 채우면 비용도 그만큼 줄어든다. 힐튼 호텔은 이렇게 쓰레기양을 적절하게 조정해서 연간 25만 달러를 절약하고 있다.

줄리가 함께 일하는 정부 기관도 이 캠페인을 실시한 이후 300만 달러를 절약했다. 샌프란시스코 시는 쓰레기, 특히 해안에 쌓였다가 바다로 떠내려가는 플라스틱*을 원천적으로 줄이기 위해서 2007년부터 비닐봉투의 판매를 금지했다. 또 종이나 생분해성 녹말 등 '허용되는' 봉투를 유료 판매하도록 상점에 협조를 요청했다. 그러나 시내에 있는 쇼핑몰에만 들어가 봐도 모든 상점이 지침을 따르는 건 아니라는 사실을 알 수 있다. 대부분은 지키지만 말이다. 줄리는 24시간 감시를 할 수 없는 현실을 안타까워했다. 2015년 2월부터는 공공장소에서 플라스틱 용기의 판매를 금지하는 새로운 정책이 시행되었다. 줄리는 "플라스틱 병은 필요 없어요. 깨끗하고 맛도 좋은 수돗물을 마시면 되니까요. 물병 하나로 집에서 물을 받거나 시내에 있는 급수대에서 받으면 됩니다."라고 설명했다.

그래도 플라스틱을 사용하고 쓰레기통에 버리면, 그다음에는

---

* 지름 5밀리미터 이하의 미세플라스틱이 해수면에서 해저 30미터까지 부유하면서 태평양 북부에서 이동하고 있다. 그 면적이 미국 면적의 3분의 1, 프랑스 면적의 6배에 이른다.

'리콜로지 Recology' 공장으로 보내진다. 리콜로지는 시를 위해 쓰레기를 처리하는 협동조합이다. 수십 명의 종업원이 수작업으로 1단계 분류 작업을 마치면, 기계가 2단계 작업을 수행한다. 야나 뱅크스 Ayanna Banks도 이곳에서 일하는 사람 중 한 명이다. 그녀의 시급은 22달러로, 미국 평균 시급인 7.25달러보다 훨씬 높다. 야나는 쓰레기를 분류하는 일이 꿈의 직업은 아니지만, 그래도 나름대로 의미 있는 일이라고 말한다. "우리 가족의 문화를 바꿨으니까요. 환경이 얼마나 중요한지 깨달았습니다. 예전에는 우리가 버리는 쓰레기가 토양을 오염시키고, 그 땅에서 우리가 먹을 식량을 재배하며, 우리가 마실 물을 긷는다는 사실에 대해 깊이 생각해본 적이 없었어요. 아주 논리적인 일인데도 말이죠." 프랑스에서는 플라스틱 병만 재활용*한다고 말하자, 야나는 눈을 휘둥그레 뜨면서 "뭐라고요?"라고 외쳤다. 그러고는 깔깔거리며 웃었다. 우리가 상처받을 정도로 마음이 약하지 않아서 다행이었다.

리콜로지의 대변인인 로버트가 설명해주었다. "이곳에서는 모든 종류의 플라스틱을 재활용합니다(단, 플라스틱 필름이나 봉투는 재활용이 불가능하다). 분류 작업에는 광학 스캐너를 사용합니다. 어디에서 만든 스캐너인지 보여드리죠." 우리가 다가서자 로버트는 재미있다는 표정으로 스캐너의 원산지를 보여주었다. 네덜란드였다.

---

* 프랑스에서는 일곱 가지 플라스틱 중 폴리에틸렌 테레프탈레이트(PET, 코드 1번), 고밀도 폴리에틸렌(PEHD, 2번), 폴리프로필렌(PP, 5번)만 재활용한다. 그러나 프랑스의 포장재 재활용 전문업체인 에코앙발라주(Eco Emballages)의 분류 지침에는 "포괄적인 분류 기준을 적용해야 할 경우가 아니라면, 플라스틱 병과 용기만 재활용한다. 확실하지 않을 때는 나머지 플라스틱 제품(작은 용기, 봉지, 통, 필름 등)을 일반 쓰레기와 함께 버린다."라고 적혀 있다.

컨베이어 벨트 위로 쓰레기가 지나가면, 투명 플라스틱과 유색 플라스틱, 그리고 밀도에 따라 스캐너에서 서로 다른 양의 공기를 주입해서 플라스틱이 두 곳으로 분류될 수 있도록 한다. 간단하지만 기발한 아이디어이다. 로버트가 다시 한번 강조했다. "재활용과 퇴비화는 매립과 소각보다 10배나 많은 고용을 창출합니다. 엄청나죠. 에스파냐나 그리스처럼 실업률이 아주 높은 나라에서 환경 분야는 지역 고용을 창출할 수 있는 거대한 광산입니다. 미국의 도시들이 쓰레기를 샌프란시스코보다 조금 적은 75퍼센트까지 재활용한다면, 150만 개의 새로운 일자리를 창출할 수 있습니다. 캘리포니아 주에서만 새로운 정규직 일자리 12만 5000개를 만들 수 있습니다." 머릿속으로(그리고 휴대전화로) 재빨리 계산하면서 샤를이 말했던 도시농업의 고용, 티에리가 말했던 에너지 전환 부문의 고용, 그리고 로버트가 말한 재활용 부문의 고용을 모두 더해보았다. 그랬더니 실업자가 350만 명이 넘는 나라에서 150만 개의 일자리를 만들어낼 수 있다는 결과가 나왔다.* 선거가 치러질 때마다 모든 후보의 우선 공약이고, 설문 조사에 응답한 프랑스 유권자의 관심사인 이 문제가 여러 측면에서 아직 제대로 연구되지 않은 듯하다. 로버트의 설명이 이어졌다. "모든 도시가 경제 활동을 유치하려고 합니

---

* 유기농업과 연대 경제를 표방하는 단체 테르 드 리엥 Terre de liens의 노르망디 지부가 실시한 조사에서는 도시농업으로 창출된 일자리 수를 60만 개로 추정한다(www.reporterre.net/Chomage-On-peutcreer-600-000). 프랑스 국립과학연구원 CNRS이 실시한 조사에서는 에너지 전환으로 인한 고용 창출이 68만 4000개에 달하며, 캘리포니아에서 창출된 고용 비율을 프랑스에 적용하면 재활용으로 새로 만들어지는 일자리가 21만 5000개(현재는 3만 개)가 될 것이라고 추정했다. (www.actu-environnement.com/ae/news/soutien-emploi-recyclage-france-rapport-cgeiet-cgedd-20332.php4).

다. 그러나 재활용과 퇴비화는 도시가 가진 자체 재원으로 새로운 일자리를 창출할 수 있는 기회입니다. 관점을 180도 바꾼 것이지요. 이곳에서는 쓰레기를 쓰레기로 보지 않습니다. 판지, 유리, 플라스틱, 퇴비로 봅니다. 자원이라고 여기는 것이지요."

　지역 농부들도 이 사실을 이해했다. 파란색 쓰레기통은 샌프란시스코 항에 있는 공장으로 보내고, 초록색 쓰레기통은 시외로 보낸다. 음식물 쓰레기와 임목 폐기물(잔디, 나뭇가지 등)은 로버트가 좋아하는 퇴비로 만들어진다. 수거한 수백 톤의 쓰레기는 분류(비유기 폐기물을 가려내는 작업), 분쇄, 절단, 여과 등 11단계를 거쳐 경쟁력 있는 퇴비로 변한다. 초기 단계에서 음식물 쓰레기와 임목 폐기물은 따로 처리된다. 포크레인에서 긴 컨베이어 벨트로 쏟아진 쓰레기는 곧장 원심분리기로 보내져서 크기에 따라 분류된다. 작은 쓰레기는 구멍을 통해 아래로 떨어지고, 큰 쓰레기는 계속 컨베이어 벨트를 타고 이동한다. 리콜로지의 종업원들이 거기에서 비닐봉투와 캔, 운동화 등 퇴비가 될 수 없는 쓰레기를 골라낸다. 나뭇가지와 같은 큰 쓰레기는 파란 분쇄기를 거쳐 대팻밥이 되어 작은 쓰레기 더미 옆에 쌓인다. 이제 모든 쓰레기를 혼합하고 물을 뿌린 다음, 길이 50미터의 쓰레기 더미로 쌓는다. 기계로 공기를 주입하고 물을 머금은 쓰레기 더미를 뒤섞는다. 그밖에도 여러 단계가 이어진다. 중간 단계에서 퇴비와 비슷해진 덩어리를 일렬로 늘어놓고, 거기에서 배출되는 가스는 이산화탄소를 흡수하는 특수 목재로 여과시킨다. 그리고 그 목재 자체도 퇴비로 만든다. 여과된 재료는 더 작은 입자로 만든다. "영양분의 분자가 작아야 식물의 뿌리로 흡수

리콜로지의 동료들과 함께 한 로버트

될 수 있으니까요." 로버트가 다시 한번 설명해주었다. 다른 퇴비 더미에서는 몇 주 동안 일정한 간격을 두고 뒤집고 물을 뿌리는 과정을 반복한다. 이때 퇴비의 온도는 70도까지 상승한다. 발효 작용으로 나쁜 박테리아가 죽고, 좋은 박테리아가 성장한다.

로버트는 퇴비 위에 무릎을 꿇고 앉아 손으로 쓰다듬으며 상부의 얇은 막을 걷어냈다. 그리고 모래처럼 가늘고 검은 퇴비 안으로 두 손을 집어넣었다. 퇴비를 양손에 받쳐 들고 코로 가져가며 로버트가 말했다. "농장 냄새가 나요. 여기보다 크지 않은 밭에 (그는 자신 앞에 펼쳐진 원형의 작은 면적을 가리켰다. 50제곱센티미터도 채 되지 않을 크기였다) 세계 인구보다 더 많은 미생물이 살고 있습니다. 그 미생물이 토양에 생명을 불어넣지요."

모든 과정이 끝나면 고품질의 퇴비가 만들어지고, 지역 농부들에게 판매한다. 농부들은 퇴비에 토양을 비옥하게 만드는 성질을 강화하기 위해 광물과 혼합해달라고 주문할 수도 있다. 농부나 포도 재배자가 토양 분석을 의뢰해서 모자란 성분을 파악할 수도 있다. 리콜로지는 아홉 가지 재료(석고, 미사 모래, 등겨, 세커이아 톱밥)를 섞어 특별한 비료를 제조한다. "퇴비의 미생물 활동으로 방출된 광물을 식물이 흡수하게 하는 것입니다." 로버트의 설명이다. 판매 수익은 고스란히 공장 운영에 재투입한다. "판매가는 1세제곱야드 당 9달러입니다. 하지만 수요를 감당하기에는 늘 부족합니다. 퇴비화는 쓰레기로 할 수 있는 최선의 일입니다. 퇴비는 토양에 영양분을 주고, 물을 아낄 수 있게 해주고(부식토 토양은 무게의 2배에 달하는 수분을 머금는다. 그래서 관개를 할 필요가 크게 줄어든다), 또 대기 중 이산화탄소를 저장합니다." 로버트가 우리에게 보여준 한 연구 결과에 따르면, 캘리포니아 목초지의 4분의 1에 퇴비를 뿌리면, 주에서 배출된 이산화탄소의 4분의 3을 흡수할 수 있다.[*] "우리는 아주 최근의 것인 쓰레기를 수거해 아주 오래된 것인 퇴비를 만듭니다. 이런 방식으로 미래를 구축해야 합니다. 식량을 태우거나 땅에 묻는 일은 멈춰야 합니다. 말이 안 되는 일입니다. 퇴비를 만들어야지요."

나파 밸리에 있는 몬테벨라 와이너리 셀러 마스터인 데이브 벨라Dave Vella도 똑같은 생각이다. 우리는 로버트와 함께 퇴비를 실은 트럭을 따라 포도밭에 갔다. 데이브는 퇴비화 프로젝트를 침이 마르도록 칭찬했다. "토양은 은행과 같습니다. 수확할 때마다 토양에 있는 광물과 유기물, 박테리아를 함께 걷어가는 것이지요. 그런데 매번 인출만 할 수는 없습니다. 때로는 입금도 해야 하지요. 질산염, 포타슘, 인(화학비료에 들어있는 세 가지 성분)만으로는 부족합니다. 저도 30년 전에는 그렇게 했는데, 결국 수익성이 줄어들었어요. 계속해서 더 많은 화학비료를 써야 했으니까요. 그래서 15년 전에 퇴비로 바꿨습니다. 리콜로지의 비료는 10년 전부터 사용했고요. 퇴비로 토양의 혈액이라고 할 수 있는 부식토를 만듭니다. 그렇게 하면 토양이 좀 더 균형을 찾게 되고, 작물도 건강해집니다. 병충해에 잘 걸리지 않고, 수익도 일정해지지요. 저는 실패에서 배웠고, 개선방법을 찾았습니다." 재생 가능한 모델에 대해 어떻게 생각하느냐고 묻자, 데이브는 단호했다. "모든 대도시가 퇴비화를 선택해야 합

---

[*] 특히 로데일 연구소(Rodale Institute)의 연구 참조.

니다. 쓰레기를 재활용하지 않고 하역장에 버리는 건 어처구니없는 일입니다. 농장에서 다 필요한 것들이니까요. 농부인 저에게는 퇴비가 필요합니다."

퇴비화는 버리기 위해 생산하는 기존의 시스템을 탈피하는 일이다. 로버트는 기존의 시스템에 대해 분노했다. "땅에서 수백만 년이나 걸려 만들어지는 석유를 뽑아내려고 돈과 에너지를 쓰다니, 그건 완전히 미친 짓입니다. 그 석유로 플라스틱 제품을 만들고, 그걸 한두 번 쓰고 그냥 버립니다. 버려진 쓰레기는 매립되거나 소각해서 없애버리지요. 재사용하거나 재활용하면 석유 의존도와 비용, 환경발자국을 줄일 수 있습니다. 석유가 아닌 다른 원료도 마찬가지입니다. 알루미늄 캔은 거의 무한대로 재활용할 수 있습니다. 산에서 알루미늄을 캐내려면 자연을 훼손하고 엄청난 에너지를 소비해야 합니다. 또 포장재로 쓰이는 플라스틱 필름의 대체제를 개발해야 합니다. 우리가 가진 돈의 힘을 이용할 줄 알아야죠. 그런 제품은 아예 사지 말아야 합니다. 그러면 기업체에서도 지속 가능한 해법을 마련하겠지요."

도시가 미래의 세계 리더가 될 것이라는 모르텐의 예언은 제로 웨이스트 캠페인이 빠르게 확산하고 있는 샌프란시스코에서 실현되는 것 같았다. 미국의 대학 1000개교 이상과 300개 도시에서도 퇴비화 캠페인을 도입했다. 캘리포니아의 118개 사법 관할 구역에서는 비닐봉투 사용을 금지했다. 캘리포니아 시는 매일 유럽이나 남아메리카에서 걸려오는 전화를 받는다. 로버트는 얼마 전에 프랑스의 리옹과 낭트를 다녀오기도 했다. "낭트에 갔더니 처음에는 프랑스 사람들이 환경을 아주 많이 생각한다고 자랑하더군요. 그러고 나서 소각장을 보여줬습니다. 돌아와서는 정부 관계자들과 점심을 먹었고요. 옆 테이블에 앉은 부부가 게 요리를 먹고 있더군요. 그 부부에게 버려진 게 껍데기가 어디로 가는지 아느냐고 물었지요. 당연히 소각장이라는 대답이 나왔습니다. 그래서 미국에는 학교 교과서에 아메리카 원주민이 땅에 구덩이를 파서 생선 뼈를 묻고 그 위에 옥수수 씨앗을 뿌리는 그림이 실려 있다고 말해주었지요. 생선 뼈가 옥수수의 성장에 도움이 되리라는 것을 알고 있었다면서요. 우리가 하는 일은 새로운 발명이 아닙니다. 과거의 교훈을 기억했던 것뿐이지요."

결국 에너지 전환에 성공하려면 에너지와 자원을 아끼고, 재활용과 다양한 재생에너지를 이용해서 정말 필요한 것만 생산해야 한다. 우리가 만난 사람들은 생산 수단과 유통망의 일부를 분산화해야 각 지역에서 자급률을 확보할 수 있다고 평가했다.

식량과 에너지 대부분을 현지에서 생산하고 소비하는 행위가 앞으로 수십 년 동안 일어날 충격에 대응할 수 있는 열쇠가 될 세상을 우리는 엿보기 시작했다.

그러나 우리가 조사하는 동안 새로운 주제가 떠올랐다. 인터뷰를 할 때마다 경제와 금융이 언급된 것이다. 코펜하겐에서 만난 모르텐, 레위니옹에서 만난 에리크, 샌프란시스코에서 만난 줄리 등 세상을 바꾸려는 이들에게 경제와 금융은 꼭 필요한 지렛대였다. 동시에 사회의 변화를 막는 가장 큰 장애물이기도 했다. 에너지 전환에 비용이 많이 들기 때문에 감당할 수 없다고 선언한 국가도 많다. 또 티에리와 올리비에가 언급했던 것처럼, 다국적기업과 산업 로비스트의 영향력은 소수 특권층에게 수익성을 극대화해주는 시스템을 유지하는 데 항상 결정적인 역할을 한다. 캐나다의 사례는 유명하다. 앨버타 주의 오일샌드 지층에서 18조 배럴의 석유가 발견되었는데, 그중 17조 배럴은 현재의 기술로 개발 가능한 양이다. 매장량으로 따지만, 세계 3위였다. 캐나다가 수천억 달러를 벌어들일 수 있게 해줄 엄청난 자원인 것이다. 캐나다 정부는 이미 채굴 단계에 참여한 석유 기업에게 4000억 달러의 투자를 요청한 상태였다. 이는 엄청난 환경 재앙을 초래했다. 1990년 이후 캐나다의 온실가스 배출량 증가분(약 18퍼센트)의 거의 대부분이 이 채굴장에서 나온 것이었다.* 더 심각한 문제는, 캐나다가 오일샌드 광산의 매상량을 모두 채굴한다면 지구의 기온 상승을 2도 이하로 막을 수 있으리라는 희망은 환영이 될 거라고 예측하는 시나리오가 많다는 사실이다. 이 두 가지 이유로 캐나다는 교토 의정서를 탈퇴했고, 기후 정상회담에서 권고하는 정책을 매번 거부한다. 지구 전체가 기후변화의 비극적 영향을 받아도 아무렇지도 않고, 자연이 파괴되어도 상관없다는 것이다. 15만 개의 일자리만 만들면 되고, 돈만 벌면 그만이라는 생각이다.

---

* www.ec.gc.ca/indicateurs-indicators/default.asp?lang=fr&n=FBF8455E-1.

3장. 모두를 위한 경제 CIRCULAR ECONOMY

여러 나라에서 사용되는 지역 화폐 지폐들

"지역 통화라는 아이디어에 반대하기란 어렵습니다. 지역 내 기업을 지원할 수 있고, 다국적기업이 조세 천국에 돈을 숨기는 걸 막을 수 있으니까요. 산업 이전도 막고, 유통 단계를 줄이고, 생산자에서 유통업자를 거쳐 소비자에 이르는 유통망을 대폭 줄일 수 있습니다. 그러면 이산화탄소 배출도 줄이고, 경제의 회복력도 더 좋아지겠지요. 이걸 반대할 사람이 있겠습니까?"

– 키아란 먼디Ciaran Mondy, 영국 브리스톨 전환마을운동 모임 대표와의 인터뷰 중에서

오늘날 경제학은 정치적 또는 기업적 결정을 정당화하는 데 있어 가장 많이 원용하는 학문이 되었다. 마치 다른 모든 학문보다 경제학이 우위에 있기라도 한 것처럼 말이다. 따라서 경제를 이해하는 것이 그 어느 때보다 중요해졌다. 그런데 희한하게도 정작 경제를 잘 아는 사람은 거의 없다. 아무나 붙잡고(경제 관련 직업을 가진 사람은 빼고) 무역수지가 뭔지, 통화 창출 메커니즘이나 인플레이션, 경제 성장의 동력이 뭔지 한번 물어보라. 아마 사람들은 미간을 찌푸리거나, 최악의 경우 조심스럽게 뒤로 돌아 줄행랑을 칠 것이다. 또는 문학이나 영화, 과학, 건강, 스포츠, 정원 가꾸기, 요리, 날씨 등으로 화제를 돌리고 싶어 할 것이다. 그러나 안타깝게도 경제만큼 인간 세계가 나아가는 방향에 영향을 주는 주제는 없을 것이다. 촬영팀도 모두 한숨을 쉬었고, 이번 촬영은 정말 괴롭고도 영화적인 것과 한참 거리가 멀다고 생각하는 듯했다. 그래서 모두를 이끌고 친구 피에르 라비*를 찾아갔다. 피에르는 이 세상에서 가장 감동적이고 가장 매력적인 인물이다. 그에게는 아무리 유명한 이론을 들이밀어도 소용없다. 그는 모든 것의 본질을 꿰뚫어 보는 꽤 성가신 능력이 있다. 우리 일행은 기뻐했다. 멜빵과 샌들이 트레이드마크이고, 키가 160센티미터를 넘을까 말까 한 알제리 출신의 농부와 세계 경제에 대해서 논하다니, 그건 자극적인 경험이었다.

---

* 알제리 태생의 프랑스 농부, 작가, 사상가, 농업생태학의 선구자로, 사헬 지역의 식량 안보 개선에 크게 기여했다. 15권의 책을 발표했으며, 니콜라 윌로Nicolas Hulot와 파브리스 니콜리노Fabrice Nicolino 같은 환경운동가와 프랑수아 르마르샹François Lemarchand, 트리스탕 르콩트Tristan Lecomte 같은 기업가, 그리고 쥘리에트 비노슈Juliette Binoche와 마리옹 코티야르Marion Cotillard 같은 배우에게 큰 영향을 미쳤다.

무한 성장이라는 거짓 신화 : 피에르 라비와의 만남

　– 인류가 앞으로 닥칠 충격을 견디려면 변화가 필요합니다. 그
런데 왜 우리는 그 변화를 일으키지 못하는 걸까요?

피에르 라비　제 생각에는 우리가 능력과 지성을 혼동하기 때문인
것 같습니다. 인간의 뇌는 완벽에 가깝습니다. 여러분의 촬영
장비처럼 복잡한 기계도 뇌가 만들어낸 것이니까요. 하지만 그
런 능력을 다 끌어모은다고 똑똑한 시스템이 만들어지지는 않
습니다. 물과 땅, 나무 등 우리의 생명을 유지해주는 자연의 근
간을 파괴하기 때문이지요. 제가 늘 하는 얘기입니다만, 만약
외계인이 지구인을 연구한다면 골치 꽤나 썩을 겁니다. 아예
이해하지 못할 거예요. "인간은 어쩜 그렇게 능력이 많으면서
도 바보 같이 굴까? 왜 이 아름다운 지구를 전쟁터로 만들었을
까? 왜 지구를 질식시키고 파괴했을까?" 하면서요.

　– 좋은 질문이네요. 우리는 왜 그러는 걸까요?

피에르　세계 시스템의 가장 큰 오류는 경제가 영원히 성장할 수
있다는 믿음입니다. 실업이나 빈곤 등 우리가 가진 문제에 유
일한 해결책인 것처럼 늘 언급하는 것이 경제 성장이지요. 사
실은 그게 가장 큰 문제인데도 말입니다. 경제가 무한 성장한

다는 주장은 인류를 만족할 줄 모르는 존재로 만들었습니다. 그래서 사람들은 지구를 놀라운 기적, 망망한 우주 사막 한가운데에서 발견한 살기 좋은 오아시스로 여기지 못하고, 자원이 묻혀 있는 광산으로만 여깁니다. 마지막 물고기 한 마리, 마지막 나무 한 그루까지 모두 사용하려고 드는 거죠. 지구의 역사를 24시간으로 줄여보면, 인간이 지구에 존재한 시간은 2분밖에 안 됩니다. 그 짧은 시간에 우리가 얼마나 많은 압력을 지구에 행사했는지 생각해보면 우리의 행동이 얼마나 부조리한지, 동시에 우리의 책임이 얼마나 큰지 가늠할 수 있습니다. 그런데 지금으로서는 인류가 암흑 속에 빠진 듯 보입니다.

- 우리는 이야기가 인류에게 얼마나 큰 영향을 미치는지 깨닫고 이 여행을 시작했습니다. 무한 성장에 관한 이야기도 그중 하나가 아닐까요? 우리가 일종의 신화로 받아들이고 그 방향으로 나아갔던….

피에르 물론입니다. 하지만 비상식적인 신화에 불과하지요. 논리적으로 따져 봐도 유한한 현실에서 무한한 성장 시스템을 갖추는 건 불가능한 일입니다. 만약 지구 같은 행성이 또 하나 있다면, 지구의 자원이 고갈되었으니 그곳으로 가자고 할 수 있겠지요. 하지만 그렇지 않잖아요?

- 무한 성장이라는 신화에 대해 어떻게 생각하십니까?

피에르   프로메테우스의 신화라고 생각합니다. 신이 되고 싶은 인간 말이지요. 인간은 기술과 과학을 발명하면서 자연의 지배에서 벗어났을 뿐 아니라, 오히려 자연을 복종시키고 이용하는 절대적인 존재가 되었습니다. 저는 이 자연과의 결별이 결정적이었다고 봅니다. 지금 처한 상황도 결국은 다 그 탓이지요. 그런데 우리가 한 가지 잊고 있는 게 있습니다. 인간에게 자연이 필요할까요? 당연히 그렇습니다. 그럼 자연은요? 자연도 인간을 필요로 할까요? 아닙니다. 이 자명한 사실에서 출발해야 합니다. 며칠 전에 물 부족 문제에 관한 인터뷰를 했는데, 질문하러 온 분에게 제가 이렇게 말했어요. "당신도 물이고, 저도 물입니다. 당신은 지금 우리 몸 밖에 있는 물질을 알아보려는 게 아닙니다. 인간의 현실을 구성하는 가장 중요한 요소 중 하나에 대해 알아보려는 것입니다." 실제로 우리는 자연을 우리 바깥에 있는 것으로 인식할 때가 많습니다. '환경'이라고 부르면서 말이죠. 우리 자체가 자연인데 말입니다. 원하든 원하지 않든 우리는 포유류입니다. 물론 인간은 특별하지요. 사고할 줄 하는 존재니까요. 사고할 줄 알기 때문에 시간과 공간을 이해할 수 있고, 우리가 언젠가는 죽는다는 것, 따라서 지구에서 사는 시간이 일시적이라는 것을 깨닫습니다. 이건 받아들이기 힘든 현실이죠. 괴로운 것이고요. 그래서 늘 안전한 것을 찾는 겁니다. 종교를 통해서, 여성과 어린이를 억누르는 지배를 통해서, 군비 강화를 통해서, 국방과 전쟁을 통해서, 그리고 부의 축적을 통해서 말입니다.

179

– 소비주의를 말하는 겁니까?

피에르 사람들은 지칠 줄 모르고 생산하고 소비합니다. 인간만이 하는 활동이지요. 동물과 인간이 다른 점이 바로 여기에 있습니다. 사자는 배가 고플 때만 영양을 사냥합니다. 그냥 죽이고 싶어서, 또는 고기를 저장하거나 친구에게 팔기 위해 사냥하지 않지요. "나에게 저장해놓은 영양이 많으니, 자네는 사냥하지 말고 내 걸 사면 돼."라고 말할 수 있는 사자는 없습니다. 반면 인간은 축적을 통해 포식합니다. 목적은 하나죠. 돈을 버는 겁니다. 발달한 사회에서 돈은 가장 중요한 요소입니다. 모든 건 유지하는 일종의 에너지 같은 존재이기에, 돈을 벌면 안전과 권력을 더 많이 누릴 수 있습니다. 돈은 가장 중요한 지배 수단이 되었습니다.

– 그 결과는 뭘까요?

피에르 생존 방식으로서의 포식은 자연을 파괴할 정도로 위력적입니다. 그뿐 아니라 심각한 불평등을 초래하지요. 경제학자들의 주장에 따르면, 인류의 5분의 1이 지구에서 생산된 자원의 5분의 4를 소비합니다. 부유층은 재산이 많으면서도 불안을 떨치기 위해 진정제를 많이 소비합니다. 나머지 5분의 4에 해당하는 인류는 소외되고 있지요. 게다가 광적인 수익 추구로 세상은 규격화되고 말았습니다. 이런 패러다임은 유럽에서 생겨났고, 그 첫 희생자도 유럽이었습니다. 16세기와 17세기까지만 해도 유럽은 다양한 민족으로 구성되어 있었습니다. 각 민족만의 고유한 복식과 음식, 그들만의 동화와 전통이 있었지요. 다양한 언어가 사용되었고요. 그런데 다양한 작물이 재배되는 밭에 일모작을 도입하기 시작했습니다. 이 농법을 식민지를 통해서 널리 확산시켰고요. 만약 유럽이 자기 영토에 갇혀 있었다면 지금까지 생존하지 못했을 것입니다. 일모작은 많은 자원을 필요로 하기 때문에 유럽은 전 세계의 땅과 천연자원, 노동력을 빼앗아야 했습니다. 이러한 전횡이 더는 일반화되어서는 안 됩니다. 흔히 모든 사람이 미국인처럼 산다면, 지구가 일곱 개나 필요하다*고 하지 않습니까? 하지만 지구는 하나뿐이지요.

— 그러니까 단지 인구 문제는 아니군요.

피에르   그렇지요. 인구 증가 때문에 기아 문제가 발생한다는 소리를 들으면 저는 화가 납니다. 먹을 것이 없는 사람들에게 스스로 책임이 있다고 말할 수는 없습니다. 지구에서 생산한 식량 중 3분의 1이 버려진다는 사실과 많은 농지가 바이오 연료 생산에 이용된다는 사실을 우리는 잘 알고 있습니다. 인구 증가를 옹호하려는 것이 아닙니다. 하지만 이성적으로 생각해야지요. 하도 믿을 만하게 이야기를 지어내는 바람에 일각에서 진짜로

---

* 세계자연기금(WWF)이 발표한 환경발자국 계산을 기준으로 한 결과.

믿는 사람들이 있어요. 이제 거짓 신화와는 결별해야 합니다.

　- 그러니까 서양인들이 재산을 자꾸 모아도 그만큼 행복하지
　　않다고 보시는 거군요?

피에르　어떻게 행복할 수가 있겠습니까? 서양에서는 '시간은 금이
다.'라는 말처럼, 돈을 시간의 척도로 삼았습니다. 생각해보면
참 끔찍한 말이죠. 시간이 돈이라면 운명은 정해진 것입니다.
'시간을 잃는 일'은 용납할 수 없으며, 무조건 '벌어야' 합니다.
그래서 광기가 생기는 것입니다. 오늘날의 디지털 기술과 같이
생산성을 높이는 도구가 그런 광기를 더욱 가중시키고요.

　- 그렇다면 이제 어떻게 해야 합니까?

피에르　영속적이고 자연스러운 리듬을 되찾아야지요. 제가 채소
밭을 찬양하는 것도 바로 그런 이유입니다. 밭에서는 진짜 시
간을 회복할 수 있으니까요. 제가 아무리 토마토 묘목에 대고
욕을 해도 때가 되기 전에는 토마토가 익지 않습니다. 토마토
의 작은 씨앗 한 톨에는 몇 톤의 토마토가 나올 수 있는 잠재력
이 숨어 있지요. 밀알 하나가 퍼져서 인류 전체를 먹여 살릴 수
도 있고요. 정말 마법 같은 일이죠. 생명의 힘이 씨앗 하나에 담
길 수는 있지만, 그 힘은 시간과 연계되어 있습니다. 자라나고
익어야 하니까요. 과잉 활성화된 사회에서는 광기를 문제시하

지 않고, 오히려 광기를 견뎌내기 위한 도구를 만들어냅니다. 우리는 자연의 리듬을 완전히 잃었습니다. 도시에서는 더 심하지요. 인내심과 리듬을 갖게 해주는 자연과 동떨어져 살고 있으니까요. 도시의 생활방식은 물질이나 자원만 희생시키는 게 아닙니다. 자연의 아름다움을 기뻐할 수 있는 우리의 능력을 희생시키고, 오염을 일으키고, 자연을 훼손합니다. 생태학이란 자연에 대한 감탄이라고 저는 생각하는데요, 도시의 생활방식은 이 감탄의 대상마저 우리에게서 빼앗아버립니다.

광기와 탐욕을 아주 잘 설명한 이야기가 있습니다. 제가 아주 좋아하는 이야기인데요, 이 이야기에는 방금 일과를 마친 어부가 등장합니다. 그는 해안가 가까운 곳에 배를 묶어두었습니다. 배 위에 그물을 널어두고 쉬고 있는데, 그때 한 남자가 지나가면서 어부의 배를 보고 말을 건넵니다.

"지금쯤이면 바다에 나가 계셔야죠."

"아니, 왜요?"

"돈을 벌어야죠. 그렇게 낮잠만 자면 아무것도 이루지 못할 거예요. 저 배는 당신 것입니까?"

"네."

"참 작군요."

"네, 작지요…."

"돈을 벌면 더 큰 배를 살 수 있을 겁니다."

"그다음은요?"

"그 배로 물고기를 더 많이 낚을 수 있겠죠."

"그다음은요?"

"돈을 많이 벌어서 또 더 큰 배를 살 수 있겠죠."

"그다음은요?"

"당신 대신 일할 사람을 고용하겠죠."

"그다음은요?"

"당신은 쉴 수 있어요."

"제가 지금 하는 게 바로 그겁니다."

인간의 채워지지 않는 탐욕이 널리 확산하고 유지되는 것은 광고업자가 인간의 집단 심리를 조작하기 때문입니다. 그들은 실제 현실이 아니라, 인간의 잠재의식을 건드립니다. 사실 의식주 걱정이 없고 아플 때 치료받을 수 있다면, 인간은 이미 필요한 걸 다 가진 셈입니다. 그 이외의 것은 잉여의 영역이죠. 오늘날 지구를 파괴하는 게 뭡니까? 모든 사람이 보장받아야 할 필수적인 것이 아닙니다. 우리는 경제를 가짜로 돌아가게 하는 허황된 욕망에 아무런 제한도 두지 않았습니다. 실제로 허황된 욕망은 경제와 아무런 상관이 없습니다.

– 왜 경제가 아니라는 것이죠?

피에르 어원으로 보더라도, 경제는 현재의 낭비를 부추기는 시스템과는 전혀 다릅니다. 오이코스oikos와 노모스nomos는 '집을 잘 다스리는 기술'을 뜻하는 말입니다. 낭비는 경제와는 모순되는 말이죠. 선진국은 창의력을 쓰레기를 만드는 데 사용합니다.

이런 걸 경제적이라고 부를 수는 없겠지요. 경제는 앙투안 라부아지에Antoine Lavoisier의 열역학의 법칙을 따라야 합니다. '새로 만들어지거나 없어지는 것은 없다. 모든 것은 변할 뿐이다.' 모든 것이 그대로 유지되고 재생된다는 뜻이지요. 에너지는 사라지지 않고 숲에 재투자됩니다. 쓰레기가 분해되어 다른 생명체의 양분이 되는 무한한 순환이 이루어집니다.

– 그러니까 소비를 줄이고 똑똑하게 소비하자는 말씀이군요.

피에르 절제와 자립, 지혜의 힘을 회복하자는 것이지요. 저는 저의 책《피에르 라비의 자발적 소박함》*에서 아내 미셸과 겪은 일을 이야기했습니다. 소박함에는 우리를 자유롭게 해주는 무언가가 있습니다. 저는 최소의 삶을 유지하면서 얻은 시간을 내면의 발전에 쓸 수 있습니다. 이반 일리히Ivan Illich는 자동차를 운전하는 시간과 자동차 구입비와 유지비를 벌기 위해 일해야 하는 시간을 계산하면, 자동차의 속도가 시속 6킬로미터를 넘지 못한다고 했습니다. 이 정도면 주행 속도가 보행자와 비슷한 셈이지요. 시간이 지나면 결국 우리의 소유물이 우리를 소유합니다. 물건의 노예가 되는 것입니다.

– 헨리 데이비드 소로Henry David Thoreau의 이야기와 같군요. 어느

---

* 원제 : Vers la sobriété heureuse. 배영란 옮김, 예담, 2013년.

날 소로는 강에서 조약돌 세 개를 주워 책상 위에 올려놓았다고 합니다. 그냥 예뻐서요. 그런데 며칠이 지나자 매일 조약돌에 쌓이는 먼지를 털어줘야 한다는 걸 깨닫고 다시 강에 가져다 놓았다고 하죠.

피에르　저는 우리가 소외되었다고 생각합니다. 강연회에서 저는 청중에게 농담을 건넵니다. "현대 사회에서 인간이 어떻게 사는지 아십니까? 유치원에서 대학교까지 네모난 건물에 갇혀 지냅니다. 네모난 대학을 졸업하면 네모난 회사에 들어가서 돈을 벌 수 있다는 희망을 안고 일합니다. 저녁이 되면 자가용을 몰고 네모난 클럽에 들어가서 춤을 추며 머리를 식힐 수 있다고 위안합니다. 그러다 나이가 들면 네모난 양로원에 들어갔다가 마지막 네모난 상자에 들어가게 되지요." 만약 이런 여정에 해방감을 느낀다면, 그 사람은 자유가 뭔지 아예 모르는 사람입니다. 절제와 자율성은 필요한 것을 충족시키고 자유를 쟁취하도록 인간 사회를 움직입니다. 그래서 정원을 가꾸는 일이 저항의 시작이라고 말하는 겁니다. '사람들이 나를 먹여주기를 바라는' 자세를 고수하며 무분별한 농식품 시스템에 의존할 수도 있고, 자유를 되찾으려고 애쓸 수도 있지요. 프랑스에서는 생산한 식품의 80퍼센트가 다섯 곳의 대형 유통업체(카르푸, 르클레르, 오샹 등)가 내거는 조건에 따라 판매됩니다. 이 유통업체가 생산자에게 구입가를, 소비자에게 판매가를 통보합니다. 이들이 직간접적으로 재배 방식, 과일과 채소의 크기, 생산품의 제작 조건, 공장에서 일하는 사람의 급여 지불과 처우 방식까지 결정합니다. 이들의 권력은 절대적입니다. 국제적으로도 소수의 다국적기업(몬산토, 바이엘, 시젠타 등)이 우리가 먹고 살기 위해 의존할 수밖에 없는 종자의 대부분을 통제하고 있고요. 저는 제가 가진 모든 욕구를 충족시킬 수는 없습니다. 하지만 제가 충족시킬 수 있는 욕구는 모두 충족시킵니다. 이렇게 되면 저는 인간을 의존적으로 만드는 전체주의 시스템에 반항하는 입장에 서게 됩니다. 우리의 운명을 슬퍼하고 있을 수만은 없습니다. 희생양을 찾거나 책임을 회피할 방법을 찾을 수만도 없고요. 이상적인 사회를 만들어달라고 혹은 다국적기업이 내부 개혁을 하게 해달라고 국가에 기댈 수도 없습니다. 벌새 이야기*처럼 자기 몫의 책임을 져야 합니다. 다국적기업이 싫나면? 다른 곳에 가서 물건을 사십시오. 화학 농업이 싫다면? 직접 밭을 일구거나 '아맙(AMAP, 소규모 농업을 위한 협회)'처럼 전통 농법을 지키는 곳에서 농산물을 구매하세요. 이런 행동이 무의미해 보일 수 있지만, 사실 그 영향력은 엄청납니다. 이런 저항을 하는 사람이 많아진다면 큰 변화를 일으킬 수 있고, 사회가 더 긍정적인 목표를 향해 나아가도록 만들 수 있습니다.

---

* 옛날 어느 숲에 큰불이 났다. 동물들은 놀라 허둥지둥 달아나거나, 멀리 떨어져 망연자실한 채 불이 숲 전체를 삼키는 걸 바라만 보고 있었다. 작은 벌새 한 마리만 나뭇잎에 물을 떠다가 불을 끄고 있었다. 하늘에서 신이 작은 새의 수선스러움을 보고 "너, 그래봐야 아무 소용 없다는 거 알아?" 하고 소리쳤다. 벌새가 대답했다. "나도 알아요. 그렇지만 내가 할 수 있는 일을 하는 것뿐이에요."

지난 십여 년 동안 경제 전체가 금융의 지배를 받는다는 인식이 사회 전반에 걸쳐 확산하였다. 이 주제를 다룬 많은 다큐멘터리가 텔레비전에서 방영되었고*, 책과 기사도 많이 나왔다. 대통령 선거 후보 혹은 대통령 당선자는 금융을 무너뜨려야 할 '적'으로 간주했다.** 많은 신문기자와 경제학자, 시민운동가들이 경제의 금융화가 임금 노동자와 생태계를 등한시하고 즉각적인 이익 논리만 추구한다고 주장한다. 방글라데시의 경제학자이자 기업가이며, 2006년 노벨 평화상 수상자이기도 한 무함마드 유누스Muhammad Yunus도 같은 생각이다. "지금의 경제가 나쁜 방향으로 흘러간다는 것을 보여주는 가장 우려스러운 신호는 올해 발표된 불평등 통계입니다. 세계 최고의 부자 85명이 가장 가난한 35억 명의 재산을 모두 합한 것과 맞먹는 재산을 가지고 있다니, 정말 끔찍한 일입니다. 이 통계는 자본주의 시스템이 피를 빨아먹는 기계임을 여실히 보여줍니다. 사회 기저에 있는 모든 에너지를 흡수해서 꼭대기로 집중시키니 말이죠. 이런 시스템은 결코 장기적으로 유지될 수 없습니다. 게다가 지구를 파괴하기도 하니 상황이 더욱 심각합니다." 무함마드 유누스가 언급한 수치는 다보스 정상회의가 개최되기 하루 전인 2014년 1월 20일에 전 세계 빈민 구호를 위해 활동하는 국제 NGO 옥스

---

* 특히 프랑스와 독일의 합작 텔레비전 아르테(Arte)에서 방영한 <골드만 삭스, 세계를 지배한 은행(Goldman Sachs, la banque qui dirigie le monde)>(2012) 참조.

** "저의 진정한 적은 이름도, 얼굴도, 정당도 없습니다. 그 적은 후보로 나서지도 않고, 선출되지도 않을 것입니다. 그러나 이 세상을 다스립니다. 그 적이란 바로 금융입니다." 2012년 1월 22일 프랑수아 올랑드 당시 프랑스 대선 후보가 출사표를 던지며 발표했던 부르제 연설.

팜 Oxfam이 발표한 보고서*에 등장한다. 이 보고서에는 점점 벌어지는 빈부 격차의 심각성을 보여주는 통계가 여럿 들어 있다. "세계 부의 절반 가까이가 상위 1퍼센트에 집중되어 있으며, 그 1퍼센트가 가진 재산은 110조 달러에 달한다. 이는 세계 최빈곤층의 절반이 소유한 재산보다 65배나 많은 것이다. 세계 인구 10명 중 7명은 지난 30년 동안 경제 불평등이 가중된 나라에 산다. 그리고 1980~2012년까지 통계가 존재하는 26개국 중 24개국에서 상위 1퍼센트의 부자는 소득이 증가했다. 미국의 상위 1퍼센트는 2009년 금융 위기 이후 경제 성장으로 얻은 이익의 95퍼센트를 차지했고, 하위 90퍼센트는 더 가난해졌다."

소수의 사람이 엄청난 부를 축적하는 동안, 가난과 기아는 더 심각해졌다. 7초마다 1명의 어린이가 굶어 죽고, 20억 명의 사람이 하루에 2달러 미만의 돈으로 살아간다(돈이 지배하지 않는 전통 사회라면 모를까, 글로벌화와 금융화를 받아들일 수밖에 없는 사회에서 가난은 큰 문제가 된다).** 많은 국가에서 실업이 위험할 정도로 증가했다. 유럽도 예외가 아니다. 프랑스의 실업률은 10퍼센트를 넘어섰고, 이탈리아는 12퍼센트, 에스파냐와 그리스에서는 25퍼센트에 육박한다.

세금을 통한 소득 재분배 시스템을 피해 조세 천국으로 몰린 돈은 20조 유로에 달한다. 이 금액의 단 1퍼센트만 써도 전 세계의 기아, 보건, 교육 문제를 한꺼번에 해결할 수 있다는 사실을 안다

---

* www.oxfam.org/fr/rapports/en-finir-avec-les-inegalites-extremes.
** 불평등관측소(Observatoire des inégalités), www.inegalites.fr/spip.php?article381.

면, 누구든 분노하지 않을 수 없다.* 미국 대법원 판사 루이스 브랜다이스Louis Brandeis도 이렇게 말했다. "우리는 민주주의 사회를 만들 수도 있고, 소수의 사람에게 부가 집중된 사회를 만들 수도 있다. 하지만 두 사회를 동시에 다 가질 수는 없다."**

2013년 11월에 열린 세계경제포럼World Economic Forum이 발표한 〈2014년 글로벌 전망 보고서 Outlook on the Global Agenda 2014〉는 가중되는 소득 불평등을 미래를 위협하는 가장 심각한 위험 요인 2위로 꼽았다. 그리고 소득 불평등이 얼마나 사회 안정을 해치고 세계 안전을 위협하는지 강조했다. 2014년 미국 항공우주국NASA 산하 연구소가 공동 지원하고 〈가디언〉이 발표한 연구***에 따르면, 다음의 두 가지 주요 위험 요소가 동시에 나타나면 사회 붕괴가 빨라진다고 한다. 바로 "생태계의 복원 능력을 넘어서는 자원 고갈"과 "소수의 부유층과 다수의 빈곤층으로 나뉘는 사회의 계층화"이다. 연구자들은 이 두 가지 현상의 결합이 "지난 5000년 동안 나타난 붕괴 과정에서 핵심적인 역할을 했다."고 지적한다. 그러고 보면 우리가 바로 그 단계에 와 있는 것은 아닐까?

---

* 경영 컨설팅 기업 맥킨지의 수석 경제학자 출신이 이끄는 '조세정의네트워크 Tax Justice Network'는 2012년에 조세 천국에 숨겨진 돈이 20조 유로에 달한다고 발표했다. 한편 레스터 브라운과 환경단체 지구정책연구소(Earth Policy Institue)는 인구 증가 추세의 안정화와 빈곤 퇴치, 생태계 복원에 매년 2000억 유로가 필요하다고 했다. 이 금액은 20조 유로에서 거둬들일 수 있는 세금 혹은 세계 국방비 연간 지출의 8분의 1에 해당한다. Lester R. Brown, Basculement : comment éviter l'éffondrement économique et environnemental, Rue de l'Echiquier, p. 33 및 www.lefigaro.fr/impots/2012/07/23/05003-20120723artfig00259-une-manne-de-25000-milliardscaches-dans-les-paradis-fiscaux.php 참조.
** www.oxfam.org/fr/rapports/en-finir-avec-les-inegalites-extremes.
*** www.theguardian.com/environment/earth-insight/2014/mar/14/nasa-civilisationirreversible-collapse-study-scientists.

실제로 다수의 빈곤화가 진행되었다. 파산하지 않으려면 투쟁해야 한다. 나만 보더라도 그렇다. 나는 배우자와 함께 사는 중년으로, 두 아이가 있다. 파리에서 80킬로미터 떨어져 있는, 프랑스에서 가장 가난한 도시에 집에 가지고 있다. 식비는 한 달에 800유로가 든다. 국가 보험료와 잡다한 민간 보험료로 매달 400유로가 빠져나가고, 주택대출금은 앞으로 23년 동안 매달 1500유로씩 갚아야 한다. 자동차 대출금은 매달 250유로씩 갚는다. 아이들 급식과 기타 학용품비로 300유로가 나가고, 전기와 도시가스, 수도세로 200유로, 교통비 250유로가 필요하다. 음악, 무용, 야구, 테니스 학원비로 150유로가 나가고, 외식과 옷, 책 등에 들어가는 돈도 있어야 한다. 즉 현대 소비사회의 물결에서 살아남으려면 매달 적어도 4500유로가 필요하다. 게다가 해마다 일상적으로 나가는 이런저런 비용이 폭발적으로 증가하고 있다. 이 때문에 숨통이 죄인 중소기업과 자영업자는 살아남기 위해 가격을 부풀리고, 결국 임금이 시장의 빠른 속도만큼 상승하지 않으면 서민들의 숨통만 막힌다. 그런데 소비를 조장하는 분위기는 가중된다. 하는 일에 비해 과도한 대가를 받는 광고업자들은 '경제 활성화'를 목표로 '소비 촉진'에 힘쓰는 국가를 보조한다. 이를 위해 물건과 옷, 기계에 대한 우리의 끝없는 갈증에 불을 지필 이미지와 메시지를 홍수처럼 퍼붓는다. 우리 집에도 물건이 가득하다. 우리 가족은 소비 욕구가 유난히 많지 않은데도 성장을 바라는 국가의 노력에 열심히 기여한다. 우리 집 벽장에는 살 때는 정말 필요할 것 같았지만 지금은 어두컴컴한 선반 위에서 잠자고 있는 물건이 차고 넘친다. 이사할 때마다 그 물건을 상자에 담고는 다시는 열어보지 않거나, 혹은 필요한지 아닌지 생각해보지도 않고 쓰레기통에 버린다. 아이들 장난감에는 열심히 먼지가 쌓이고, 아이들 방은 의례적인 선물과 충동적으로 산 쓸데없는 물건이 산을 이루고 있다. 이 모든 게 우리가 가진 신념에도 불구하고 아이들에게 물려준 소유에 대한 욕구 때문이다. 우리는 어디쯤에서 멈출까? 그렇게 물건을 쌓아놓으면 어떤 결과를 초래할지 잘 알고 있으면서 말이다. 다른 사람들은 어떻게 할까? 이런 질문이 귀찮은 사람들은 아예 관심도 없을까? 잘 모르겠다. 지금은 알고 싶지도 않다. 짐을 다시 꾸려야 한다. 나는 엑셀 파일을 닫았다. 내일 프랑스 북부에 갔다가 다시 벨기에와 스위스로 향한다. 기업, 은행, 돈의 세계로 들어갈 것이다. 그곳에서 나는 이런 삶에 정말 필요한 답을 찾을 수 있을까?

친환경적 생산이 절약이다 : 포슈코 기업

피에르가 꼬집은 무한 성장의 목표는 티에리와 로베르를 비롯해 에너지 전환을 주도하는 사람들이 강조했던 절약의 필요성과 정면으로 배치된다. 서로 모순되는 명령과 같다. 재생에너지로 전환하려면 소비를 줄여야 하지만, 경제가 돌아가게 하려면 소비를 늘려야 한다. 사람 미치게 하는 소리다.

우리는 질문을 바꿨다. '지구를 파괴하거나 무한 성장하지 않고도 기업이 부와 고용을 창출하고 수요를 충족시킬 경제 시스템을 만드는 것이 과연 가능한가? 피에르가 말했던 열역학 원리를 적용하고 오히려 소박함을 과시할 기업이 있을까?'

답은 우리 눈앞에 있었다. 정확히 말하면 파리에서 228킬로미터 떨어진 곳에 있었다. '포슈코Pocheco'는 연간 20억 장의 종이봉투를 생산하는 기업으로, 종업원 수가 114명이며, 릴 시와 아주 가까운 포레스트 쉬르 마르크에 소재한다. 나는 이미 포슈코를 수차례 방문한 적이 있었고, 그 덕에 이 회사의 대표인 에마뉘엘 드뤼옹Emmanuel Druon과 우정을 나누는 친구 사이가 되었다. 나는 포슈코가 우리가 던진 질문에 상당수 대답을 줄 수 있다고 생각했다. 하지만 내가 북부 지역에 있는 종이 공장 촬영 얘기를 꺼내자 촬영팀은 그리 환영하는 분위기가 아니었다. 릴 교외 지역은 디트로이트나 샌프란시스코 교외 지역보다 매력이 훨씬 떨어지기 때문이다. 그러나 촬영을 마치고 승합차에 올라 공장을 떠날 때는 모두가 이번 촬영을 여행 중 가장 인상 깊은 순간으로 느꼈다.

20여 년 전, 에마뉘엘 드뤼옹이 포슈코의 대표 자리에 앉을 당시, 회사는 사내 성추행과 정신적 학대, 회사 마당에 독극물 매립, 횡령, 파산 직전의 재정 상태 등 수많은 문제로 위기 상황에 놓여 있었다. 종업원 사이에 긴장이 고조되었고, 경영진과 노조의 관계는 그보다 훨씬 더 긴장된 상태였다. 임기 초기에는 회의석상에서 대놓고 싸움이 벌어질 정도였다. 에마뉘엘은 몇 달 동안 사퇴할까 망설였다. 그러다 야지드 부슬라위Yazid Bousselaoui와 가까워졌고, 그를 든든한 오른팔로 두게 되었다. 야지드는 종업원들을 잘 알았고, 그들 사이에서 신망이 두터웠다. 야지드는 에마뉘엘에게 누구와 대화의 물꼬를 터야 할지 알려주었다. 얼마 지나지 않아 작은 결속체가 만들어졌다. 이것이 출발점이었다. 상황이 절망적이었기에 더 위축될 일도 없었고, 오히려 자신들이 꿈꾸던 회사를 만들자는 포부를 갖게 되었다. 물론 쉽지 않으리라는 것도 각오했다. 에마뉘엘이 농담조로 말하곤 했듯이, "이곳은 실업률과 암 발생률이 전국 최고인 데다가 극우 정당인 국민전선FN에 투표하는 유권자가 가장 많은 지역이니까" 말이다.

에마뉘엘은 '전통적인' 기업 출신이다. 십 년 동안 로레알의 임원을 지냈고, 그의 표현에 따르면 "가혹한 경쟁과 공포 경영"을 체험했다. 항상 더 많은 시장 지분을 차지해야 했고, 주주들에게 더 많은 수익을 가져다주어야 했다. 에마뉘엘은 그 세계를 혐오했기에, 포슈코에서는 다르게 해보고 싶었다. 새로운 무언가를 만들어낼 수 있는 힘(좋은 의미로의)을 가졌다는 사실에 흥분했고 동시에 두려웠다. 결국 열정이 승리했다. 몇 달이 지난 뒤 종업원들의 신뢰가 회복되었고, 몇 년 뒤에는 '게임의 법칙'도 차츰 변했다. 소규모 경영진은 아주 '수평적인' 조직도를 만들어냈다고 자랑하곤 한다. 종업원 개개인에게 최대한의 자율성을 보장한다는 것이다. 그러나 자유에는 조건이 따른다. 동료들의 믿음을 저버리지 않기. 투명하기. 협력하기. 최선을 다해 회사 살리기 등이다. 회사에서는 두가지 파격적인 정책을 내놓았다. 임금 격차를 최대 4배로 제한하고 (프랑스 기업의 평균 임금 격차는 최대 100배이다), 수익은 모두 회사에 재투자하기로 했다. 주주들, 특히 에마뉘엘에게 나눠주는 배당금은 없다. 에마뉘엘은 이 정책을 다음과 같이 설명했다. "지난 수십 년 동안 경제는 그야말로 수익만 추구했습니다. 그 수익은 소수에게만 분배되었지요. 매출의 10~15퍼센트를 몇몇 주주에게 줘버리면 회사의 현대화에 돈을 쓸 수 없습니다. 투자를 할 수 없는 것이지요. 그 결과 단기적인 사고만 하게 되고, 점점 더 낮은 단가만 찾게 됩니다. 회사에서 수입하는 원료가 지구를 세 바퀴 정도 돌며 생태계를 파괴하고, 원료를 채취하는 노동자는 열악한 조건에서 일해야 하는데도 말입니다."

에마뉘엘은 임기 초기에는 회사에 재투자할 여유가 없었다. 재정을 정상화하는 데 모든 힘을 기울여야 했다. 그러나 팀이 평정과 의욕을 되찾으면서 상황이 조금씩 개선되기 시작했다. 금융이익이 처음으로 장부에 쌓이기 시작했고, 기업 운영도 변화를 맞았다. 우선 구매 정책을 바꿨다. 에마뉘엘은 동료들에게 말했다(포슈코에는 대표이사도 없고 이사회도 없다). "우리가 형편없는 물건도 사지 못할 정도로 돈이 없다고 생각했는데, 상황이 달라졌으니 이제부터는 양질의 원료만 구매합시다." 봉투 제조업체에게 주원료란 종이를 말한다. 3인의 여성(알린, 리즈, 엘로디)과 3인의 남성(야지드, 프랑크, 에마뉘엘)으로 구성된 운영위원회는 품질과 윤리 경영을 연계할 수 있는 납품업체를 찾기 시작했고, 윤리 경영으로 인정받는 핀란드 기업 UPM을 납품업체로 선정했다. "이 기업은 나무 한 그루를 벨 때마다 생물다양성 보존을 위해 네 그루를 다시 심습니다. 나무가 이산화탄소를 가장 많이 포집하는 시기는 성장 초기인 10년 동안이므로, 이 기업은 환경발자국이 플러스입니다. 그리고 사용하는 목재

대부분은 솎아베기*를 할 때 나온 것입니다. 신제품인 '옥시모르' 봉투는 제재소의 폐기물(톱밥이나 대팻밥)로 만들고요. 이처럼 숲의 자원 사용을 최적화해서 나무를 최대한 적게 베고, 낭비도 최대한 줄이고(나무의 굵은 몸체는 목공 세공에 사용하고, 가지나 폐기물은 종이로 만든다), 또 벤 것보다 더 많은 나무를 심습니다." 에마뉘엘은 UPM을 납품업체로 최종적으로 선정하기 전에 이 모든 걸 직접 확인하기 위해 핀란드로 날아갔다. UMP는 자라나는 새싹을 짓밟는 일이 없도록 무한궤도가 아닌, 다리가 달린 장비로 나무를 벴다. 이 장비는 펄프로 만든 연료로 움직여서 이산화탄소를 거의 배출하지 않는다. 공장에서는 폐수를 처리해서 깨끗해진 물을 방출한다. 15년 동안 물 소비량을 50퍼센트나 줄였고, 종이는 자동차보다 오염물질을 적게 배출하는 배와 기차로 운반한다. 비록 배가 친환경 교통수단이라는 주장에 허점이 있더라도 말이다. 에마뉘엘은 말한다. "우리는 현재의 지식과 발전 수준에서 가능한 최선의 해법을 선택했습니다. 더 좋은 방법이 있다면 다시 바꾸면 됩니다."

포슈코는 이밖에도 봉투의 평량을 줄이기 위한 연구도 했다. 야지드는 이렇게 설명했다. "봉투 무게를 단 몇 그램이라도 줄인다면 엄청나게 많은 자원을 절약할 수 있습니다." 종이와 판지 폐기물은 수거해서 재판매하거나 재활용한다. 폐기물은 다시 판지를 만드는 데 사용하는데, 야지드와 에마뉘엘은 이 경우 펄프를 염소 표백하지 않아도 되기 때문에 에너지가 가장 적게 드는 재활용법이라

---

* 수십 년 동안 자랄 나무는 놔두고 그 주위에 있는 잡목을 제거하는 것.

고 말했다. 물로 만든 풀이나 플라스틱이 아닌 재활용도가 높은 종이로 봉투의 투명창을 만드는 등 제품에 관한 개선도 이루어졌다.

봉투에 인쇄도 해야 하므로 잉크에도 관심을 기울였다. 물과 천연염료로 만든 잉크를 선택하기까지는 그리 오래 걸리지 않았다. 그렇다고 모든 일이 저절로 이루어지는 것은 아니었다. 일 년간의 연구와 노력 끝에 1998년에 품질과 환경에 끼치는 영향 측면에서 나무랄 데 없는 성분 비율을 찾을 수 있었다. 그렇게 되기까지 수많은 잉크통을 유색 거품으로 채우며 실패를 거듭했다. 생산을 담당하는 멜로디가 웃으며 말했다. "용해제와 알코올로 만든 유독한 잉크를 쓸 때는 작업장에서 팔꿈치까지 올라오는 장갑과 마스크를 꼭 착용해야 했습니다. 숨쉬기가 힘들었지요. 지금은 물을 기본으로 하니까 아무 냄새도 나지 않아 장갑과 마스크가 필요 없습니다." 물이 기본 성분이기 때문에 기본색 잉크통을 사용하고(이전에는 색깔별로 잉크통을 따로 사용했다), 즉석에서 색깔을 혼합할 수 있다. 잉크통이 줄어드니 운송도 줄고, 폐기물도 줄어들었다. 남은 잉크는 다시 섞어서 봉투의 배경색인 회색 인쇄에 사용한다. 에마뉘엘이 설명했다. "아무것도 아닌 것 같아도 폐기물을 재사용하면서 잉크 소비가 25퍼센트나 줄었습니다. 잉크에 독성은 없지만 그래도 적게 쓰니 좋지요."

포슈코는 도구와 기계를 세척할 때 지붕에서 떨어지는 빗물을 받아 사용하고, 수제비누인 마르세유 비누를 쓴다. "더럽지만 독성이 없는 빗물을 받아 대나무밭에 뿌립니다. 대나무의 뿌리가 박테리아를 활성화시키고 더러움을 분해해서 양분으로 취하지요. 밭에서 생산하는 유일한 바이오매스는 대나무 가지입니다. 자란 가지는 잘라서 말린 다음 땔감으로 사용합니다." 에마뉘엘이 덧붙였다. 그의 팀에서 조사한 바에 따르면, 대나무가 떡갈나무보다 열을 더 많이 낸다. 그러나 대나무가 최근에 설치한 화목보일러에 들어가는 유일한 땔감은 아니다. 잘게 부순 파렛트 폐기물도 땔감으로 쓴다. 화목보일러는 보충용이고, 주요 난방은 다른 곳에서 이루어진다. 종이 먼지는 공장의 공기를 오염시키고, 기계의 성능을 저하시키며, 종업원의 폐에도 좋지 않다. 포슈코는 유해한 먼지를 아주 강력한 펌프로 빨아들여 필터로 걸러서 다시 바깥으로 내보낸다. 먼지 흡입기는 귀가 멍멍할 정도로 소음이 클 뿐 아니라, 열도 많이 발생한다는 사실을 알게 된 팀은 기계를 방 하나로 모두 옮기고 방음 장치를 해서 소음을 줄였다. 또 발생한 열을 수거해서 건물 난방에 사용한다. 그 결과 포슈코는 가스와 중유를 더는 사용하지 않게 되었다. 경제적일 뿐 아니라 작업장에 인화성 및 폭발성 물질을 두지 않아도 되니 안전한 방법이기도 했다. 아이디어가 기발한 종업원들은 앞으로 난방이 필요 없는 여름에는 펌프에서 나오는 공기를 수거해서 터빈을 돌려 전기를 생산할 생각이다. 에마뉘엘의 말마따나 "낭비는 안타까운 일"이기 때문이다.

포슈코는 효율성뿐 아니라 참신한 아이디어와 고객에게 제안하는 독창적인 제품에 있어서 다른 경쟁업체보다 돋보인다. 포장재가 그 예이다. 지금까지 포슈코는 거래 내역이나 이용 내역을 고객에게 발송하는 업체(은행, 전화 사업자, 보험사 등)에 수천만 장에 달하는 봉투를 보낼 때 종이 상자 수천 개에 나누어 담아 납품했다. 상자는 개봉 후 곧장 쓰레기통으로 직행하는 신세가 되었다. 에마뉘엘과 동료들은 좋은 아이디어를 떠올렸다. 대형 보빈에 3만 8000개의 봉투를 감아 기계로 살짝 묶어주는 방식을 시도한 것이다. 업체에서는 기계로 감아놓은 봉투를 풀어 회수하고, 보빈은 다시 포슈코로 보낸다. 상자로 포장할 필요가 없을 뿐 아니라, 봉투를 운송하기가 더 쉬워졌고, 종업원과 고객 모두 제품 취급이 수월해졌으며, 속도도 빨라졌다. 에마뉘엘이 웃으며 말했다. "이 방식으로 골판지 상자 사용을 3분의 1 줄였고, 생산성을 높였습니다." 포슈코는 이 방식을 개발해서 5억 개에 달하는 봉투 납품 계약을 따내며 큰 성과를 얻었다.

　적자를 면치 못하던 포슈코는 균형 재정을 이루더니, 흑자를 기록하기 시작했다. 그러자 벌어들인 돈을 어디에 사용할까 하는 문제가 제기되었다. 에마뉘엘은 이에 대해 뿌듯한 이야기를 들려주었다. "이 공장은 1848년에 세워졌습니다. 지붕은 당시에 제작한 기와로 덮여 있었고, 한쪽 면만 기울어진 단경사 지붕이었죠. 보수 공사를 단 한 차례도 하지 않아서 물이 샌 지 몇 년 되었고, 떨어지는 빗물을 받으려고 작업장 곳곳에 통을 가져다 놓곤 했습니다. 그런 상황에 익숙했지요. 그동안 번 돈을 회사에 재투입하다 보니 어느새 준비금이 쌓여 있더군요. 그래서 '지붕에 방수 공사를 하면 어떨까? 난방도 줄이고 습하지 않을 테니까.' 하는 생각을 했습니다. 여러 선택 사항을 두고 견적을 뽑아봤죠. 2000제곱미터의 면적에 단열과 방수를 하려면 80만 유로가 들었습니다. 엘로디, 운영위원회, 포슈코의 연구팀(기업이 외부에 미치는 영향을 정확하게 계산하기 위해 만든)과 함께 상의하던 중 기존의 지붕을 단순히 수리하는 것보다 더 나은 방법이 있을 것이라는 생각에 이르렀습니다. 공장의 지붕을 생산적으로 만들 수도 있으니까요. 태양 전지 패널을 설치해서 에너지를 생산하고, 식물을 심어서 빗물을 회수하여 나중에 쓸 수 있도록 저장할 수도 있습니다.* 또 가열된 공기를 냉각하는 시스템도 설치할 수 있고요. 여름에 작업장의 더운 공기를 젖은 판자에 통과시키면 열을 잃으면서 실내온도가 4도 정도 내려갑니다. 여름에 좋은 장치죠. 단열을 보강하고, 창문을 크게 내면 낮에 햇빛이 많이 들어와 전기 소비도 줄일 수 있습니다. 이 계획으로 견적을 냈더니 200만 유로가 필요했습니다. 120만 유로나 더 비쌌지요. 돈이 많지 않았으니 엄청난 투자였습니다. 그런데 좀 더 계산해보니, 다른 측면이 보였습니다. 80만 유로의 투자를 감가상각하면, 연간 4만 유로의 가스를 절약할 수 있어서 비용 회수에 20년이 걸린다는 결과가 나왔습니다. 하지만 200만 유로를 투자하면 매년 20만 유로의 전기를 팔 수 있지요. 어느 계획을 선택하든 가스를 절약할 수 있으니, 8년이 조금 넘는 기간이면 투자한 돈을 뽑을 수 있게 됩니다. 그래서 우리는 생산적인 지붕을 만들기로 했습니다. 절약은 이렇게 하는 것이죠!"

그들은 여기서 멈추지 않았다. 옛 지붕의 기와를 수거해서 잘게 부순 다음, 녹화 옥상의 바닥에 깔고 그 위에 연간 200킬로그램

---

* 바이월국립식물자원관(Conservatoire de Bailleul)과 함께 의논해서 지역에서 나는 기린초를 심었다. 기린초는 디젤 엔진에서 배출되는 미세먼지를 흡수하고 대기 오염을 줄이는 것으로 알려져 있다.

의 꿀을 생산하는 벌집을 설치했다. "살충제 때문에 꿀벌이 멸종 위기에 처했다고 합니다. 가능한 곳이라면 어디에나 벌집을 두고 보살펴야 합니다." 에마뉘엘의 조언이다. 현재 포슈코는 환경을 파괴하는 것이 아니라 재생하는 산업체가 되기를 꿈꾼다.

2011년에는 공장에 화재가 발생해서 건물이 불에 타고 재고가 30퍼센트 가까이 전소되는 사건이 있었다. 포슈코는 이 일로 문을 닫을 뻔한 위기를 맞았다. 그러나 종업원들은 포기하지 않고 힘을 모았다. 사고 직후 많은 종업원이 현장에 나와 소방관을 도왔다. 나중에 소방관들은 포슈코의 종업원처럼 열정적으로 생산 시설을 보호하고 복구하려는 경우를 본 적이 없다고 말했다.

이후 새 건물이 들어섰다. 공장 주변의 주민이 좀 더 쾌적한 풍경을 감상할 수 있도록 건물 외벽을 나무로 덮었고, 주위에 희귀한 과실수를 심었다. 에마뉘엘은 설명했다. "마을 아이들이 가끔 과일을 서리할 수 있는 과수원도 만들었습니다." 과수원에는 사과나무와 배나무, 나무딸기, 무화과나무, 포도나무 등을 심었다. 새 건물에는 전면 유리창을 설치해서 종업원들이 일하면서 자연과 하늘, 나무를 볼 수 있게 배려했다. "날이 좋으면 휴식 시간에 건물 밖으로 나가서 공장 주변 어디에서나 과일을 따 먹을 수 있습니다. 꽃이 피는 모습, 꿀벌이 꽃의 꿀을 따는 모습도 볼 수 있지요." 보험사는 포슈코에게 또 다른 화재가 발생하면 신속하게 진압이 이루어질 수 있도록 대형 물탱크를 설치하라고 요구했다. "풀이 수북한 물탱크는 아마 세계 최초일걸요!" 에마뉘엘은 신이 나서 설명했다. 물탱크 덕분에 더 많은 새와 곤충이 먹이를 잡아먹을 수 있다고 하면서 말이다. 포슈코는 노르 파 드 칼레 지역 최초의 조류보호연맹Ligue pour la protection des oiseaux 보호처이기도 하다. 공장 주변에 십여 개의 새 둥지를 설치했으며, 지붕 공사 덕분에 피부와 직접 닿지 않는 물(세면대, 변기 등)에 사용하는 물을 자급자족한다.

또 포슈코는 수익의 재투자를 통해 생산 기계와 설비를 정기적으로 현대화했다. 에마뉘엘은 포슈코의 생산 설비가 동일 업종에서 가장 현대화되었다고 자랑했다. "그 덕분에 고객에게 항상 더 전문적이고 효율적인 서비스를 제공할 수 있고, 유럽에서 나날이 심해지는 경쟁에도 대응할 수 있습니다." 안전을 증대하고 고충을 줄이는 개선도 이루어졌다. 종업원이 최대한 좋은 환경에서 일하고 부상을 입지 않게 하는 것이 최우선 과세였고, 에마뉘엘에게 이건 아주 당연한 일이었다. 종업원이 직장에서 편안한 마음을 가져야 하며, 그것이 효율성 증대와 연결되어야 한다는 것이다. 에마뉘엘은 자주 이렇게 말하곤 했다. "인간은 인생의 3분의 1을 자면서 보내고, 3분의 1을 일하면서 보낸다고 합니다. 그러니 좋은 침대와 좋은 직장은 필수죠."

이러한 과정을 요즘 말로 '순환경제'라고 부른다. 포슈코 팀은 순환경제야말로 21세기 산업의 기본이라고 여긴다. 에마뉘엘은 다음과 같이 설명했다. "과거의 산업은 천연자원을 채취하고 가공해서 결국 쓰레기로 버려질 재화를 생산했습니다. 이게 자본주의의 원리죠. 제어 불가능한 쓰레기 하역장, 강과 바다 등 도처에 쌓이는 쓰레기, 고갈되는 자원 등 그동안 우리는 '창조적 파괴'의 결과를 맛보았습니다. 따라서 '미래의 산업'은 완전히 다른 방식을 도입해

24시간 돌아가는 포슈코 공장의 종업원들

야 합니다. 우리는 지난 20년 동안 이미 다른 방식을 실천하고 있습니다. 자원을 새로 채굴하지 말고, 21세기의 쓰레기에서 수거해야 합니다. 태양에서 얻은 에너지로 자원을 재사용하고, 가공해서 스스로 복원하고, 지속 가능한 재화를 생산해야 합니다. 또 재화의 수명이 끝나면 재활용해서 다시 순환 시스템에 편입시켜야 합니다."

스스로를 속이지 말자는 원칙을 지키려는 포슈코 팀은 디지털 시대에는 그다지 필요 없는 종이를 사용한다는 이유로 종종 비난을 받았다. 이에 회사는 국립과학연구원 CNRS에 전자우편과 종이 우편물의 수명에 관한 연구를 의뢰했고, 그 결과 전자우편은 서버, 정보통신 기반시설, 프린터 사용에 필요한 에너지 사용량이 막대해서 종이보다 15~23배나 더 많이 환경오염을 일으킨다는 것을 알게 됐다. 사실 에마뉘엘과 팀원들은 자원의 희소성에 아주 민감하다. 그래서 핀란드 협력사와 함께 1997년부터 매년 나무를 20만 그루씩 심고, 산림 파괴가 심각한 프랑스 노르 파 드 칼레 지역에 재식림협회까지 만들었다. 또 지역 농부들과 협력해 매주 종업원과 마을 주민에게 갖가지 채소가 든 바구니를 나눠준다. 덕분에 농부들의 월소득이 500유로에서 1200유로로 증대되었다.

포슈코의 이야기가 지나치게 이상적으로 들리기도 한다. 그러나 이들의 활동은 인류애와는 거리가 멀다. 에마뉘엘이 '환경경제 écolonomie'라고 부르는 원칙을 적용해서 지난 17년 동안 1500만 유로를 투자하고 2000만 유로를 벌어들였기 때문이다. 사회 비용과 환경 비용을 제외하고도 500만 유로의 순이익을 거둔 것이다. 그 과정에서 수천 톤의 이산화탄소가 포집되거나 배출되지 않았고, 생물다양성이 증가했으며, 천연자원이 보호되었다. 포슈코는 이익을 백 퍼센트 재투자하여 수백만 유로의 자기 자본을 확보한 후, 저조한 실적을 상쇄하고 성장의 굴레에서 벗어날 수 있었다. 현재 포슈코의 연간 성장률은 0~2퍼센트이다. 고용도 지난 15년 동안 백 퍼센트 그대로 유지되었다.

단일 통화에서 통화의 다양성으로

전통적인 통화 시스템의 폐해 : 베르나르 리에테르와의 만남

에마뉘엘과 동료들은 기업이 피에르가 지적한 무한 성장의 논리에서 벗어날 수 있다는 것을 증명했다. 하지만 왜 경제 전체가 기계적으로 성장을 향해 나아가는지, 그리고 왜 그토록 많은 불평등을 초래하는지 이해하기 위해서는 더 많은 조사가 필요했다. 우리는 특출한 기업가의 선의나 인성에 기대는 것이 아니라, 좀 더 구조적인 해법이 있을지 궁금했다. 그리고 실제로 그런 해법을 찾게 되었다. 경제학자이자 대안 통화 전문가인 베르나르 리에테르 Bernard Lietaer를 만난 것이다.

"이 풍경 때문에 여기 살지요." 우리가 아파트 거실에 들어서자 베르나르 리에테르가 말을 꺼냈다. 그의 아파트 거실의 전면 유리창으로 브뤼셀 시내가 한눈에 들어왔다. 집 구석구석에서 아프리카 장식이 눈에 띄었고, 거대한 책장은 아무렇게나 꽂은 수백 권의 책 무게에 눌려 휘어 있었다. 베르나르 리에테르를 알게 된 건 인터넷에 올라온 TEDx의 베를린 강연회를 통해서였다. 웃는 눈에 연극배우 같은 몸짓을 하는 그는 TEDx에서 어디에서도 들어보지 못한 내용의 강연을 했다. 너무 황당하게 들려서 나는 그가 누구인지 더 알아보기로 했다. 베르나르 리에테르는 음모론을 주장하는 투사도 아니고, 천방지축 날뛰는 지식인도 아니었다. 노벨경제학상 수상자인 폴 크루그먼 Paul Krugman과 함께 공부했던 매사추세츠공과대학교 MIT에서 논문*을 발표했고, 벨기에와 미국의 여러 대학(버클리대학교 등)에서 교수와 연구원으로 재직했으며, 대기업 고문으로도 활동했다. 벨기에 중앙은행의 고위공무원으로서 유로회의 조상인 에퀴 ECU를 창설하면서 기술 부문을 지휘했고, 지난 40년 동안 전 세계 경제를 회생하고 발전시킬 대안 통화를 연구했다. 아주 독창적이고 가히 혁명적인 접근법이 아닐 수 없다.

우리는 다음의 두 가지 주제를 놓고 대화를 시작했다. 하나는 왜 우리가 경제의 어려움을 겪고 있는가, 그리고 다른 하나는 왜 세계는 불평등으로 양분되었는가이다.

베르나르 리에테르　우리가 겪은 경제의 어려움은 대부분 통화 창출 메커니즘과 관련이 있습니다. 이 문제를 해결하지 못하면 다른 문제도 해결하지 못할 겁니다.

---

* http://lccn.loc.gov/74130275.

- 통화 창출 시스템의 어디에 문제가 있나요?

베르나르 자동차 제국을 건설한 헨리 포드Henry Ford는 만약 돈과 은
행 시스템이 어떻게 굴러가는지를 미국인이 파악한다면 곧바
로 혁명이 일어날 것이라고 말했습니다. 저는 그 말이 맞는다
고 생각합니다. 유럽인이든 중국인이든 브라질인이든 누구도
그 시스템을 이해하지 못한다는 게 진짜 문제죠. 여러분 중에
돈이 어떻게 만들어지는지 아는 사람이 있습니까?

- 저는 좀 압니다. 이 만남을 준비하느라 조사를 좀 했거든요.
하지만 다른 사람들은 아마 모를걸요.(웃음)

베르나르 우리가 사용하는 돈은 대개 민간 은행이 신용으로 만들
어냅니다.

- 그게 무슨 말인가요?

베르나르 아파트를 사는 데 필요해서 10만 유로를 구하러 은행에
간다고 칩시다. 대출 신청이 받아들여지면 은행은 10만 유로
를 내줍니다. 다시 말하면 계좌에 10만 유로라는 숫자가 기입됩
니다.

- 그냥요? 아무것도 없이요?

베르나르 그렇습니다. 이걸 불환지폐 fiat money라고 합니다. 성경에서 신이 최초에 한 말인 "빛이 있으라 Fiat lux."에서 유래되었지요. 무에서 유를 창조하는 신의 능력을 이제는 통화를 만들어내는 은행 시스템이 갖게 된 것입니다. 은행은 단지 금고에 얼마간의 돈만 가지고 있으면 됩니다. 이론적으로 보면 1유로를 가지고 있어야 0.8유로를 만들 수 있습니다. 간단히 말해, 1유로로 1유로를 만든다고 해봅시다. 그런데 신용의 승수효과로 인해서 '실재' 1유로로 '가상'의 6유로를 만들어낼 수 있습니다.*

–'승수효과'가 뭡니까?

베르나르 예를 들어 은행이 10만 유로를 대출해주면, 대출자는 그 돈을 아파트 주인에게 주고 아파트를 삽니다. 아파트 주인은 받은 10만 유로를 은행에 넣습니다. 그러니까 은행은 대출자가 신청하기 전에는 존재하지도 않았던 10만 유로를 가지고 실제 10만 유로를 만들어낸 것이죠. 그리고 새로 들어온 10만 유로를 또 다른 누군가에게 대출해줍니다. 또 다른 대출자도 그 돈을 누군가에게 줄 테고, 그 누군가는 받은 돈을 또 은행에 넣겠지요. 이런 과정이 계속 반복됩니다. 계산해보면, 10만 유로로 평균 60만 유로의 신용이 창출됩니다.

---

* https://fr.wikipedia.org/wiki/Effet_multiplicateur_du_credit.

- 그럼 처음 10만 유로는 어디에서 온 것이죠?

베르나르 중앙은행에서 지폐와 동전으로 받은 것이지요. 유로존에서는 약 15퍼센트의 통화가 이처럼 현물로 창출되고, 나머지 85퍼센트는 민간 은행이 이자를 받는 신용으로 만들어집니다. 여기까지가 첫 번째 단계입니다.

- 일단 여기까지는 알아듣겠네요.

베르나르 은행이 10만 유로를 대출해주면, 대출자는 원금은 물론이고 이자까지 갚아야 합니다. 꽤 높은 이자로 20년 동안 돈을 빌리면, 처음에 빌린 10만 유로의 두 배인 20만 유로를 갚아야 할 수도 있지요. 문제는 새로 생긴 10만 유로가 처음에는 존재하지 않았다는 사실입니다.

- 어떻게 그렇죠?

베르나르 은행이 통화를 창출할 때는 신용 금액을 창출하는 것입니다. 하지만 이자는 창출하지 않지요.

- 세상에 유통되는 돈은 거의 다 이자를 합한 신용으로 창출되지만, 우리가 이자를 갚는 데 필요한 돈은 애초에 존재하지 않는다는 뜻인가요?

베르나르   그렇지요. 이자를 갚으려면 누군가가 어딘가에서 반드시 돈을 빌려야 합니다. 그래야만 이자를 갚을 돈이 만들어집니다. 즉 새로운 경제활동이 생겨야 한다는 뜻이지요.

— 그래서 성장을 바라는군요.

베르나르   성장은 반드시 필요합니다. 제로 성장이 가능하다고 믿는 사람은 사실 통화 시스템을 제대로 이해하지 못한 겁니다. 우리는 파산을 향해 달려가는 중입니다. 최초에 빌린 10만 유로를 갚으면, 그 돈은 컴퓨터 시스템에서 지워집니다. 그러니까 통화량을 충분히 유지하려면 다른 사람이 대출을 해야 합니다. 그래서 항상 더 성장해야 하는 것이지요.

— 하지만 무한정 성장할 수는 없지 않습니까?

베르나르   그렇습니다. 무한한 성장이 불가능하다는 사실은 1972년에 로마클럽이 성장의 한계에 관한 보고서를 발표했을 때부터 이미 알려져 있었습니다.

— 요약하면, 현 시스템은 이자를 갚는 데 필요한 돈을 다른 사람에게서 가져오게 하는 경쟁 체제를 낳고, 그 결과 경제를 성장시킬 수 없는 상황을 만든다는 것이군요. 둘 다 지속 가능할 수 없는 상황이니까요.

베르나르 현 통화 시스템은 지속 가능성과 양립할 수 없습니다. 여기에는 여러 가지 이유가 있지요. 첫 번째가 앞에서 언급한 강요된 성장 때문이고요, 두 번째는 단기적 사고 때문입니다. 창출한 통화가 이자를 가져다주어야 한다는 건 미래의 이익을 미리 당겨써야 한다는 뜻입니다. 100년 뒤에나 100만 유로를 벌 수 있다는 사실에 구미가 당길 사람은 아무도 없습니다. 바로 그런 이유로 기업도 단기적 사고를 하도록 프로그램되지요.

얼마 전에 한 독일 기업인과 얘기를 나눈 적이 있는데, 그에게 아이들의 미래를 어디까지 내다보느냐고 물었더니, "25년"이라고 대답하더군요. 그래서 다시 "그럼 아침에 출근해서는 미래를 어디까지 내다보느냐?"고 물었죠. 그랬더니 "2~3분기요. 단기적으로 미래를 계획하지 않으면 회사는 저를 내쫓고 단기적 사고를 할 사람을 새로 뽑겠지요."라고 하더군요. 참 서글픈 현실입니다.

세 번째 이유는 사회 조직을 파괴하는 돈의 속성 때문입니다. 사람들은 돈이 교환을 원활하게 하는 수동적이고 중립적인 수단이라고 생각하지만, 그건 사실이 아닙니다. 돈은 일정한 가치를 가지고 관계에 대한 관점을 정립하는 역할을 합니다. 어떤 물건을 사고 그에 대한 대가를 지불한다면 이때는 관계가 성립되지 않습니다.

– 돈이 오가면 관계를 맺기 어려워진다는 말씀인가요?

베르나르 그렇습니다. 돈은 관계를 대체하거나, 아예 없애버립니다. 만약 아내 생일에 선물 대신 100유로를 준다면 생일을 망치게 될 겁니다. 사회 조직은 기부를 통해 만들어집니다. 제가 돈도 받지 않고 당신을 돕는다면, 우리 사이에는 특별한 관계가 성립됩니다. 그런데 제가 한 일에 대해서 당신이 돈을 지불한다면, 우린 서로 관계를 맺을 필요가 없습니다. 서로 준 만큼 받았으니까요. 공동체란 기부가 받아들여지고 칭송받는 공간입니다. 상업적인 거래를 하면 할수록 관계는 비인간적이 되고 결국 와해됩니다.

- 돈을 주고받는 상업적 거래가 서양 국가에 나타난 공동체 파괴에 기여했을까요?

베르나르 상업적 거래를 발전시킨 건 늘 '가장 앞서간' 선진국이었습니다. 기존 통화와 신용 거래 규모를 키우는 것이 '발전'이라고 정의했으니까요. 미국에서 이 현상을 다룬 연구는, 견고한 공동체가 존재하는 곳이 다름 아닌 가난한 흑인 게토ghetto* 라는 사실을 말해줍니다. 게토와 똑같은 모델이 가족 단위로 축소된 사례가 이탈리아 남부의 파미글리아famiglia** 입니다. 보통 여러 세대를 아우른 70~80명이 가족의 일원이 되지요. 그러나 소위 '선진' 국가에는 핵가족이 대부분입니다. 미국에서는 어린이의

---

* 특정 민족이나 종교집단이 모여 사는 도시의 특정 지역
** 중세 시대부터 이탈리아에서 이어져 내려온 일종의 가족 중심 기업 모델

절반 이상이 한부모가정에서 자랍니다. 부모가 자식의 집에 살려면 집세를 내야 한다면 더는 가족이 아니지요.

– 그렇다면 유로든 달러든 더는 돈을 쓰면 안 되는군요?

베르나르 아닙니다. 돈 자체를 거부하자는 게 아닙니다. 돈의 독재를 거부하자는 것이지요. 독재적인 통화에 딱 맞는 공간은 상거래 공간과 대기업이 활동하는 국제적 공간입니다. 이런 공간에서는 돈이 가장 잘 기능합니다. 혁신을 가능하게 하고, 고용을 창출하니까요. 또 돈 때문에 '선진 세계'의 주민들은 몇백 년 전 왕실에서나 꿈꾸었던 생활 수준을 향유할 수 있습니다. 만약 은행 이자가 아니었다면 산업혁명 시내에 경제의 폭빌직인 성장을 일으킬 수도 없었고, 재정적으로 감당할 수도 없었을 겁니다. 이제 산업혁명 시대가 끝나가고 있지만, 우리는 여전히 그때와 같은 도구인 돈을 사용합니다. 반면 우리의 문제는 달라졌습니다. 세계가 단일 화폐만 사용한다면 문제를 해결할 수 없을 것입니다.

– 어떤 문제를 말하는 건가요?

베르나르 고령화와 실업, 통화 불안정, 불평등과 부채의 증가 등이지요. 더 나아가 기후변화와 생물종 멸종도 있지요. 이런 문제는 우리의 생활 전 분야에 걸쳐 막대한 영향을 미칩니다. 지금 인류는 최초로 생물권 전체를 위기로 몰아넣고 있습니다. 저는 우리가 맞이한 문제에는 항상 해결책이 있다고 믿습니다. 이미 그 해결책을 알고 있고, 또 그 해결책이 효과가 있기도 하다고 생각합니다. 그러나 기존의 시스템에서는 재정적으로 감당할 수 없습니다. 재원이 없어서 필요한 규모와 속도로 해결책을 적용할 수 없는 거죠. 에너지를 예로 들어봅시다. 재생에너지를 개발해야 한다는 건 알지만, 누가 그 비용을 대겠습니까? 민간 부분에서 화석에너지나 원자력의 문제점에 대해 계속해서 큰 관심을 갖지는 않을 겁니다. (특히 부채 때문에) 금고가 비어 있는 정부도 아닙니다. 그래서 우리는 결국 아무것도 하지 않고 기다리고만 있습니다.

— 국가의 부채 규모가 엄청나서 긴축 정책을 시행해야 한다는 소리를 자주 듣습니다. 그런데 세계 경제를 보면 어마어마한 양의 통화가 유통됩니다. 기업의 수익도 엄청나고요. 이렇게 돈이 많은데, 어떻게 그 돈이 중요한 정책에 쓰이지 않는 것일까요?

베르나르 (대출 이자로 통화를 창출하는) 전통적인 통화 시스템의 폐해 중 하나가 바로 부의 집중입니다. 돈이 있는 사람이 훨씬 더 쉽게 돈을 벌고, 돈이 없는 사람은 돈 벌기가 점점 더 힘들어지는 시스템이죠. 이자가 뭡니까? 돈이 없어서 빌리는 사람에게서 돈이 더 필요 없을 정도로 많아서 남에게 빌려준 사람에게로 가는 돈입니다. 자원을 상류층으로 빨아 올려주는 기계나 마찬가지예요. 상류층이 기득권을 보호할 수 있는 확실한 수단이지요. 바로 이런 이유로 이자가 만들어지기도 했고요. 이 시스템은 3000년 전에 가부장제가 들어선 수메르에서 도입한 것입니다. 하지만 다른 사회에서는 위험을 재빨리 눈치챘지요. 서양에서 '고리대금'이 법적으로 허용된 건 겨우 400년 전입니다. 그전에는 기독교와 이슬람교, 그리고 아시아에서도 고리대금을 불법으로 간주했습니다.

  – 현재의 통화 시스템과 가부장제가 연계되어 있다고 생각하십니까?

베르나르 그렇습니다. 가부장적 사회를 역사적으로 살펴보면, 지금과 하나도 다르지 않다는 걸 알 수 있습니다. 이자를 이용해서 돈에 대한 독점권을 가지려고 했지요. 반대로 모권 중심 사회는 여러 종류의 화폐를 동시에 사용해서 돈의 생태계를 조성하는 경향이 있었습니다. 가부장제처럼 축적하고 이자를 취할 수 있는 돈도 있지만, 축적하면 벌금이 부과되는 돈도 있었던 것이죠. 순수한 거래용 통화는 모두에게 접근권이 있었습니다.

  – 모권 중심의 사회인지 아닌지 어떻게 알 수 있나요? 그런 사회가 언제 존재했었나요?

베르나르 신의 이미지가 어떻게 표현되었는가를 보는 것이 좋은 구별법입니다. 신을 여자 없이 혼자서 모든 것을 창조한 존재, 턱수염 기른 남자로 표현하고 있다면, 가부장적 사회일 가능성이 높습니다(웃음). 좀 더 진지하게 말하자면, 흥미로웠던 시대가 세 번 있었습니다. 기원전 1000년의 이집트는 이시스 여신을 섬겼고, '대성당의 시대'로 불리는 중세 초기의 프랑스에서는 동정녀 마리아의 이미지가 지배적이었습니다. 8~10세기 중국의 당나라는 여제가 다스렸고요. 세 시기에는 위대한 발전이 이루어지고, 백성의 생활 수준도 그 어느 때보다 높았습니다. 예를 들어 이집트의 노예는 돈을 소유할 수 있었습니다. 누구나 물건을 사고팔 수 있었어요.

– 아무도 그런 얘기는 하지 않던데요. 몇 년 동안 경제를 공부했지만 그런 이야기는 처음 듣습니다.

베르나르 단일 통화는 모든 경제 이론의 기초입니다. 저는 경제학 수업이 단 하나의 통화가 가장 효율적이니, 그것으로 모든 것을 해야 한다고 믿게 만드는 세뇌 과정과 같다고 생각합니다. 단일 통화가 물론 더 효율적이지만, 동시에 훨씬 더 취약한 것이 사실입니다. 회복력이 미약하니까요.

– 우리가 만난 많은 사람이 회복력을 무척 중요하게 여기더군요. 다양한 화폐를 사용하는 게 경제 시스템의 회복력을 만

들어준다는 뜻인가요? 다양한 생물종이 생태계의 회복력을
만들어주는 것처럼 말이죠.

베르나르   그렇습니다. 생물학적 생태계와 경제적 생태계의 상응
성은 제가 저의 동료이자 정량생태학quantitative ecology의 창시자인
로버트 우라노비즈Robert Ulanowicz와 함께 미국에서 매우 열심히
연구했던 주제입니다. 로버트는 아마존, 세렝게티 초원, 혹은
뒷마당의 작은 물웅덩이처럼 아주 다양한 생태계를 그램, 제
곱미터, 시간 단위로 정량화하는 작업으로 평생을 보냈습니다.
생명이 출현하는 곳이면 어디에서나 말이죠. 우리가 던진 질문
은 이랬습니다. '만약 지극히 다양한 생태계가 공통점을 가지고
있다면?' 그 결과 우리는 어떤 생태계도 단일성을 허용하지 않
는다는 사실을 알아냈습니다. 언제나 다양성이 있어야 합니다.
그렇기 때문에 자연 생태계의 원리를 그대로 경제에 적용할 수
있습니다. 비록 경제가 생태계와 다르더라도 말이죠. 그런데
우리는 세계적 단일 통화 시스템을 구축했습니다. 러시아나 중
국의 시스템도 그 기본은 개념이 같습니다. 국가 단위에서 이
자를 받는 은행 신용으로 단일 통화를 창출한다는 것이지요.
세계의 모든 통화가 같은 유형입니다. 마치 나무의 굵기는 다
르지만, 나무의 종류는 같은 숲을 가지고 있는 것나 마찬가지
이지요. 실제로는 이게 뭘 의미할까요? 숲에서 담배꽁초를 떨
어뜨리면 안 된다는 것입니다. 작은 실수 하나가 숲을 몽땅 태
워버릴 수 있으니까요. 그런데 우리가 가진 시스템이 바로 그

렇습니다. 이건 비유가 아닙니다.

- 통화의 숲에 피우다 만 담배꽁초를 버린다면 어떤 일이 일어
  납니까?

베르나르   2007~2008년처럼 시스템이 붕괴할 위기 상황이 다시
찾아오겠지요. 지금이 그때와 비슷한 상황이라고 생각하는 사
람이 많습니다. 2007~2008년 금융 위기가 자주 언급되는 것은
그 피해가 막대했기 때문입니다. 그러나 그때가 유일한 위기는
아닙니다. 단일 통화와 돈의 독재를 지속한다면, 시스템은 계
속해서 망가질 겁니다. IMF에 따르면, 1970~2010년까지 전 세
계적으로 425차례의 체계 위기와 208회의 통화 위기가 발생했
습니다. 라틴아메리카, 러시아, 아시아 사람들에게 물어보십시
오. 생각보다 위기는 훨씬 빈번하게 찾아옵니다. 시스템을 지
속하려면 다양성과 상호연결성을 갖춰야 합니다. 복잡한 흐름
을 가진 시스템에는 다양성과 상호연결성이 필수적인 법칙입
니다. 경제와 통화 시스템도 복잡하니까 당연히 똑같은 법칙이
적용됩니다.

- 세계 금융이 정당이나 정부보다 더 영향력이 있다고들 합니
  다. 이런 상황이 온 것은 통화 창출의 메커니즘 때문입니까?

베르나르   역사적으로 살펴보면, 통화 창출 메커니즘을 만든 건 은

행이었습니다. 전쟁 자금을 마련하려는 국가의 수요를 충족시키는 방책이었지요. 영국 중앙은행도 1694년 영불전쟁을 계기로 창설되었지요. 이처럼 정부가 힘이 약할 때 조약이 협상됩니다. 영국은 결국 나폴레옹을 상대로 한 전쟁에서 승리했고, 산업혁명을 일으켜 제국을 건설할 수 있었습니다. 제2차 세계대전 당시에도 똑같은 일이 일어났습니다. 다만 영국 대신 미국이 나서서 '브레턴우즈 협정'이라고 부르는 새로운 통화 규칙을 만들었지요. 이 협정도 정부가 무능했던 시기에 체결되었습니다. 그건 생존의 문제였습니다. 전쟁에 필요한 자원을 마련하고, 재건을 뒷받침해야 했으니까요. 이때 만들어진 체제는 여전히 유효합니다. 공식적인 체제로 인정받았지요. 유로존에서 유로에 독점적 지위를 부여하는 조약은 브레턴우즈 협정의 현대판입니다. 이로 인해 현재 우리가 처한 상황이 벌어진 것입니다. 정부는 중앙은행에 돈을 빌릴 권리가 없고, 민간 은행에서 높은 금리로 돈을 차용해야 하지요.* 이자를 아예 내지 않거나 낮은 이자를 냈던 과거와는 달리, 높은 이자를 지불해야 합니다. 부채가 폭발적으로 증가할 수밖에 없지요.**

---

* 리스본 조약 제123조는 다음과 같이 명시하고 있다. "유럽중앙은행(ECB)과 유럽연합 각 회원국의 중앙은행은 유럽연합의 기관, 기구, 조직, 그리고 회원국의 중앙 행정부, 지역 행정 당국 및 기타 공공 당국, 공공 조직 혹은 기업에 대해 당좌대월 혹은 여타 다른 종류의 신용·대출을 해 줄 수 없다. 유럽중앙은행이나 국가 중앙은행이 공채를 취득하는 것도 금지된다." 마스트리히트 조약 제104조를 그대로 취한 리스본 조약 제123조는 유럽 헌법 조약 제181조와도 동일하다.
** 프랑스의 2015년 공공부채는 2조 유로였다. 프랑스 GDP의 95퍼센트에 육박하는 수치이다. 거둬들인 소득세를 모두 합쳐도 부채의 이자도 상환하지 못한다. 프랑스는 1초에 빚이 2665유로씩 늘어난다.

- 통화의 다양성을 꾀하고, 국가가 대응할 수 있는 힘을 회복
 하려면 무엇을 해야 하나요?

베르나르 무엇보다 사람들이 무언가를 시도하지 못하게 막는 많은 규제를 없애야 합니다. 간단하지요. 도시가 화폐를 발행하지 말라는 법은 없습니다. 그 돈을 세금 지불 수단으로 사용하고, 지역 문제를 해결하는 데 쓸 수 있지요. 기업도 활동 자금을 마련할 화폐를 만들어낼 수 있다고 봅니다. 실제로 이런 시스템이 존재하는 기업도 있습니다. 고용 문제를 해결하려는 첫걸음이지요. 국가 차원에서도 마찬가지입니다. 예를 들어 그리스 국민이 관광과 수출 부문에서는 유로존에 머물면서도, 올리브 1킬로그램을 살 때는 자국 혹은 지역 화폐를 쓸 수 있지 않을까요? 독일 차를 사고 싶다면 유로로 지불하는 거죠. 이처럼 두 개의 통화를 함께 사용하면 됩니다. 안 된다거나 복잡하다고 말하는 사람이 있다면, 영국은 유로화 도입 초기부터 두 개의 통화를 사용했다고 답하고 싶군요. 영국 기업이 유로존에 고객과 납품업체를 두고 있다면, 유로화로 회계 처리와 세금 지불을 할 수 있습니다. 그리고 영국 중앙은행은 석 달마다 파운드화와 유로화의 환율을 발표합니다. 단 하나의 통화만 사용해야 한다는 건 이데올로기일 뿐입니다. 그 통화를 사용하고자 하는 사람들이 통제권을 갖게 되니까요. 하지만 기술적으로 반드시 필요한 일은 아닙니다.

‒ 그러니까 다양한 통화가 공존할 수 있다는 말씀이군요?

베르나르 저는 유로화가 필요하다고 생각합니다. 어느 국가의 통화가 아닌, 세계 통화도 필요하다고 봅니다. 동시에 우리 동네에서 쓸 수 있는 통화도 필요합니다. 이것이 바로 생태계입니다. 숲에는 한 종류가 아니라 여러 종류의 나무가 있어야 합니다. 그렇지 않으면 질병이 발생했을 때 숲 전체가 파괴되니까요. 소나무 말고도 떡갈나무, 너도밤나무, 소사나무, 자작나무가 골고루 있다면, 그중에 저항력이 강한 나무가 있어서 생태계의 회복력이 더 강해집니다.

‒ 그렇다면 우리가 가장 먼저 해야 할 조지나, 없애아 할 규제는 무엇일까요?

베르나르 5년 동안 실험을 해볼 수 있도록 가능성을 열어주는 제도를 도입해야 합니다. 물론 이때도 기업을 관리하고, 거래에 대한 세금도 매겨야죠. 다음으로 금지 규제에 예외 적용을 둬야 합니다. 독일에서는 통화 실험을 하는 동안에는 특별 지위를 부여합니다. 단 결과를 공개한다는 조건 하에서 말입니다. 대신 특별 지위를 누리는 동안에는 기존 시스템을 유지하는 데 필요한 규칙은 적용되지 않습니다.

‒ 그런데도 시도하지 못하는 이유가 뭘까요?

베르나르 사실 기업에서는 이미 하고 있습니다. 아주 효율적인 대안 통화 시스템이 존재하는데, 문제는 그게 현대 사회의 문제와 밀접한 관련이 있는 부문이 아니라는 겁니다. 항공사의 마일리지 제도는 이미 보편화되었습니다. 15조 마일이 유통 중이니까요. 이 실험은 다음의 두 가지를 말해줍니다. 첫째, 아주 저렴한 가격에 아주 큰 규모로 뭔가를 하는 게 가능하다는 것. 둘째, 사람들이 일정한 방향으로 행동하게 만든다는 것. 예를 들어 고객은 마일리지를 쌓기 위해 같은 항공사를 이용하게 됩니다. 마일리지는 해당 기업에 아주 유익한 제도가 되지요. 우리도 같은 기술을 이용해서 환경, 사회, 고용, 고령화 문제를 다루면 됩니다. 이 모든 일이 가능합니다. 고용을 예로 들어볼까요? '고용화폐'라는 걸 만들어서 고용을 가장 많이 창출하는 중소기업을 지원할 수 있습니다.

우리는 생산 부문에서 인간의 노동력을 크게 줄이는 기술 발전의 시대를 살고 있습니다. 중국이 이 현상을 가속화했지만, 사실 원인 제공자는 중국이 아닙니다. 이 문제는 과거로 회귀한다고 해서 해결되지 않습니다. 유럽에 새로운 산업혁명의 열풍을 일으키는 건 아름다운 이상향에 불과하죠. 실제로 그런 일이 가능하다고 해도 저는 모든 사람이 직업을 갖게 되리라고 믿지 않습니다. 기술이 그 반대 방향으로 발전하고 있으니까요. 가정이나 개인 작업실에서 쓸 수 있는 3D프린터가 중공업을 대체하겠지요. 그래서 '고용통화'뿐 아니라, 개인의 열정이 생존을 보장하는 활동으로 이어지는 사회를 만들 필요가 있습니다. 사회에 유익한 동시에 개개인이 하고 싶은 일은 수없이 많습니다. 하지만 누군가 그 일에 기꺼이 돈을 지불하리라고 보장은 없습니다. 앞마당에 상추를 심었을 때 10헥타르의 농지에 기계로 농사를 짓는 사람보다 경쟁력을 가질 수 없으니까요. 하지만 상추 가꾸는 일을 정당화할 수 있는 경제를 만들 수는 있습니다. 여기에 통화의 독재가 존재하면 안 됩니다. 상추는 여기에서 심으나 저기에서 심으나 다 똑같으니까요.

  – 정부가 가장 먼저 나서야 할까요?

베르나르   정부가 직접 나서서는 안 됩니다. 사람들이 행동에 나설 준비가 되면, 그 변화를 일으키도록 도와주는 게 정부의 역할이지요. 저는 혁명을 믿지 않습니다. 인류의 역사는 혁명주의자가 독재자로 변하는 것을 보여주었으니까요. 저는 우리가 창의력을 발휘해야 한다고 생각합니다. 오늘날과 같은 정보 시대에 5000년 전에 통용되었던 기준을 적용하는 건 어리석은 일이지요. 통화는 무엇보다 정보입니다.

  – 정보가 유통될 필요가 있군요.

베르나르   그렇습니다. 정보가 통화의 역할을 해야죠. 화성인이 지구에 불시착했다고 생각해보세요. 얼마 안 가 화성인은 지구가 어떻게 돌아가는지도 알고, 인간에게 문제 해결 능력이 있다는 것도 알게 됩니다. 그러면 묻겠지요. "그런데 왜 문제를 해결하지 않나요?" 지구인들은 이렇게 대답합니다. "돈이 없어서요." 화성인은 다시 묻습니다. "돈이 뭡니까? 화성에는 없는 것으로군요. 돈은 어떻게 작동하나요?" 돈의 진짜 정의는 교환의 수단으로 표준화된 도구를 사용하겠다는 공동체의 합의입니다. "그래서 아무것도 안 하고 기다리는 겁니까?" 화성인은 지구를 떠나면서 생각하겠지요. '이곳엔 똑똑한 생명체가 없군.'

– 지금처럼 아무 대응 없이 경제 위기가 닥치면 어떤 일이 벌어질까요?

베르나르 지난 300년을 돌이켜 보면, 현재와 같은 상황이 닥칠 때마다 전쟁이 일어났습니다. 1929년 경제 공황의 해결책은 제2차 세계 대전이었습니다. 루스벨트 대통령도 인정했습니다. 뉴딜이 아니라 전쟁 준비가 세계를 위기에서 구했다고요. 순진한 생각일지 모르지만, 우리가 거기까지는 가지 않기를 바랍니다.

비어은행 : 6만 개의 중소기업이 세운 은행

베르나르 리에테르의 아파트를 나서면서 나를 바라보던 촬영팀의 눈빛이 아직도 눈에 선하다. 흰 네온 조명 아래에서 더욱 두드러져 보이던 얼빠진 표정도. 엘리베이터에서 내린 뒤 우리는 트럭까지 아무 말도 하지 못하고 걸었다. 모두가 약간 충격을 받은 상태였다. 그러다 제각기 폭포수처럼 말을 쏟아내기 시작했다. 지금까지 보아왔던 것의 큰 그림이 갑자기 눈에 들어오기라도 한 듯했다. 금융계의 지배, 진정한 전환 운동의 실천을 위한 수단의 부족, 불평등과 같은 문제가 모두 통화 창출 메커니즘에서 유래한다는 것을 말이다. 촬영 기간 내내 보고 들었던 것이 베르나르 리에테르의 말에서 이론화되었다. 생물학적 시스템이든 인간이 만든 시스템이든, 모든 시스템은 다양성이 있어야 회복력을 갖출 수 있다. 이 사실을 벡 엘루앵의 영속농업, 디트로이트의 붕괴, 다양한 에너지원을 이용한 에너지 믹스 등이 보여주었다. 그 모든 것이 의미를 띠었다. 적어도 이론적으로는 말이다. 그래서 우리는 베르나르에게 통화 다양성이 단일 통화보다 효율적임을 구체적으로 증명할 수 있는 시도를 알려달라고 했다. 그는 조용한 도시 바젤에 국제결제은행 BIS*이 있음에도 은행 예금의 비밀을 보장하는 나라, 스위스를 가장 완성된 실험 사례로 꼽았다.

우리는 검은 벽에 금색으로 '비어은행 WIR** Bank'라는 글자가 새겨진 현대식 건물 앞에 도착했다. 세계에서 가장 견실한 대안 통화 은행인 비어은행은 겉으로 봤을 땐 여느 평범한 은행과 다르지 않았다. 베르나르 리에테르는 우리에게 에르베 뒤부아 Hervé Dubois를 만나보라고 권했다. 20년 가까이 비어은행 홍보국장을 지낸 에르베 뒤부아는 불과 몇 달 전 은퇴를 했다고 한다. 그때까지 그는 집에서 수백 킬로미터 떨어진 직장에 출근하기 위해 매일 새벽에 일어났

---

* 국제 규제를 마련하는 은행 중의 은행
** 독일어로 '경제'를 뜻하는 Wirschaft의 줄임말. 'wir'은 독일어로 '우리'라는 뜻이기도 하다.

225

다고 한다. 가죽 바지를 입고 나타난 그는 두 번째 단추까지 셔츠를 풀어 헤쳤고, 짧은 금 십자가 목걸이를 하고 있었다. 검은 안경과 숱 많은 콧수염, 곱슬머리는 스위스 은행가보다는 1970년대 뉴욕 마피아의 중간책을 떠올리게 했다(그래서 더 좋았지만!). 그러나 입을 열자 그가 비어은행의 핵심 인물임이 분명해졌다. 에르베 뒤부아는 똑똑하고 유쾌했으며, 정확하고 매우 겸손한 사람이었다.

다른 실험과 마찬가지로, 대안 통화의 하나인 비어도 1929년 대공황 당시 출범했다. 스위스를 비롯해 세계 도처에서 경제가 무너졌고, 기업은 타격을 입을 수밖에 없었다. 투자도 없고 은행 대출도 받을 수 없게 된 기업은 몰락했다. 독일의 경제학자이자 사업가인 실비에 게젤 Silvio Gesell은 1920년대부터 스위스 뇌샤텔 주에 정착하고 있었는데, 이 시기에 19세기 말에 자신이 직접 정립한 자유로운 경제에 관한 이론을 실천에 옮기기로 마음먹었다. 게젤은 금리를 사회악이라고 주장했다. 부자를 더 부자로, 가난한 사람을 더 가난하게 만든다는 것이다. 게젤의 아이디어는 사업가 베르너 짐머만 Werner Zimmermann의 관심을 끌었고, 짐머만은 이 일에 14명의 친구와 기업가를 끌어들였다. 이들은 함께 비어를 만들었다. 비어는 기업가들이 서로의 활동을 지원하기 위해 사용할 수 있는 통화로, 이자가 없다. 에르베 뒤부아가 설명했다. "그들은 이상주의자였습니다. 힘없는 사람도 인간답게 살 수 있는 더 나은 세상을 바랐지요. 돈이 있어야 힘 있는 사람이 되어 남들이 부러워하는 삶을 살 수 있는 세상을 거부했습니다. 사실 비어는 그들의 사고방식을 반영한 많은 아이디어 중 하나였을 뿐입니다. 스위스에 주거협동조합을 도입한 것도 그들이었죠."

모두가 게젤과 짐머만을 별난 인간으로 취급했지만, 그들의 아이디어는 기업가 사이에서 성공을 거두어 중소기업 수천 개가 비어에 참여하게 되었다. 창설 일 년 만에 사용자 기업 수가 3000개에 이르렀다. 심각한 경제 불황과 실업으로 정통적이지 않은 방법으로 돈을 빌리려는 기업이 많아졌기 때문이다. 비어가 워낙 큰 성공을 거두자 대출을 안정화할 필요성까지 대두되었다. 그러자 스위스 당국도 진지하게 대안 통화를 들여다보기 시작했다. 비어를 제한하거나 금지하기는커녕, 일 년 뒤에 비어를 합법화하고 은행을 인가했다. 에르베 뒤부아가 설명을 이었다. "스위스 당국이 그런 결정을 내린 건 비어은행을 좋아해서가 아니에요. 인가를 해줘야 금융기관의 법 테두리 안에 두고 연방 당국이 관리할 수 있기 때문이었죠." 관리가 이루어지면 은행 창립자들은 은행 시스템의 안정성과 영속성을 부여하기 위해 심도 있는 개혁을 단행할 것이다. 그로부터 24년이 지난 현재, 비어를 이용하는 스위스의 중소기업 수는 6만 개에 달한다. 이는 스위스 전체 기업 수의 20퍼센트를 넘는 수치이고, 통화량도 10억 스위스 프랑에 달한다.

비어의 시스템은 간단하다. 사용자가 비어의 유통망 안에서만 거래할 수 있는 구매력(1비어프랑 = 1스위스프랑)을 갖는 것이다. 에르베 뒤부아는 말한다. "서로에 대한 인식이 시스템을 움직이는 동력입니다." 그는 이해를 돕기 위해 쉬운 예를 들었다. "한 소목장이 특별한 톱을 구하려 한다고 칩시다. 그는 비어에 가입해서 이 통화를 사용하는 생산자를 찾으려고 합니다. 이때 그는 자신이 가진 비어를 써야 합니다. 그는 집에서 300킬로미터쯤 떨어진 곳에 사는 생면부지의 생산자를 찾아 필요한 톱을 주문합니다. 그리고 비어로 톱 가격 50퍼센트를 지불합니다. 1월이 되자, 톱 생산자는 스키를 타러 가기로 했습니다. 늘 가던 스키장으로 향하면서 비어로 숙박비와 식사비를 결제할 수 있는 호텔을 알아봅니다. 비어로 50~80퍼센트, 심지어 100퍼센트까지 결제할 수 있는 호텔이 많아서 쉽게 찾을 수 있습니다. 스키 시즌이 끝나자 숙박업자는 객실 일부를 리모델링하기 위해 비어를 받는 페인트공을 찾습니다. 페인트공은 비어를 받지 않는 DIY 전문 대형 매장에 가지 않고, 비어 네트워크에 가입된 전문가에게서 페인트를 구입합니다. 또 비어는 마케팅의 수단으로도 활용됩니다. 비수기에 접어들어 객실이 반밖에 차지 않으면 숙박업자는 비어로 백 퍼센트 결제할 수 있는 프로모션 행사를 기획합니다. 6만 명의 가입자 중 비어로 결제하려는 사람은 쉽게 찾을 수 있습니다. 외국이나 비어 네트워크 외부에서 이루어지는 거래를 할 때는 스위스 프랑을 사용합니다. 이처럼 가입한 모든 기업가가 서로 장사를 할 수 있습니다. 비어가 아니었다면 접촉할 일이 전혀 없었을 텐데 말입니다. 이것이 바로 상호 인식의 원리입니다. 가입자는 비어를 빨리 쓰고 싶어 합니다. 자산에 대한 이자가 붙지 않으니까요. 돈을 투자해도 이자를 벌 수 없어요. 인플레이션 때문에 오히려 가치가 떨어질 수 있지요. 이 점이 중요한 동력 중 하나입니다. 비어를 빠른 속도로 유통하고 재사용하려고 하니까요. 이처럼 빠른 유통이 비어 시스템의 장점이 됩니다."

그러니까 비어는 앞에서 우리가 베르나르 리에테르와 함께 알아봤던, 돈이 집중되고 (투자나 조세 천국으로의 피신 등으로) 경제를 외면하는 전통 경제와는 정반대로 굴러간다. 비어의 시스템은 평상시에 기업의 경제활동이 증대하도록 돕는다. 그런데 이 시스템이 진정한 효력을 발휘하는 건 위기 때이다. 베르나르 리에테르가 수행한 연구와 제임스 스토더 James Stodder가 수행한 두 가지 연구는, 경제와 금융 위기를 버티는 기업의 능력이 감소했음을 보여준다. 에르베 뒤부아는 말한다. "비어 시스템은 경제주기에 역행하는 편입니다. 경기가 침체할수록 시스템의 역동성이 올라갑니다. 반대로 경제가 잘 돌아가면 역동성이 떨어집니다. 위기가 올 때마다 수백 개의 중소기업이 비어 덕분에 살아남았습니다." 2008~2009년 금융 위기 당시 조금 증가했던 것을 빼면, 지난 20년 동안 비어를 사용하는 기업의 수는 꽤 안정적이었다. 스위스 경기가 호조였기 때문이다. 하지만 베르나르 리에테르와 마찬가지로, 에르베 뒤부아도 경제가 취약한 국가에서는 비어 시스템이 위기 시에 아주 훌륭한 회복력의 원천이 되리라고 평가했다. "그리스, 포르투갈, 에스파냐, 이탈리아는 경제가 약한 나라라고 생각됩니다. 비어는 이 지역 전체를 안정화할 수 있는 수단입니다. 이탈리아의 사르데냐 지역은 비어에서 영감을 받은 훌륭한 사례입니다. 몇 년 전 한 젊은이 무리가 이곳을 찾아와서 이것저것 묻고 가더니, 2010년에 '사르덱스 Sardex'라는 대안 통화를 만들었더군요. 현재 사르덱스 시스템을 이용하는 중소기업의 수는 1만5000개에 육박합니다. 사르데냐는 낙후한 지역이어서 이탈리아 정부의 관심도 별로 받지 못합니다. 그러니까 사르덱스가 일종의 기발한 자구책인 셈이죠. 이제는 샤르데냐는 대안 통화 없이는 살아가기 힘듭니다. 사르덱스가 생긴 뒤로 많은 중소기업의 운영 상태가 개선되었고, 사르데냐의 경제도 더 굳건해졌습니다."

에르베 뒤부아 역시 베르나르 레에테르와 마찬가지로, 그리스가 비어와 같은 대안 통화를 시도한다면 곤경에서 벗어날 수 있다고 생각했다. "비어와는 약간 다른 방식으로 대안 통화 시스템을 만들 수 있습니다. 충분히 가능한 일이죠. 우리는 중소기업에 초점을 맞췄지만, 시민과 기업, 지자체가 모두 참여하도록 범위를 넓힐 수도 있습니다. 예를 들어, 그리스식 비어의 도입으로 얼마든지 경제를 살릴 수 있습니다. 이 통화는 스위스나 미국, 혹은 영국에서는 사용할 수 없으니까요. 특히 주식시장에서는 통용될 수 없지요. 수십억 유로를 그리스에 지원하면 뭐합니까? 48시간 만에 그 돈이 전부 그리스를 떠나 유럽과 미국의 큰 주식시장으로 흘러 들어가고, 투기꾼의 손에 들어가 아무짝에도 쓸모없어질 텐데요. 약해진 경제에서는 통화가 계속해서 유통되어야 합니다. 그래야 부가 나라 안에 머물 수 있어요. 이것이 대안 통화의 첫 번째 장점입니다. 두 번째 장점은 국제 통화 시장에서 거래되지 않는 무료 통화라는 점입니다. 다시 말하면 국가가 통화 발행을 위해서 계속 빚을 지다가 결국 빠져나올 수 없는 궁지에 몰리는 일이 없다는 것이죠. 자국 경제에 가장 이상적인 통화량을 정하는 건 그리스인들의 몫입니다. 초기에는 정부령이나 의회령으로 공무원의 임금 50퍼센트와 퇴직연금 50퍼센트를 각각 그리스식 대안 통화로 지불하는 방안을 결정할 수 있을 겁니다. 이어서 새로운 법령을 만들어 그리스의 모든 기업이 대안 통화를 결제 수단으로 인정하도록 의무화하면 됩니다. 그러면 비교적 빠르게 모든 그리스 국민이 혜택을 입을 수 있는 시스템을 돌아가게 할 수 있을 것입니다." 베르나르 리에테르가 지적했듯이, 유로는 국제 거래, 특히 관광 부문에서 계속 통용되도록 하면 된다.

비어의 사례는 매우 이례적이다. 다른 나라의 대안 통화와 달리, 비어은행은 정부의 인가를 받았으며, 비어 또한 국제표준기구ISO의 인증을 받은 공식 통화이기 때문이다. 세계은행도 비어를 인정하고 있다. 오늘날에는 꿈도 꾸지 못할 일이다. 은행 인가를 받기가 하늘에서 별 따기만큼 어려운 프랑스에서는 특히 그렇다. 그러나 비어은행은 높은 위상으로 국가 경제에 적극적인 역할을 해낼 것이다. 비어은행도 기존 은행처럼 통화를 발행한다. 그러나 전자화폐만 발행하며, 통화량은 대출 금리로 조절한다(이는 기존 경제 체제에서 중앙은행이 맡았던 역할이다). 이 기능을 담당하기 위해 초기와 달리 아주 낮은 금리(1퍼센트 미만)를 대출에 매기고 있다. 그러나 자산에 대한 금리는 여전히 존재하지 않는다. 비어은행은 이 시스템을 최적화하기 위해서 1990년대부터 스위스 프랑으로 빌려주는 대출 상품을 내놓았다. 에르베 뒤부아가 덧붙였다. "집이나 사무실, 공장 매입 등 비어로 백 퍼센트 지불할 수 없는 프로젝트의 자금을 마련할 때는 복합 대출이 가능합니다. 스위스 프랑에 대한 금리는 다른 은행과 동일하지만, 비어 금리는 아주 낮습니다. 상환해야 할 이자가 훨씬 적어지는 것이지요. 그 결과 기업은 포기할 수 있었던 프로젝트를 실현할 수 있게 됩니다." 이밖에도 기존의 은행 시스템이 외면하던 경제 분야에서도 자금을 대출받을 수 있다. "예를 들어 관광업과 숙박업은 대출을 받는 게 무척 어렵습니다. 기존 은행으로서는 위험 부담이 크다고 느끼는 거죠. 반면 비어은행처럼 중소기업 협동조합 형식의 은행에서는 그런 논리가 통하지 않습니다. 살아남을 수 있는 활동이라면 비어 대출을 분명 받을 수 있어요." 베르나르 리에테르가 통화의 다양성을 찬양하면서 내세웠던 복수의 회계가 갖는 장점이 바로 이것이다. 비어를 지지하는 사람들도 이 점을 강조했다. "비어는 스위스 프랑의 대안이 아니라, 보완책입니다. 만약 다른 시스템을 대체하는 대안이 된다면, 이런 장점을 잃게 될 것입니다. 똑같은 문제가 벌어질 테니까요. 투기를 막기 위해서라도 비어는 영원히 보안 통화로 남아야 합니다."

브리스톨 : 시장이 지역 통화로 월급 받는 도시

통화 전환의 전문가들은 보완 통화를 만들려면 "공동의 이익을 가진 사람들의 공동체"가 필요하다고 말한다. 비어의 경우 공동체는 전 세계 중소기업이었고, 그들의 관심사는 스위스뿐 아니라 각국에서 회복력이 더 높은 경제를 유지하는 것이었다. 이런 비어보다 더 많이 알려진 보완 통화가 있다. 이 통화의 관심 공동체는 지리적인 요소에서 만들어졌다. 바로 지역 통화이다. 베르나르 리에테르는 우리에게 지역 통화를 이미 사용하고 있는 도시를 소개해주었다. 우리는 그중 런던에서 서쪽으로 한 시간 거리에 있는 브리스톨을 선택했다. 브리스톨은 포티스헤드나 피제이 하비 같은 록앤

드롤 그룹과 가수들의 고향으로, 그런지 록과 니르바나, 펄잼으로 상징되는 시애틀과 자주 비교된다. 그런데 유기농 상점과 협동조합, 공유 주택이 나란히 이웃하는 시애틀과 비교되는 일도 많다. 브리스톨에는 반항과 사회적 혁신의 분위기가 있다. 그러고 보면 유럽에서 가장 완성된 형태의 지역 통화가 이곳에서 탄생한 것도 우연은 아니다.

토드모던에서 그랬던 처럼, 브리스톨에서도 두 친구가 한 컨퍼런스에서 만난 것에서 모든 것이 시작되었다. 내스와 키아란은 조세 천국, 은행의 무분별한 투기, 금융 거품, 실업, 빈곤 등 현대 경제 시스템의 문제점에 대해서 열띤 토론을 벌였다. 그리고 고용을 가장 많이 창출하는 지역의 작은 기업을 살리는 방법이 무엇일지 생각했다. 그리고 작은 모임을 만들었는데, 회원 중 일부가 지역 통화에 대한 아이디어를 공유하는 전환마을운동 transition network에도 참여하고 있었다. 영국 최초의 전환마을은 토트네스에서 탄생했다. 그곳에 브리스톨 파운드를 만든 주역 중 한 명인 마크가 살고 있다.

모임은 2010년에 시작되었다. 모임의 대표인 키아란 먼디는 지역 경제에 이렇다 할 영향을 미치지 못할 작은 대안 운동에는 관심이 없었다. 처음부터 실험 대상을 인구 100만 명 이상의 대도시로 정했고, 영국 중앙은행과 금융 당국을 만나 여러 차례 회의를 거쳤다. 놀라운 속도로 퍼지고 있는 이런 시도를 막을 법은 없었다. 2012년, 수백 명의 기업가가 대안 통화 시스템에 참여 의사를 표했다. 키아란 먼디는 누구나 자신만의 통화를 만들 수 있다고 말한다. 다만 "그 통화가 제대로 기능하려면, 식료품과 전기, 교통 등 우리 생활에 필요한 재화와 서비스가 모두 존재하는 큰 지역을 골라야 합니다. 서로를 신뢰하고, 동일한 시스템을 신뢰하는 사람들의 공동체가 있어야 합니다." 베르나르 리에테르나 에르베 뒤부아와 마찬가지로, 키아란도 돈이란 무엇보다 신뢰의 문제라고 말한다. 브리스톨 파운드 팀은 신뢰를 최적화하기 위해서 처음부터 지역 당국, 특히 시장인 조지 퍼거슨George Ferguson을 이 일에 끌어들였다. 조지 퍼거슨 시장은 브리스톨에서 사업을 한 기업가 출신이어서 중소기업의 성공에 특별한 애정이 있었다. 브리스톨 파운드가 아주 흥미로운 경제와 커뮤니케이션 수단이 될 수 있다고 판단한 그는 자신의 월급 5만1000파운드를 전액 브리스톨 파운드로 받기로 결정했다. 전 세계 어디를 찾아봐도 유례가 없는 일이었다. 시장뿐 아니라 정당들도 앞다투어 프로젝트에 동참했다.

키아란은 그 이유가 간단하다고 말한다. "지역 통화라는 아이디어에 반대하기란 어렵습니다. 지역 내 기업을 지원할 수 있고, 다국적기업이 조세 천국에 돈을 숨기는 걸 막을 수 있으니까요. 산업 이전도 막고, 유통 단계를 줄이고, 생산자에서 유통업자를 거쳐 소비자에게 이르는 유통망을 대폭 줄일 수 있습니다. 그러면 이산화탄소 배출도 줄이고, 경제의 회복력도 더 좋아지겠지요. 이걸 반대할 사람이 어디 있겠습니까?"

키아란과 마크, 케이티, 내스를 포함한 브리스톨 파운드 팀은 2년 동안 지역을 누비며 기업 대표들을 만났다. 기업을 배제하고 그들끼리 시작하거나, 기업에게 참여하라고 애써 설득하거나 하지는 않았다. 대신 이런 질문을 던졌다. "브리스톨 파운드가 생긴다면,

그 통화가 어떻게 기능하길 바랍니까? 우선적으로 도움이 되어야 할 부분이 있다면요? 지폐는 어떤 디자인이 좋을까요?" 브리스톨 파운드 팀은 그 의견을 취합해서 기업가에게 가장 알맞은 통화 운영 시스템을 구축했다.

또 브리스톨 파운드 팀은 스위스의 비어와 마찬가지로 가장 간단한 시스템을 추구했다. 우선 영국 파운드화와의 환율을 1대 1로 정하고, 시내 상점과 '크레디트 유니언 Credit Union[*]에 환전소 수십 개를 마련했다. 파운드화가 크레디트 유니언에 들어오면, 저소득층에게 아주 낮은 금리로 대출을 줄 때 담보로 쓰인다. 이렇게 해서 시중에 풀린 브리스톨 파운드를 800개의 가맹 상점과 기업에서 지폐와 전자화폐 형태로 사용할 수 있게 된다. 바로 이 점이 다른 지역 통화에서는 찾아볼 수 없는 혁신이다.

지역 기업과의 소통을 담당하는 케이티 피니건 클라크 Katie Finnegan-Clarke는 이렇게 회상했다. "처음 브리스톨 파운드를 만들 때 토트니스, 루이스, 브릭스턴 등 다른 영국 도시의 지역 통화 사례를 같이 검토했습니다. 왜 성공하고 실패했는지 원인을 분석하기 위해서였죠. 많은 사용자가 지폐를 교환하러 가야 한다는 점을 불편하게 느꼈더군요." 지금은 '텍스투페이 TXT2PAY'라는 결제 시스템을 사용하는 상점에서 간단한 문자 메시지를 보내면 브리스톨 파운드로 결제할 수 있다. 따라서 이제는 상점 주인이 납품업체에 결제하거

---

* 고객이 주인인 비영리 신용협동조합. 저렴한 은행 상품을 제공해서 저소득 계층이 쉽게 이용할 수 있다. 일반 시중 은행처럼 고객의 돈을 금융 시장에 투자하거나 조세 천국에 숨기지 않기 때문에 금융 위기가 닥쳐도 고객의 돈은 안전하다.

나 필수품을 구입할 때 브리스톨 파운드로 결제할 수 있느냐가 중요한 문제가 된다. 서점 주인이 직원 월급을 브리스톨 파운드로 지불할 수 있으려면 직원들이 전기세를 내거나 식료품, 옷, 가전제품, 컴퓨터 기기 등을 구매할 때, 혹은 카페나 식당에서 음식값을 낼 때 브리스톨 파운드로 지불할 수 있어야 한다. 이것을 가능하게 만들었다는 게 브리스톨 파운드의 가장 중요한 성공 요인이다.

현재 지역 경제의 거의 모든 분야가 브리스톨 파운드를 도입했다. 2015년 6월부터는 백 퍼센트 재생에너지를 제공하는 기업인 굿에너지 Good Energy에도 브리스톨 파운드로 결제할 수 있게 되었다. 줄리엣 대번포트 Juliet Davenport 굿에너지 대표는 이것이 세계 최초라고 자랑한다.[*] 대학도 브리스톨 파운드 모델을 연구하기 시작했고, 런던의 전문가들은 이 지역 통화의 경제적 파급력을 조사하기 위해 브리스톨을 찾았다. 우리가 만난 상인들은 브리스톨 파운드 시스템이 시작은 더뎠지만, 지금은 거래량의 20~25퍼센트를 차지한다고 말했다.

현재 목표는 70만 파운드(발행량은 약 100만 파운드)에 달하는 브리스톨 파운드의 금융 거래량을 더 크게 늘리는 것이다. 이 목표를 달성하기 위해 잡은 첫 번째 타깃은 병원과 시 행정기관이다. 키아란 대표는 이렇게 말한다. "브리스톨 시는 매년 5억 파운드의 를 지출하는데, 그중 2억 파운드는 중소기업 지원 예산입니다. 이 지원금을 일부라도 브리스톨 파운드로 바꾸어 지급한다면, 우리 사업

---

[*] 2015년 6월 16일자 <가디언> 인터뷰. www.theguardian.com/uk-news/2015/jun/16/bristol-pound-powered-renewables-good-energy-signs-up.

의 규모가 완전히 달라질 것입니다." 현재 브리스톨 파운드의 수익은 물리적 혹은 전자 환전 시 발생하는 수수료 2퍼센트이다. 앞으로 비어처럼 아주 저렴한 금리의 대출 상품을 마련할 계획이다. 키아란 대표는 이렇게 밝혔다. "우리의 최종 목표는 경제에 대한 힘과 통제권을 시민에게 되돌려주는 것입니다. 시민들이 구체적으로 현황을 파악할 수 있는 민주적인 경제 시스템을 구축하고 싶다면, 시민 스스로 경제의 주인이라는 생각을 가져야 합니다. 대부분의 다국적기업은 소재하고 있는 지역에 관심이 없기 때문에 지역 경제가 어떻게 돌아가는지 알 수 없습니다. 주민을 대상으로 돈을 벌면서 기업이 지역 경제에 어떤 영향을 미치는지 모르는 거죠. 사회가 건강하게 돌아가게 하는 문제에 있어서 기업이 가진 힘과 관심 사이에는 차이가 존재합니다."

우리는 야외 시장을 방문했다. 그곳 상인들은 대부분 브리스톨 파운드를 받았다. 나는 키아란 대표에게 지역 통화에 투자한 이유를 물었다. 그의 대답은 설득력이 넘쳤다. "저는 생태학과 농학을 전공했고, 그중에서도 토양생물학과 전통적 농업이 토양에 미치는 영향을 연구했어요. 저는 항상 같은 문제에 봉착했습니다. 토양이 척박해지고 물고기와 나무가 사라지는 이유가 늘 경제였거든요. 그래서 생각했죠. '우리는 경제를 통제하고 있는가? 문제를 해결할 수 있을까?' 대답은 한결같았습니다. 돈은 원하는 대로 합니다. 사람들은 대부분 경제가 인간을 포함한 생물체에 어떤 영향을 미치는지 모릅니다. 지금의 경제는 필요하지도 않은 물건을 사게 하고, 소유하지 않으면 보잘것없는 인간이 된다고 믿게 만들며, 물건을 팔기 위해 자연을 갈기갈기 찢고 수천 개의 생물종을 죽입니다. 이런 시스템은 오래 지속될 수 없습니다. 그래서 환경 보호에 관한 연구를 관두고 이 사회에 실질적인 영향력이 미칠 수 있는 주제인 비즈니스와 경제에 집중하기로 했습니다."

케이티는 브리스톨 파운드가 긍정적인 혁명의 시작이라고 평가했다. "런던에서 벌어진 대규모 시위에 참가한 적이 있어요. 많은 사람이 모인 걸 보고 흥분했죠. 정말 세상을 바꿀 수 있을 것만 같았거든요. 하지만 이튿날 시위가 열렸던 장소에 다시 가보니 세상은 아무 일 없었다는 듯 예전과 똑같이 돌아가고 있더군요. 그에 비하면 브리스톨 파운드로는 하루아침에 사라질 수 없는 견고한 변화를 만들 수 있어요. 조용한 혁명이죠. 겉보기와는 달리 급진적이고 자극적이에요. 그러나 비폭력적인 방식으로 금융 시스템을 완전히 뒤집을 겁니다." 키아란도 케이티의 말에 동의했다. "우리가 해결하려고 하는 근본적인 문제는 경제의 무한 성장과 현행 자본주의 시스템입니다. 만약 우리가 돈을 모아서 은행에 맡기고 그 돈에서 이익을 얻으려고 한다면, 즉 자본에서 빨리 수익을 거두고 싶어서 투자를 한다면, 경제가 규칙적인 속도로 성장해야 합니다. 무한한 성장이 어떤 결과를 낳든 상관없이 말이죠. 그리고 빚과 금리라는 엔진을 움직여야 하죠. 하지만 이제는 그런 식으로 돈을 만들어낼 필요가 없습니다. 경제를 무한 성장시키지 않더라도 부를 교환할 수 있으니까요. 우리는 늘 성장하기만 하는 경제를 원하지 않습니다. 사람들의 욕구를 충족시켜줄 수 있는 경제를 원하죠."

영국 최초의 지역 통화가 탄생한 도시, 토트네스의 전환마을운

브리스톨 파운드의 사무실 문

동을 창시한 롭 홉킨스도 이렇게 말했다. "경제의 회복력이 높으려면 가능한 한 돈이 많이 유통되어야 합니다. 그런데 지역 상점에서 1파운드를 쓰면 2.5파운드를 창출하지만, 대형마트에서 1파운드를 쓰면 1.4파운드밖에 창출하지 못합니다. 돈이 지역 밖으로 흘러나가니까요. 이런 점에서 볼 때 지역 통화는 아주 유용한 도구입니다. 지역에서 주민이 쓴 돈의 일부를 보유할 수 있게 하고, 다국적기업이 돈을 빨아들여 자본화하지 않게 막아주며, 정말 필요한 경제 분야에 돈을 투입할 수 있게 하니까요. 토트네스 밖에서는 토트네스 파운드가 아무런 가치도 없습니다. 토트네스 안에서만 쓸 수 있죠. 선택의 여지가 없습니다. 그렇다고 파운드화를 쓰지 않는 것도 아닙니다. 파운드화와 토트네스 파운드는 동시에 사용되고 서로 보완되는 통화입니다."

토트네스 전환마을운동의 창시자들은 21토트네스 파운드짜리 지폐를 발행했다. 웃음이 터져 나오게 하는 이 지폐는 일종의 영국식 유머다. 롭 홉킨스는 청년 같은 미소를 활짝 머금고 말했다. "할 수 있는데 왜 안 합니까?" 21토트네스 파운드 지폐는 기존 통화의 엄숙주의와 국제 금융의 진지함에 날리는 비웃음일 뿐 아니라, 지역 통화를 지지하는 사람들에게는 지역과 문화, 다양성을 축하하는 기회였다. 영국 런던의 브릭스톤에서 사용하는 브릭스톤 파운드의 지폐에는 데이비드 보위처럼 그곳에서 태어났거나, 빈센트 반 고흐처럼 그곳에서 살았던 유명 인사의 얼굴이 찍혀 있다. 토트네스에서는 그 지역 출신인 세계적인 가수 벤 하워드의 얼굴을 10토트네스 파운드 지폐에 새겨 넣었다. 롭은 이렇게 말했다. "영국 여왕의 얼굴이 찍혀있는 것보다 훨씬 멋지잖아요!"

　토트네스 파운드가 처음 발행될 당시만 해도 영국에는 지역 통화를 사용하는 도시가 하나도 없었다. 그래서 프로젝트를 발족시켰던 그룹은 지역 통화의 적법성을 판단해줄 '권위 있는 대안경제 전문가' 패널을 모셨다. 롭은 이때를 재미있게 기억한다. "우리는 1토트네스 파운드 지폐를 인쇄한 다음에 전문가에게 보여주며 물었습니다. '이 지폐에 1파운드의 가치가 있다고 말할 수 있습니까?'라고요. 그랬더니 전문가들이 서로를 쳐다보다가 대답하더군요. '잘 모르겠습니다. 한번 해 보고 반응을 기다려보시죠.'라고요." 브리스톨이 인구 100만 명의 대도시를 기준으로 지역 화폐를 유통시키겠다는 결정하고 나서야 영국 중앙은행은 프로젝트 팀과 대화를 시작했다. 그 이후 지역 통화의 적법성에 관한 중앙은행의 공식 입장이 발표되었다. 이때부터 지역 통화는 식권이나 항공사 마일리지처럼 교환권이나 적립금의 지위를 누릴 수 있게 되었다. 창조성이 발휘된 최초의 발걸음이었다.

　보완 통화를 지지하는 사람들은 지역 차원의 회복력을 갖는 것이 세계 경제 전체를 유지하는 데 아주 중요하다고 주장한다. 경제가 서로를 위험에 빠트리지 않고 균형 있게 거래하려면, 우선 몸의 세포처럼 건강해야 한다. 또 경제 형태의 동등성도 확보해야 한다. 롭 홉킨스는 이렇게 말한다. "스스로 생산하지 않고 세계 곳곳에서 재화와 서비스를 수입하는 의존적인 경제들이 상호작용하면서 맺는 관계는, 스스로 식량과 에너지를 생산하고 수자원을 운용해서 강한 회복력을 갖춘 경제들이 맺는 관계와 아주 다릅니다. 저는 스

테스코 매장 건설을 반대하는 브리스톨 주민들이 남긴 저항의 흔적

스로 식량을 생산하고, 기계를 고치고, 경제를 유지하지 못한 채 경제가 몸집만 키운다면, 결국 체질이 허약해지고 내면의 무언가를 잃게 된다고 생각합니다."

롭 홉킨스의 이 말은 식량 수요의 75퍼센트를 수입하는 알제리나 에너지의 91퍼센트를 수입하는 프랑스와 같은 국가에 생각할 거리를 던져준다. 2008년에 발생한 식량 위기는 이 두 국가에서 나타난 현상과 직접적인 관련이 있었다. 지나친 투기로 석유 가격이 치솟자, 선진국은 농업연료를 대량으로 생산하기 시작했고, 식량으로써야 할 작물을 연료 생산을 위한 원료로 썼다. 2008년에 옥수수 생산량의 30퍼센트가 식량이나 사료로 사용되지 못하고 자동차 연료를 만드는 데 들어갔다.* 곡물 비축량은 감소했고, 곡물 가격은 넉달 만에 84퍼센트나 급등했다. 이집트, 코트니부아르, 세네갈, 부르키나파소가 가장 큰 타격을 입었다. 국내 식량 수요를 충족시키기보다 해외 수출을 겨냥해 농업을 발전시켰고, 가계의 식료품비 비중이 70퍼센트(최고 90퍼센트)나 되기 때문이다. 식료품비는 하늘 높은 줄 모르고 치솟았다. 이처럼 고용을 창출하는 다국적기업에 대한 의존도가 높은 도시나 지역은 주민들이 기업 이사회에 비해 결정권이 거의 없다. 프랑스는 여러 차례 이런 상황을 경험했다. 다국적기업인 아르셀로미탈ArcelorMittal과 굿이어Goodyear가 각각 플로랑주와 아미엥에서 생산 시설을 철수하고 생산 비용이 더 낮아서 기업의 수익성을 높여줄 나라로의 이전을 결정한 바 있다. 프랑스 정부

---

* www.liberation.fr/economie/2008/10/10/les-emeutes-de-la-faim-en-afrique-preludea-la-debacle_114081.

는 그 결정을 되돌리기 위해 갖은 애를 썼고, 노조도 연일 시위를 벌였지만 아무 소용이 없었다.

이런 일이 발생하는 걸 막고 시민에게 경제적 권력을 되돌려주기 위해 지역 운동이 전 세계에 걸쳐 점점 더 대규모로 벌어지고 있다. 그런 사례를 우리는 프랑스, 영국, 스위스, 인도에서 볼 수 있었다. 미국에서는 전국에 걸친 80개의 네트워크로 15년간 3만5000개의 기업이 뭉치는 사례가 있었다. 바로 지역생활경제를 위한 비즈니스 연합, 'BALLE'이다. 이들의 목표는 '한 세대 만에 자연과 조화를 이루고, 상호 연결된 지역 경제의 글로벌 네트워크를 만들어, 모두가 건강하고 풍요로우며 행복한 삶을 누리게 하는 것'이다.

우리는 오클랜드에서 BALLE 연례 회의에 모인 수백 명의 기업가를 만났다. 주디 윅스 Judy Wicks는 이 단체를 공동 설립한 인물로, 이들 사이에서는 'BALLE의 어머니'로 통한다. 주디의 이야기는 대부분의 시민운동이 평범한 한 시민의 행동에서 태어난다는 사실을 다시 한번 입증해주었다. 주디는 기존의 시스템이 일관성이 없으며, 자신의 가치와 역행한다고 느꼈다. 이런 시스템 속에서는 더는 앞으로 나아갈 수 없다고 생각했다.

1970년대 초에 주디는 필라델피아의 구시가지로 이사했다. 그런데 얼마 지나지 않아 동네 일부가 재건설되고, 그곳에 쇼핑센터가 들어선다는 소식을 들었다. 동네가 마음에 들었던 주디는 공사를 막으려고 나선 주민들의 시위에 동참했다. 수개월의 투쟁 끝에 주민들은 승리를 쟁취했다. 이 일을 계기로 주디는 동네에 좀 더 뿌리내리게 되었다. 1983년에는 자신이 사는 건물 1층에 작은 카페 '화

이트 도그White Dog'를 열었다. 그녀의 넉넉한 성품 덕분에 카페에는
금세 손님이 불어났고, 몇 년이 지나서는 옆 건물로 확장까지 했다.
6년이 지난 뒤에는 자리가 200석이나 되는 레스토랑으로 거듭났
다. 원래 환경 문제에 관심이 많았던 주디는 레스토랑에 공사를 해
서 펜실베이니아 주에서 100퍼센트 풍력으로 전기를 생산하는 최
초의 사업주가 되었다. 그뿐 아니라 재활용과 퇴비화 프로그램을
실천하고, 태양열 보일러로 물을 데워 식기를 세척했다. 그러나 여
기에서 BALLE의 불씨가 타오른 것은 아니다.

  주디는 식당을 운영하면서 식재료가 어떤 방식으로 생산되는
지 관심을 가질 수밖에 없었다. 가축이 취급되는 방식을 알고 나서
는 특히 충격을 받았다. 1998년에는 걷지도 못하고 햇빛도 보지 못
한 채 사육된 가축의 고기와, 비좁은 우리에 갇혀 GMO를 사료로
먹고 엄청난 양의 항생제를 맞은 가축의 고기는 아예 받지 않겠다
고 결정했다. 그리고 필라델피아 지역에서 유기농으로 닭과 돼지,
소를 키우는 농장을 찾기 시작했다. 주디는 들판에서 건강한 풀을
먹고 자란 가축을 원했고, 마침내 레스토랑에 필요한 고기와 유제
품을 모두 건강한 식재료로 구할 수 있었다. 이 방식은 과일과 야
채, 곡물을 납품받는 데에도 똑같이 적용되어서 몇 년 뒤에는 레스
토랑에서 반경 80킬로미터 내에 위치한 농장에서 납품받는 신선
제품이 식재료의 95퍼센트를 차지하게 되었다. 그러나 주디는 여
기서 멈추지 않았다. 필라델피아 전 지역의 농장주에게 영향을 끼
치고 싶었기 때문이다. 그래서 '화이트 도그 커뮤니티 엔터프라이
즈White Dog Community Enterprises'라는 이름의, 농장주와 식당 주인을 연결

해주는 비영리 단체를 설립했다. 주디는 단체 운영 자금으로 레스토랑에서 얻은 수익의 20퍼센트를 투입했다. 그리고 몇 달 뒤 농장과 식당, 식료품 상점이 모여 지역 네트워크를 형성했다. 주디는 여기에 다른 활동까지 포함해 네트워크를 확장할 궁리를 했다. 이를 위해 지역 내 기업 대표들을 만나러 다녔고, 2001년에 마침내 '위대한 필라델피아의 지속 가능한 비즈니스 네트워크 Sustainable Business Network of Greater Philadelphia'를 발족시켰다. 현재 이 단체는 지속 가능한 농업, 재생에너지, 그린 빌딩, 재활용, 친환경 청소, 의류 제작, 독립 언론, 소매상 등 다양한 분야에 있는 400개 회원사를 두고 있다.

이후 주디는 로리 헴멜 Laury Hammel를 만났고, 둘은 소울메이트가 되었다. 로리는 1988년에 뉴잉글랜드의 사회적 기업을 규합하여 연합을 만들었다. 주디와 로리는 자신들의 네트워크를 전국적인 규모로 확장해서 수천 명의 기업가에게 영감을 주고자 했다. 두 사람은 여름 내내 수십 명의 기업가를 만나 프로젝트에 참여할 것을 요청했다. 산업 시설의 재지역화에 관심이 많았던 경제학자 데이비드 코튼 David Korten과 마이클 슈먼 Michael Schuman을 만났고, 회의가 끝날 무렵에는 함께 'BALLE'를 창설하기로 결정했다. 그 후 미국에는 필라델피아 모델을 본뜬 네트워크가 전국적으로 발달했다. 그중 벨링햄의 네트워크가 가장 활발한 활동을 펼쳤다. 우리는 벨링햄 네트워크의 공동 창립자인 데렉 롱 Derek Long과 그의 전부인이자 전국 네트워크 담당자인 미셸을 벨링햄에서 만났다.

로컬 제품 제일주의

벨링햄은 캐나다 국경에서 수십 마일밖에 떨어져 있지 않은 미국 워싱턴 주 북서부 끝자락에 있는 도시이다. 미국인들은 워싱턴 주를 '미국의 물받이'라고 즐겨 부른다. 일 년 내내 비가 오기 때문이다. 하지만 캘리포니아에서 막 도착한 우리 눈에는 물과 녹음, 산으로 둘러싸인 이 작은 도시가 신선해 보였다. 사흘 내내 비가 내렸던 디트로이트와 달리, 해가 쨍쨍 내리쬐었다. 도심 인구가 8만 5000명에 불과하며(카운티 전체 인구는 20만), 주변 지역에 개방적이라는 점도 나쁘지 않았다. 벨링햄은 그런지와 유기농 상점의 도시 시애틀, 그리고 코펜하겐과 더불어 세계에서 가장 친환경적인 도시로 손꼽히는 밴쿠버 사이에 위치해서 지역 경제를 발전시키는 데 아주 유리한 영향을 받고 있다. 그래서 이 분야의 작은 천국에 비유되곤 한다. 며칠 동안 거리를 다니며 상인들과 얘기를 나눠본 촬영팀은 초자유주의와 자유무역의 고향인 미국에 이런 도시가 있다는 걸 믿지 못할 정도였다. 말이 안 되는 상황이었다. 그러나 인정할 수밖에 없었다. 벨링햄은 수많은 유럽 도시가 시도조차 하지 못한 일을 성공시켰다는 점을 말이다.

우리는 데렉의 차와 대여한 픽업트럭에 끼여 앉아 세계적으로 유명한 피자 화덕 제조업체 '우드 스톤 Wood Stone'을 견학했다. 브리스톨과 마찬가지로, 미국의 지역 운동가들도 기업이 지역과 공동체에 뿌리내리게 하자고 주장한다. 국제무역을 없애자는 게 아니라,

현지에서 생산할 수 있는 건 현지에서 생산하자는 것이다. 우드 스톤의 창립자인 키이스 카펜터Keith Carpenter와 해리 헤가티Harry Hegarty가 처음 만난 건 1989년의 일이었다. 당시 키이스 카펜터는 식당에 설비를 팔았고, 해리 헤가티는 소각로를 팔았다. 1990년에 두 사람은 각자의 회사를 하나로 합쳐 피자 굽는 화덕을 생산하기로 했다. 메릴 베번Merrill Bevan 우드 스톤 부사장은 이렇게 설명했다. "우리는 마을에 있는 화덕을 현대화한 것뿐입니다." 현대화가 매우 잘 되어서 우드 스톤은 성공을 거두었다. 24년 뒤에는 공장 면적이 1만6000제곱미터에서 11만7000제곱미터로 확장되었고, 종업원 수도 2명에서 130명으로 늘어나다. "중국으로 생산 시설을 이전할 기회는 얼마든지 있었습니다. 하지만 우리는 이곳에서 고용을 창출하고 싶었습니다. 이 지역에 뿌리를 내리고 가치를 창출하고 싶었지요. 고온 세라믹, 스테인레스강, 숯 그릴 등 화덕의 부품 90퍼센트가 워싱턴 주에서 생산됩니다.*" 우드 스톤의 화덕은 80개국에 수출되고 있지만, 무엇보다 지역 판매량이 많다. 우리는 라 피아마 광장에서 미국인 한 명이 혼자 먹어치울 만큼 거대한 피자를 나눠 먹었다(우리라면 두세 명은 달려들어야 할 만큼 피자가 크다).

2006년에 데렉이 운영하는 조직 '서스테이너블 커넥션스Sustainable Connections**'는 재생에너지 발전을 위해 '그린 파워 커뮤니티 챌린지 Green Power Community Challenge'라는 일종의 경연을 개최했다. 데렉과 그

---

* 우리가 다녀간 뒤 우드 스톤은 식품 설비 전문업체인 오하이오의 헤니 페니(Henny Penny)와 합병했다. 기업의 가치를 지키기 위해서 두 회사는 '종업원지주제도(ESOP)'를 채택했다.
** 주디가 필라델피아에서 운영하는 위대한 필라델피아의 지속 가능한 비즈니스 네트워크와 비슷한 단체

의 팀은 주민과 의원들, 그리고 기업가들에게 참여를 설득하기 위해 '경제적 이익'과 '경쟁'이라는 두 가지 요소를 강조했다. 우선 에너지 절약과 재생에너지 설비의 수익성에 관한 감사를 제안했다. 예를 들어 태양열 전지를 24시간 사용했을 때 전지의 수명은 20년이며, 6~7년 뒤에는 설비 비용을 모두 충당할 수 있고, 남은 13년 동안은 전기를 '무상'으로 사용할 수 있다는 점을 알렸다. 다음으로 '최고'가 되기를 좋아하는 미국인들에게 경쟁력을 부각했다. 벨링햄이 미국에서 가장 많은 재생에너지를 생산하는 도시가 될 수 있다고 하자, 시 전체가 들썩였다. 우드 스톤은 도전에 응하기로 하고 시합에 나섰다. 건물 지붕에 태양열 전지를 설치하고 전기를 생산하기 시작한 것이다. 시공은 아이테크 에너지 Itek Energy에 맡겼다. 아이테크 에너지는 사원이 47명으로*, 벨링햄을 비롯해 워싱턴주 전체에 태양열 전지를 공급하는 지역 업체이다. 사원 대부분이 25~45세로, 입가에 웃음을 띠고 일하고 있다. 아이테크 에너지는 창업 3년 만에 시간당 2만4000메가와트를 생산하는 태양열 전지 9만 개 이상을 생산했다. 건설 및 에너지 효율 증대를 위한 리노베이션 전문업체 처카넛 빌더스Chucka Builders의 총감독인 마이크 맥컬리 Mike McCauley가 그중 일부를 건물에 설치했다. 우리는 전형적인 1960년대식 건물 앞에서 마이크를 만났다. 공사가 막 끝난 참이었다. 이 공사로 에너지 낭비가 심했던 건물은 에너지 소비량보다 생산량이 많은 에너지 포지티브 건물로 거듭났다. 벽에 단열재를 보강했고,

---

* 2012년에 15명이었던 종업원 수는 내가 이 책을 집필한 2013년에 해당 지역의 재생에너지 수요가 증가하면서 75명으로 늘어났다.

창도 갈았다. 작은 방 여러 개를 합쳐 큰 공간으로 재구성하기도 했으며, 지붕에는 방수 처리를 한 후 태양열 전지를 설치했다. 공사에 사용한 재료는 모두 같은 지역에서 공급받았다.

서스테이너블 커넥션이 만들어낸 도전은 기대 이상으로 효과를 나타냈다. 아이테크 에너지나 처카넛 빌더스 같은 신생업체가 생기고 많은 주문을 받을 수 있었던 것도 성과 중의 하나다. 2006년에 벨링햄의 재생에너지 생산 비율은 6개월 만에 0.5퍼센트에서 12퍼센트로 껑충 뛰어올랐고, 벨링햄은 2007~2009년에 미국에서 재생에너지를 가장 많이 생산하는 도시가 되었다.* 시의회도 모든 공공건물과 시설의 재생에너지 사용 비율을 100퍼센트로 전환하자는 내용의 안건을 만장일치로 통과시켰다. 또한 우드 스톤과 같은 기업 100여 곳에서는 지붕에 태양열 전지를 설치하고, 전기 공급업체에 재생에너지로 생산된 전력을 공급해달라고 요청했다. 시에서 친환경 전력을 사들이면서 시민 전체가 전기료의 40퍼센트를 할인받기도 했다. 상인들에게 제공할 전기 생산을 위해 시장에 아이테크 에너지의 태양열 전지를 설치한 결과이다(워싱턴 주에서 가장 큰 전기 시장 중 하나이다).

데렉은 현지에서 생산한 신선한 유기농 식품의 요새를 보여주면서 아주 자랑스러워했다. 솔직히 전통 시장에 익숙한 프랑스 사

---

* 그 이후에는 재생에너지 생산량에 있어서 12위, 에너지믹스에서 재생에너지 비중이 15퍼센트에 그치면서 비중에 있어서 21위로 밀려났다. 생산량 2위, 에너지믹스 비중 1위를 차지한 힐스보로(포틀랜드 근교)에 훨씬 못 미치는 실적이다. 힐스보로는 벨링햄과 인구수가 같지만 에너지믹스에서 재생에너지가 차지하는 비중은 50퍼센트에 달한다. www.epa.gov/greenpower/communities/index.htm 참조.

람의 눈에는 그다지 인상적일 것이 없어 보였다. 그런데 자세히 들여다보니, 상인의 대부분이 현지인이라는 점이 눈에 띄었다. 파리의 룅지스 시장과 같은 중앙 도매 시장에서 세계 각국의 물건을 떼다가 파는 상인은 없었다. 육류, 달걀, 빵, 과일, 채소, 꽃, 꿀 등 모든 상품이 반경 100킬로미터 이내에서 생산된다. 이 상품은 주민에게만 판매하는 것이 아니라, 벨링햄의 상점과 지난 13년간 현지에서 생산된 유기농 원료로 직접 아이스크림을 만들어 파는 맬러드Mallard 같은 식당에도 납품한다. 맬러드는 몇 년 만에 유기농 농장 연합인 '그로우잉 워싱턴 Growing Washington'의 주요 고객이 되었고, 클라우드 마우틴 팜Cloud Moutain Farm에서 수백 킬로그램의 장과와 베리류, 사과, 포도, 호박 등을 구매했다. 주변 농장 여섯 곳에서 벤 숄츠Ben Scholtz의 팀에게 재료를 납품한다. 맬러드는 이 재료를 가지고 스물 다섯 가지 계절 메뉴를 만들고, 먼 지역에서 오는 재료로는 바닐라, 초콜릿, 커피, 피스타치오 아이스크림을 만든다.

구경은 끝이 나지 않을 것 같았다. 거의 모든 것이 벨링햄 버전으로 존재했기 때문이다. 시내 중심에 있는 매장의 지하 작업실에서 유기농 면과 공정무역으로 생산된 삼으로 옷을 만드는 디자이너 테레사 램팔Teresa Rampal이 좋은 예이다. 데렉은 우리와 함께 다니면서 벨링햄의 아름다운 사연을 들려주었다. 그 이야기들은 우리가 다른 곳에서 들었던 것과는 크게 달랐다. 한 길모퉁이에 이르렀을 때 데렉이 말했다. "이곳은 원래 KFC 매장이었습니다. 기름 냄새가 골목 전체에 진동했죠. 어느 날 동네에 사는 젊은 부부가 이 건물을 사서 멋진 레스토랑 바를 열었습니다. 시원한 테라스 위에는 개

머루덩굴을 심어 그늘을 만들고, 예쁜 꽃도 주위에 심었죠. 이곳에서 부부는 로컬푸드를 제공합니다. 아, 냄새 참 좋죠?" 조금 더 걸어가니 WECU* 건물이 나왔다. "벨링햄에서 아마 가장 큰 은행일 겁니다. 회원이 주인인 이 은행은 돈을 지역 내에 머물게 해서 경제를 키우는 데 기여하고 있습니다. 은행에 예치된 돈은 벨링햄의 기업이나 개인에게 대출됩니다." 우리는 '우즈 커피 Woods Coffee' 귀퉁이를 돌았다. "벨링햄 카운티에 우즈 커피 매장이 12~13개 있습니다. 지역 브랜드죠. 첫 매장은 아버지가 열었습니다. 성장한 자식들을 가까이 두고 싶어서 사업을 키웠고요." 멜라니가 물었다. "그럼 이 지역에 스타벅스 매장은 몇 개나 되나요?" 데렉은 씨익 웃으며 대답했다. "시내 중심에 딱 한 군데 있죠. 카운티 전체에 아마 한두 매장 더 있을 겁니다."

데렉과 그의 팀에게는 지나가는 길에 모든 걸 휩쓸어버리는 국제적인 프랜차이즈를 로컬 기업이 이긴다는 이런 믿지 못할 이야기가 낯설지 않다.** 지난 십 년 동안 서스테이너블 커넥션은 모든 수단을 동원해서 지역 기업가를 지원하려고 애썼다. 그들만의 네트워크를 형성하는가 하면, 대중을 상대로 '싱크 로컬 퍼스트 Think local first'와 같은 홍보 캠페인도 벌이면서 기술적·행정적 지원을 아끼지 않았다. 농식품, 에너지, 건설, 폐기물 등 다양한 분야에서 프로그램

---

* Whatcom Educational Credit Union
** 2011~2012년에 스타벅스는 전 세계에 700개의 매장을 새로 열었다. 파리의 스타벅스 매장은 2011년 44개에서 2015년 90개로 두 배 가까이 늘었다. www.lefigaro.fr/societes/2011/09/22/04015-20110922artfig00744- starbucks-s-attend-a-une-nouvelle-annee-record.php 참조.

을 만들어 이행하고, 어느 정도 성공도 거두었다. 이제는 벨링햄 주민의 70퍼센트가 '싱크 로컬 퍼스트'라는 캠페인 문구를 알고 있으며, 그중 60퍼센트는 구매 습관을 바꾸었다. 벨링햄은 독립적인 지역 상점의 비율과 성장력에 있어서 미국에서 2위를 차지했다. 400명의 지역 기업가가 서스테이너블 커넥션에 가입했고, 약 2000명이 직간접적으로 단체의 도움을 받는다. 도심에 있는 한 음반 가게가 유지되는 것도 다 그 덕분이다. 우리는 이 음반 가게에서 시디와 레코드판을 서로에게 추천하며 즐겁게 시간을 보냈다. 어쨌든 벨링햄에서 사는 것은 행복한 일이다. 2014년에 발표된 갤럽과 헬스웨이스의 행복지수 조사*에서도 벨링햄은 '소규모 도시' 부문의 '건강과 웰빙'에서 1위를 차지했다. 벨링햄의 주민은 "만성 질환과 비만 발생률이 낮고, 운동을 많이 하고, 담배를 덜 피우며, 공동체를 더 긍정적으로 바라본다."라는 설명과 함께.

미셸 롱Michelle Long은 데렉의 전 부인이다. 미셸은 데렉과 함께 서스테이너블 커넥션을 키웠고, 이어 BALLE의 전국 본부장을 맡았다. 우리는 오클랜드에서 열린 BALLE 총회에서 미셸과 이론경제학자인 마이클 슈먼Michael Shuman**, 공동 창립자인 주디 윅스, 그리

* www.bizjournals.com/seattle/morning_call/2014/03/seattle-bellingham-are-healthy-cities.html.
** 경제학자이자 변호사. 기업가. 스탠포드 대학과 스탠포드 법대를 졸업했고 지금까지 여덟 권의 저서를 발표했다. 〈뉴욕 타임스〉나 〈워싱턴 포스트〉 등에 수백 편의 글을 기고했고, 1988~1998년까지 워싱턴의 가장 독립적인 다섯 개의 싱크탱크 중 하나인 정책연구소(Institute for Policy Studies)의 소장을 역임했다.

고 조직을 대표하는 상징적인 기업가 40인 중 한 명인 니키 실베스트리Nikki Silvestri와 만나 함께 긴 대화를 나누었다. 우리는 그들에게 '로컬'이 의미하는 바를 물었다. 프랑스를 비롯해서 전 세계적으로 '리로컬리제이션relocalization'이 유행하고 있었고, 이 현상이 발생한 데에는 앞에서도 언급했듯이, 환경적으로나 사회적으로 절대적으로 타당한 이유가 많다. 그러나 이 개념은 고립주의적 성향을 내포하고 있어서 극우주의자들이 이에 편승하기도 한다. 그렇다면 '로컬'을 강조하는 것은 과거로의 회귀인가? 세계화된 경제에 종지부를 찍는 것인가? 지역 경제는 효율성을 구체적으로 입증하고 있는가? 우리는 이런 질문에 대한 답을 구했다.

BALLE : 로컬 네트워크로 만드는 지속 가능한 경제

‒ 여러분이 생각하는 현재 경제의 문제점은 무엇입니까? 왜 그토록 많은 힘을 써서 그 시스템을 바꾸려 하십니까?

니키 미국 경제는 지금까지 걸어온 길로 계속 나아갈 수 없습니다. 아메리카 인디언에 대한 살육과 우리 민족을 핍박한 노예 제도를 기반으로 해서 만들어졌고(니키는 아프리카계 미국인이다), 지금까지도 거기에서 벗어나지 못했습니다. 아프리카계 미국인은 노예였다가 소작인이 되었고, 다시 죄수가 되었습니다. 흑인 3명 중 1명은 한 번씩 교도소에 다녀옵니다. 미국 경제는 죄수들의 무상 노동을 이용해서 수익을 챙깁니다. 또 미국의 식품 산업은 이민자들의 불법 노동에 의지하고 있습니다. 노동력의 50퍼센트나 차지하는 이민자는 착취당하기 일쑤이고, 불평하면 추방하겠다는 위협을 받으며 인간 이하의 취급을 받습니다. 우리가 입는 옷과 사용하는 제품 일부는 지구 반대편에서 열악한 노동 환경에 형편없는 임금을 받으며 일하는 사람들이 만들었습니다. 이제는 우리의 경제를 재편해야 할 필요가 있습니다. 경제가 밑바닥에 노예 계층이 없으면 제대로 돌아가지 않는 시스템, 세계 인구의 90퍼센트가 부의 10퍼센트밖에 차지하지 못하는 엄청난 부의 불평등을 해소하지 못한다면 상황은 개선될 수 없습니다.

- 소비자도 그런 시스템의 노예라고 볼 수 있시 않나요? 평생 일하면서 생산하고 소비함으로써 경제를 돌아가게 하는 게 아닐까요? 소비자라는 표현 자체가 인간을 하나의 경제적 변수로 전락시키는 것이니까요.

니키 그렇죠. 다른 길이 있다는 걸 모르는 사람이 많으니 안타까울 뿐입니다.

미셸 저는 모든 것을 마치 서로 아무 관계도 없는 듯이 분리하는 것이 가장 큰 잘못이라고 생각합니다. 제가 경영학 석사MBA를 할 때 거시경제학 교수님과 얼마나 논쟁을 많이 벌였는지, 하루는 친구들이 그러더군요. '한 학생에게만 저렇게 집중하는 교수는 처음 본다'고요. 저는 사람이나 자연 같은 변수(기존 경제학에서 '외부 효과'라고 부르는 변수)를 배제한 경제 시스템이 어떻게 기능할 수 있다는 것인지 도저히 이해할 수 없었습니다. '이게 도대체 어딘가에 적용될 수 있는 거야, 아니면 단순한 이론일 뿐이야?'라는 생각도 했지요. 비즈니스에서 성공이란 최종 결산 결과로 대변됩니다. 하지만 우리가 잘 지내고 있는지 혹은 우리의 삶이 나아지는지 등은 회계에 나타나지 않지요. 국민의 행복이 아니라, 가구당 전자레인지의 수를 기준으로 경제적 성공을 측정한다는 것이 엉터리 같았습니다. 그런 경제는 사람들에게 도움이 되는 것이 아니라, 불평등만 가중하고 자연을 파괴합니다. 사살률은 가장 충격적이었지요. 사람들은 그 무엇에도 소속되지 못했다고 느낍니다.

  – 그런 문제에 대해서 '로컬'이 어떤 해답을 줄 수 있습니까? 지역 기업도 자연을 파괴하고, 종업원에 대한 처우도 엉망일 수 있지 않나요?

마이클   물론 로컬이라고 해서 다 완벽한 것은 아닙니다. 어디를 가나 잘못된 행동을 하는 사람들이 있으니까요. 하지만 우리는 많은 분야에서 지역 경제가 훨씬 효율적이라는 것을 보여줄 탄탄한 증거를 가지고 있습니다. 예를 들어 미국 환경보호청 EPA는 공장에서 생산 활동에 따른 오염을 기업이 일부라도 책임질 확률을 조사했습니다. 그 결과, 지역에서 멀리 떨어진 곳에 소재한 기업이 운영하는 공장은 지역 공장보다 독성 물질을 열 배나 더 많이 배출하는 것으로 나타났습니다. 어떤 기업이 잘못된 행동을 했을 때 우리가 해당 기업의 운영자나 소유주를 성당이나 시장, 혹은 학교에서 마주칠 수 있다면, 문제에 대해서 직접 말할 기회가 생깁니다. 공동체의 압력이 기업의 행태를 수정할 수 있는 것이지요.

미셸 아마존에서 나무 한 그루를 베었을 때에는 그 결과를 느낄 수 없지만, 내가 사는 동네의 길모퉁이나 내 집 뒷마당에서 나무를 베었다면 훨씬 더 잘 느낄 수 있지요. 우리가 행동하고 차이를 만들기 위해 가장 자극을 받는 것은 우리와 가까울 때입니다. 기업이 점점 몸집이 커지고 창립되었던 곳에서 멀어지면, 기업을 지휘하는 사람들은 자신이 한 행동의 결과를 느끼지 못합니다. 반대로 지역 기업가들은 그들이 사는 곳과 그들이 매일 대하는 이웃, 자연, 학교 등의 가치를 만들어내려고 노력합니다.

마이클 선거 기간 동안 유권자의 최고 관심사인 고용에 관해서도 저희는 지역 경제가 고용 창출의 열쇠임을 증명하는 연구를 지난 십 년 동안 많이 수집했습니다. 그중 하나는 〈하버드 비즈니스 리뷰Harvard Business Review〉 2010년 7월호에 실렸습니다. 미국의 대도시 지역 수백 개를 후향 연구해보니, 독립적인 지역 기업의 고용 비중이 가장 높은 대도시는 기업당 고용을 가장 많이 창출한 도시였습니다. 2003년 8월에 미국 연방준비제도 Fed가 수행한 연구에서도 1인당 소득 증가가 독립적인 소기업의 수와 직접적인 연관이 있다는 것이 증명되었지요. 수십여 편의 논문도 이 결과를 뒷받침합니다. 반대로 고용 증가를 뒷받침하지 못하는 최악의 방법은 미국 전역에서 발전이라는 미명으로 벌어지는 일입니다. 다국적기업을 유치하거나 붙들어두기 위해서 상상을 초월하는 금액을 지불하는 것이죠. 그 방법은 실패할 수밖에 없는 전략임이 수없이 증명되었습니다. 지역 범위에서 이루어진 수많은 다른 연구에 따르면, 개인이 지역 기업에 지출한 1달러는 다국적기업에 지출한 1달러보다 2~4배나 많은 고용을 창출하는 효과가 있습니다.[*] 그뿐 아니라 주민 소득, 자선 단체의 모금액, 시의 세수도 2~4배 차이가 났습니다. 클리블랜드(인구 39만 명의 대도시)에 관한 연구도 식료품 구매의 25퍼센트가 로컬 제품으로 돌아서면, 27만 개의 새로운 일자리가 창출되고(주민 8명 중 1명이 일자리를 얻는 효과를 낸다), 지역의 연간 생산이 43억 달러로 늘어날 뿐만 아니라, 클리블랜드 시의 세수도 1억 2600만 달러 늘어난다는 것을 증명했습니다.[**] 이는 식료품에 해당하는 이야기만은 아닙니다.[***]

---

[*] 영국 신경제재단(New Economic Foundation) 연구도 같은 결과를 낳았다. 이 연구는 지역 승수효과(LM3)를 다룬다. www.neweconomics.org/publications/entry/the-money-trail 참조.
[**] www.neofoodweb.org/sites/default/files/resources/the25shift-foodlocalizationintheneo region.pdf.
[***] 컴벌랜드(메릴랜드 주, 인구 30만 명)에서 수행된 연구에서는 소비자가 대형유통매장에서 장보기를 줄이고 10퍼센트만 지역 독립 상점에서 사도 컴벌랜드의 경제활동이 1억2700만 달러 증가해서 874개의 일자리를 창출하고, 임금이 3550만 달러 증가한다는 결과를 내놓았다(출처 :

미셸　국경을 초월하는 대기업은 돈을 긁어모으는 데에는 도가 텄지만, 그 돈은 아주 소수의 손으로 들어갑니다. 최대한 많은 부가 최대한 많은 사람에게 돌아가게 하는 길은 한 장소에 독립적인 지역 기업을 최대한 많이, 그리고 최대한 다양하게 육성하는 것입니다.

– 그렇다면 백 퍼센트 로컬 경제가 미래라고 보시나요?

주디　저희의 비전은 이렇습니다. 우리는 전 세계로 제품을 내보내는 다국적기업이 통제하는 글로벌경제가 아니라, 최대한 자율적인 로컬 네트워크가 서로 연결되는 경제를 만들 수 있습니다. 각 공동체가 진정한 식량과 에너지, 물 안보를 이룰 수 있는 경제이지요. 주민들은 필수품 수요를 충족시키기 위해 대기업에 의존하지 않아도 되고, 잉여생산물과 개인적 부를 거래할 수 있습니다. 사람들은 저희 운동이 '로컬'에만 한정되어 있다고 잘못 알고 있습니다. 저희 아이디어는 '로컬 우선주의'입니다. 가장 기본적인 수요를 충족할 수 있을 만큼 생산하자는 것이지요. 동시에 다른 공동체와 평등하게 교환해서 자연이나 사람을 착취하지 않는 전 세계의 지역 경제를 지지합니다. 생명은 모두 연결되어 있습니다. 사람이든 동물이든 식물이든 말이에요. 우리는 이러한 현실을 바탕으로 기업가와 소비자로서의

Raphael Souchier, Made in local, Eyrolles, 2013.)

상업적 및 경제적 결정을 내려야 합니다. 개인의 탐욕이 아니라, 공동체의 선을 위해서 행동해야 하지요.

마이클 저는 미래의 경제에 세 가지 특징이 있다고 봅니다. 첫째, 고용의 대부분(90퍼센트)이 독립적인 지역 기업에서 이루어질 것입니다. 둘째, 모든 공동체가 기본적인 수요를 자급자족해야 합니다. 주디의 생각과 같지요. 사람들은 "자급자족하는 공동체가 만들어지면 세계 시장은 몰락할 것"이라고 지적합니다. 하지만 그건 사실이 아닙니다. 자급자족하는 공동체가 돈이 더 많아서 지출도 더 많이 하니까요. 저는 워싱턴에 살고 있는데요, 뱅크오브아메리카Bank of America에서 크레디트 유니온으로 저축을 옮기면서 일 년에 수천 달러를 아꼈습니다. 그 돈으로 프랑스 와인을 샀죠. 이산화탄소 배출을 줄이려면 '로컬'을 발전시키면서 동시에 탄소세를 적용하는 것이 열쇠입니다. 그래야 재화와 서비스가 교환될 때 화석연료의 사용이 줄어들기 때문입니다. 그리고 셋째, 기업이 금융 실적만 올리려는 것이 아니라, 경제적, 사회적, 환경적 측면에서 수익을 내려고 해야 합니다. BALLE에 참여하는 모든 기업가가 하고 있는 노력이지요.

– 그렇게 되려면 소비자들이 소비 패턴을 바꾸기만 하면 될까요? 아니면 법적인 변화가 필요할까요?

마이클 둘 다 필요합니다. 예를 들어 저는 자유주의 경제의 신봉

자입니다. 자유주의 경제에서는 대기업이 파산하면 '대마불사Too big to fail'라며 그 비용을 책임지지 않습니다. 2008년에 우리는 대형 금융기관이 효율적이지도 않고, 지속성을 갖지도 않는다는 사실을 배웠습니다. 그러나 그런 기관이 파산하지 않도록 정부가 개입했던 것은 금융기관이 아닌, 공동체나 시장의 이익을 위해서였습니다. 사실은 대형 금융기관도 소형 기관처럼 효율적이지 못하면 파산하게 내버려둬야 합니다. 미국의 모든 정치 책임자는 정당에 상관없이 중소기업이 경제를 살리는 힘이라고 말합니다. 그렇다면 언행이 일치하는 정책을 펼쳐야죠. 예를 들어 대기업의 독점을 막아야 합니다. 월마트Walmart는 납품업체들에 대해 독점적인 행태를 보입니다. 독점 금지법을 어기기도 하지만, 누구도 그 법을 지키라고 강요하지 않습니다. 아마존Amazon에도 독립 서점은 다 내는 세금 한 푼 내지 않고 인터넷에서 책을 판매할 수 있도록 허용해줬습니다. 지역을 위한 정책은 우리가 자유주의를 제대로 믿는다면 적용하기 매우 간단한 정책입니다. 정말 자유롭고 공평한 시장에서는 '로컬'이 아주 훌륭한 답이 될 것입니다.

- 하지만 아직까지는 다국적기업이 정치인과 법에 매우 큰 영향력을 행사한다는 소리가 세계 곳곳에서 들립니다.

니키 사실 그렇습니다. 만약 대기업이 이대로 간다면 정치에 돈이 더 많이 쏠릴 것이고, 돈을 가장 많이 가진 사람이 법을 만드는 사람을 지배할 것입니다. 우리가 스스로를 보호하기 위해 가지고 있는 무기는 국민의 힘이고, 그 힘을 써야 합니다.

주디 그것은 자명한 사실입니다. 그래서 BALLE도 민주주의를 옹호합니다. 정부가 대기업에 휘둘린다면 진정한 민주주의를 이룰 수 없습니다. 그런 기업에 돈을 주지 않음으로써 힘을 약화시키는 게 첫 번째 해야 할 일입니다. 그러려면 로컬 기업의 제품을 구매해야죠. 그래야 시민이 경제에 대한 영향력을 되찾을 수 있습니다.

마이클 우리가 직접 정부에 로비를 할 수도 있습니다. 저희는 최근에 아주 보수적인 사람들과 아주 진보적인 사람들을 모두 아우르는 정책을 제안해서 법적 승리를 거두었습니다.* 미국에는 지난 백 년간 투자에 관한 법인 '증권법 securities law'이라는 것이 있습니다. 이 법은 투자자를 두 부류로 나누는 결과를 초래했습니다. 우리가 상위 1퍼센트라고 부르는 부자와, 나머지 99퍼센트로 말입니다. 간단히 말하면, 부자는 그 누구의 간섭도 받지 않고 언제든지 어느 분야에나 투자할 권리가 있지만, 재산이 없는 사람이 작은 로컬 기업에 투자할 때에는 금융 거래 '안전'을 목적으로 수천 달러의 법률 비용을 내야 합니다. 그러니까 로컬 기업에 투자하는 사람이 아주 적을 수밖에 없지요. 그

---

* 마이클 슈먼은 2012년 4월 오바마 대통령이 서명한 잡스 법(JOBS Act)의 시초인 크라우드 펀딩 개혁안의 설계자 중 한 명이었다.

런데 저희가 이 법을 바꿨습니다. 99퍼센트의 투자자에게서 자금을 끌어들이기 위해 소기업의 법률 비용을 크게 줄인 것입니다. 저 같은 지역 주민과 공화당의 티 파티Tea Party* 간에 연합을 만들어내는 데 성공한 것이지요. 사실 티 파티는 증권법 같은 낡고 어리석은 법에 의한 규제의 완화를 지지하거든요. 그들과 연맹을 맺은 덕분에 2012년에 미국 의회는 증권법 개혁안을 만장일치로 통과시켰습니다. 그 해에 유례가 없던 합의가 이루어진 겁니다. 우리가 머리를 잘 쓰고 공동의 이익을 추구하면 이길 수 있다는 것이 증명된 셈입니다.

– 새로운 법이 장기적으로 가져올 효과는 무엇입니까?

마이클 월 스트리트의 자금을 '증권가에서 내가 사는 도시로' 흘러가게 하는 것입니다. 우리가 관계를 맺고 있는 기업에 우리의 돈을 투자해야 하니까요. 현재 시스템에는 비상식적인 부분이 있습니다. 우리는 평생 모은 돈을 한 번도 본 적 없는 투자자에게 맡기고, 투자자는 그 돈을 미국에서 수천 킬로미터나 떨어진 말레이시아 같은 곳에 투자합니다. 투자자가 우리에게 행복한 노후를 약속했으니까요. 이건 너무 낭만적인 이야기입니다. 슬로우 머니Slow Money**를 지지하는 사람들은 이렇게 말합니다.

---

* 미국에서 정부의 건전한 재정 운용을 위한 세금 감시 운동을 펼치고 있는 시민 중심의 신생 보수 단체.
** 슬로우 푸드 운동에 빗댄 표현

"당신의 돈을 관심 있는 기업에 투자하세요. 우리가 살고 싶은 세상을 만드는 데 참여하고, 우리가 사는 공동체에 기여하는 기업에 말입니다. 지역 단위로 투자하면 일자리를 만들고, 환경을 보호하며, 부를 창출하는 기업의 실적에서 이익을 가장 먼저 차지할 사람도 당신입니다." 이런 투자는 우리가 우리만의 헤지펀드를 만들 수 있는 능력을 갖게 해줍니다. 금융적인 측면에서 우리는 미래의 주인이 되어야 합니다. 이것은 글로벌 경제가 만들어낸 불건전한 중독에서 벗어나기 위한 첫 번째 단계이자, 가장 중요한 단계입니다.

– 개인의 투자가 정말 강력한 견인차가 될 수 있을까요?

마이클 미국의 장기 투자액은 30조 달러로 추산됩니다. 이 돈의 절반을 경제의 절반, 다시 말해서 로컬 기업에 투자한다면 월 스트리트에 모여 있는 돈 15조 달러가 각 지역으로 이전될 것입니다. 그렇게 되면 미국인 한 명당 5만 달러씩 돌아갑니다. 이런 운동을 시작하는 것이 가장 중요합니다. 먼저 1조가 움직이면, 월 스트리트의 주식 수요가 줄어들고, 주식 가격이 떨어질 겁니다. 반대로 로컬 기업의 비중과 가치는 올라가겠지요. 그러면 투자 자문가와 자산 운영가는 고객에게 입을 모아 말할 겁니다. "로컬 기업에 대한 투자가 들썩이는 듯하니, 그쪽으로 투자를 해 보시죠." 이렇게 해서 돈이 계속 쌓이면, 대기업과 로컬 기업에 대한 투자가 15조 달러씩 균형을 이룰 것입니다. 현대사에서 가장 중요하고 가장 혁명적인 자본의 이동이 되겠지요. 그리고 월 스트리트는 자신들이 누구에게 공격을 당한 건지도 모를 것입니다.

　-　기존의 기업을 내부에서 바꾸는 것보다 아예 새로운 기업을 만드는 게 꼭 필요하다고 보십니까? 예를 들면 맥도널드를 없애야 한다고 생각하는 사람과 맥도널드를 사회적 기업으로 변화시킬 수 있다고 굳건히 믿는 사람 사이에서 늘 논쟁이 벌어지곤 하는데 말입니다.

마이클　BALLE는 25~30년 전에 지금의 경제 모델을 바꾸려고 마음먹은 기업가의 움직임에서 탄생했습니다. 그 기업가란 바로 '더바디샵'의 창립자 애니타 로딕 Anita Roddick, '벤&제리스'의 창립자 벤 코헨 Ben Cohen, 그리고 제리 그린필드 Jerry Greenfield 같은 선구자들이었지요. 그들은 그 세대에서 최고였습니다. 기업가에게 자본주의 규범이란 투자한 자본을 상환하고, 더 큰 기업에 인수되거나, 주식시장에 상장해서 몸집을 키우는 것입니다. 그런데 이 사람들은 그보다 더 나은 일을 기업이 할 수 있다고 생각했습니다. 인간과 자연을 생각하는 더 나은 비즈니스 모델을 만들 수 있다고 믿었지요.

　-　하지만 더바디샵은 로레알이 인수했고, 벤&제리스는 유니레버가 인수했죠. 창립자들이 대기업을 변화시키기는커녕,

거꾸로 대기업이 이들 기업을 통합해서 자신들의 모델을 강화했습니다.

미셸 맞습니다. 하지만 그들의 비전은 훌륭했습니다. 다만 시스템이 그들을 흡수했던 것이죠.

– 왜 그랬을까요? 왜 그들은 시스템을 바꾸지 못했을까요?

미셸 기업이 자금을 조달하는 방식, 무기력, 습관 등 이유는 많습니다. 사회학자와 사상가들은 인간 조직이든 자연 생태계이든 키다란 시스템이 부패하면 스스로에 대한 새로운 비전을 만드는 데 큰 어려움을 느낀다고 주장합니다. 현 상태를 유지하면서 (지속 가능한 발전이나 사회적 책임을 담당하는 부서를 두는 식으로) 주변적인 변화를 시도하는 거죠. 하지만 그런 방식으로는 새로운 변화를 창조할 수 없습니다. 새로운 시스템을 만들어내려면 기존의 지배적인 시스템 밖에서 안전한 공간을 확보해야 합니다. 저희가 한 일이 바로 그것입니다. 지리적으로 흩어져 있는 작은 로컬 기업을 모아 네트워크를 형성했으니까요. 우리는 미래의 경제를 그려보려고 애쓰는 선구자들입니다.

– 이런 일에 깊숙이 관여하는 이유는 뭔가요? 아침마다 어떤 생각을 하면서 일어나시는지 궁금하네요.

미셸 저는 기업가와 그들의 에너지, 혁신, 아이디어를 사랑합니다. 창의성과 서비스 도구로서의 비즈니스를 사랑하지요. 사람들의 재능을 착취해서 돈을 버는 비즈니스는 혐오합니다. 대기업에서 일하는 제 친구들은 좀비처럼 불행합니다. 숫자만 나열할 뿐 그 무엇에도 연결되어 있지 않아요. 기업가는 아이디어와 재능을 가지고 있고, 그것을 통해 사회에 기여합니다. 저에게 중요한 건 연결입니다. 버클리에서 수행한 연구에 따르면, 인간은 (프랑스인이든 미국인이든, 젊든 늙었든, 공화당원이든 민주당원이든) 의미 있는 목적과 연결되어 있을 때, 그리고 타인이나 자연과 연결되어 있을 때 행복하고 너그러워진다고 합니다. 저는 행복하고 싶습니다.

니키 저는 어렸을 때부터 우리가 전체를 이루는 부분이라고 배웠습니다. 우리 가족이 잘살려면, 우리가 속한 공동체가 잘살아야 합니다. 우리가 속한 공동체가 잘살려면, 사회 전체가 잘살아야 하고요. 또 사회가 잘 사려면, 지구 전체가 잘살아야 합니다. 저는 이 모든 것에 대해 책임을 느낍니다. 나의 지구, 나의 동족이니까요.

— 그렇게 될 수 있다는 믿음이 있나요?

주디 우리는 승리할 겁니다. 이기지 못한다면 그건 곧 문명의 종말로 이어질 겁니다. 자연은 계속 파괴될 것이고, 불평등도 심화될 거예요. 우리는 극심한 혼란에 빠지겠지요. 그건 자멸의 길입니다. 우리가 시민 한 사람 한 사람에게 힘을 되돌려주어서 피하고 싶은 게 바로 그 길입니다. 사람들에게 힘을!

'자멸의 길에서 벗어난다'라…. 지난 2주 동안 나는 술을 한 방울도 입에 대지 않았다. 15년 만에 처음 있는 일이다. 그동안은 매일 술을 마셨고, 취할 정도는 아니지만, 커피 중독자처럼 조금씩 와인을 마셨다. 하루에 한 잔에서 넉 잔까지 마셨고, 파티나 저녁 식사 모임에서는 더 많이 마시기도 했다. 나에게 음주는 강력한 문화적, 가족적 중독이다. 여기에는 내가 영웅으로 삼은 많은 이에 대한 환상도 담겨 있다. 술을 끊는 것은 나 자신을 다시 소유할 수 있는 좋은 방법인 듯하다. 금주가 나를 새롭게 변신시켜주길 바란다. 이 세상에서 바쁘게 살아가는 것이 힘들다. 아무리 노력해도 지속적으로 얻을 수 있는 것은 없으며, 바꿀 수 있는 게 아무것도 없다는 것을 나는 잘 안다. 술을 마시면 그런 일상의 괴로움을 잊을 수 있다. 술은 나를 무감각하게 만들고, 내 자신의 소리를 듣지 못하게 막는다. 술을 끊으니 다시 현실을 마주하게 되고, 내가 만들어놓은 보상 장치들도 다시 나타났다. 그러자 명상을 하고 싶다는 생각이 들었다. 정신적인 샤워로 미친 듯이 이어지는 생각을 씻어내고, 충만함을 다시 맛보고 싶었다. 명상할 때, 숲에서 긴 산책을 할 때, 도시에서 무작정 걸어 다닐 때, 성적 환희를 느낄 때, 포옹할 때, 관조할 때 나타나는 단순한 존재감, 순수한 집중력은 내가 지금까지 경험한 가장 인상적이고 황홀한 경험이었다. 그런 경험을 만들어내는 힘은 물질적 소유와는 전혀 관계가 없다. 누군가에 대한 사랑, 예술작품이 불러일으키는 감동, 자연과 만났을 때 부푸는 가슴은 금융 거래와는 아무런 관계가 없다. 최소한의 안전 피난처, 음식, 에너지, 의복, 이동 수단과 필요 이상의 약간의 것(문화, 여행 등)만 충족되면 우리가 심오한 행복을 느끼지 못하도록 막을 것은 아무것도 없다. 이것이 주디를 비롯해서 내가 만난 사람들이 벌이고 있는 투쟁에서 내가 깨달은 바이다. 이 투쟁은 무엇보다 우리 자신과 벌이는 싸움이다. 아니, 우리 자신을 위해서 벌이는 싸움이다.

스스로 고치고 재사용하기 : 메이커 운동

이 같은 경제 되찾기 운동은 메이커 운동*의 핵심이기도 하다. 우리는 오클랜드에서 열린 BALLE의 총회와 도시 농원 방문을 위해 머물렀던 디트로이트에서 메이커들을 만났다. 그들은 일회용 제품이 대세를 이루고, 제품의 수명을 몇 년으로 단축하는 계획적 진부화**로 새 제품을 구입하는 비용이 수리비보다 더 싸게 먹히는 소비 지향적 사회에 저항하기 위해 스스로 만들고 고치는 법을 배우는 '팹랩fab lab'을 열었다. 도시에 위치한 팹랩은 3D프린터 같은 기

---

* 스스로 필요한 것을 만드는 사람들인 '메이커(maker)'들이 제품을 만드는 법을 공유하고 발전시키는 흐름을 통칭하는 오픈소스 제조업 운동
** 기업에서 새로운 상품의 판매를 촉진하기 위해 상품을 제작할 때 일부러 상품의 개발을 진부화하거나 노후화되도록 하는 현상(위키백과)

술의 발명으로 단 몇 년 만에 진정한 의미의 소규모 공장으로 거듭났다. 이곳에서는 크기가 제법 되는 물건을 소량 생산할 수 있다. 수리에 필요한 부품을 구할 수 없는 고장 난 냉장고나 프린터부터 악기, 찻잔, 휠체어를 위한 슬로프, 와인 거치대, 장난감, 휴대전화 케이스에 이르기까지 대기업이나 대규모 생산 시설을 갖춘 공장을 거치지 않고도 거의 모든 것을 생산해낼 수 있다. 최근에는 자동차*, 주택**, 건물***까지 3D 프린터로 생산해냈다. 오픈 소스 방식으로 지은 주택 '위키하우스Wikihouse'의 설계자 알라스테어 파빈Alastair Parvin은 누구나 설계도를 다운 받아서 직접 집을 지을 수 있다고 설명했다. "어디에나 공장이 있는 시대가 다가옵니다. 20세기에 디자인이 지닌 첫 번째 사명은 소비를 민주화하는 것이었습니다. 헨리 포드, 코카콜라, 이케아가 그 예입니다. 21세기에는 디자인의 사명이 생산의 민주화로 바뀔 겁니다."****

이러한 현상은 20세기에 특별한 산업화 과정을 거쳤던 디트로이트에서 특히 두드러졌다. 디트로이트는 도시농업 분야에서 선두

---

* 2015년 1월 16일에 디트로이트 모터쇼에서 공개된 스트라티(Strati). www.francesoir. fr/culture-medias/une-voiture-fabriquee-en-44-heures-avec-une-imprimante-3d-presentee-aux-etats-unis 참조.

** 2012년 스페인의 바르셀로나에서는 2주 만에 환경 친화적인 태양열 주택이 지어졌다 (www.maison-bioclimatique.info/maison-solaire/). 중국에는 너비 6미터의 3D 프린터로 지은 집들이 있다. www.directmatin.fr/economie/2015-01-23/video-une-imprimante-3d-qui-construit-desmaisons-698327.

*** 중국에 있는 6층 건물로, 높이 10미터, 너비 6미터인 3D 프린터로 지었다. www. leparisien.fr/high-tech/chineun-immeuble-et-une-villa-batis-avec-une-imprimante-en-3d-21-01-2015-4465801.php#xtref=https%3A%2F%2Fwww.google.fr 참조.

**** 알레스테어 파빈의 TED 강의 중에서. www.ted.com/talks/alastair_parvin_architecture_for_the_people_by_the_people?language=fr.

주자일 뿐 아니라 물건을 구매하기보다 재사용할 것을 제안하는 제품 서비스 통합 시스템 Product Service System과 DIY의 본고장이다. 디트로이트 지역에는 '13디트로이트', '더 로봇 가라지'(레고와 로봇), '옴니코프 디트로이트', '테크숍' 등 메이커를 위한 많은 장소가 존재한다. 우리는 그중 하나인 '마운트 엘리엇 메이커스페이스 Mount Elliott Makerspace'를 방문했다. 이곳의 운영자인 제프 스터지스 Jeff Sturges는 톰 크루즈를 닮은, 멋지고 에너지 넘치는 40대 남성이다. 원래는 산업 디자이너였는데, 당시에는 칫솔 디자인을 담당했다고 한다. "어느 날 저녁에 퇴근한 뒤 문득 이런 생각이 들더군요. 새로운 칫솔은 더 이상 필요 없다고요. 다른 많은 물건도 마찬가지고요. 그 대신에 우리에게는 식량과 물, 집, 의복, 교통, 교환 시스템, 폐기물 운영 등이 필요합니다. 이 모든 것에 대한 접근권이 있어야 하고, 또 그런 물건을 최대한 쉽게 만들어낼 수 있는 수단에도 접근할 수 있어야 합니다. 기본적인 문제가 먼저 해결되어야 음악, 창조적이고 의미 있는 삶 등 그동안 우선순위에서 밀린 다른 욕구에 대해서도 생각해 볼 수 있습니다." 제프는 팹랩의 개념에 전적으로 동조해서 "사람들이 찾아와 거의 모든 물건을 함께 만들고 고치는 동네 작업실"인 마운트 엘리엇 메이커스페이스를 만들었다.

특이하게도 마운트 엘리엇 메이커스페이스는 망령이 깃든 성처럼 으스스한 성당의 지하실에 위치해 있다. 인터넷에서 본 세련된 팹랩의 이미지와는 천지 차이였다. 그러나 일단 문을 열고 들어가 보니, 뭔가 열정이 넘치는 분위기였다. 자전거 작업실 옆에 있는 큰 방에는 컴퓨터와 책상이 늘어서 있었다. 한쪽 구석에는 재봉을 위한 곳이었고, 유리창 너머로 보이는 또 다른 방에는 목재와 금속을 다룰 수 있는 작업대가 있었으며, 벽에는 도구들이 걸려 있었다. 그 방에 들어가 보니, 두 남자가 자전거를 고치고 있고, 한 여자는 가죽으로 손 보호용 장갑을 만들고 있었다. 한쪽 테이블에서는 사람들이 둘러앉아 포스트잇으로 미니어처 성벽 만들기를 배우고, 어린 여학생들은 마인크래프트*를 하고 있었다. 제프는 사람들이 세 배나 많았던 전날 우리가 방문하지 않은 것을 아쉬워했다. 그는 이곳이 교육뿐만 아니라 자유를 얻는 공간이라고 정의했다. "디트로이트에는 부유층도 있고 빈곤층도 있지만, 그 사이의 중산층은 거의 없습니다. 빈곤층은 물건을 소유하거나 제작하는 상류층에 의존하게 되지요. 그 물건을 사려고 원하지 않는 직업을 가져야 합니다. 우리는 우리가 원하는 것과 필요로 하는 것을 공동체 내에서 직접 만들 수 있는 세상을 위해 노력하고 있습니다. 우리는 대기업에 대한 의존도를 줄이고자 합니다. 그들이 우리의 이익을 항상 염두에 두는 것은 아니니까요."

　제프 옆에 있던 열여섯 살 된 아이는 이곳에 다닌 지 2년째라고 했다. 아이는 자전거를 직접 만들고, 휴대전화를 고쳤으며, 친구들도 만났다고 한다. 이곳이 학교가 끝나고 들를 만한 괜찮은 장소였던 것이다. 두 테이블 옆에 있던 여학생도 비슷한 경우였다. 과제를 막 마친 아이는 원래 이곳이 가족과 함께 늘 다니던 성당이었다고 말했다. 처음에는 어쩔 수 없이 이곳에 왔지만, 그다음에는 인형을

---

*　여러 가지 '세상'을 만들면서 생존해나가는 비디오 게임.

직접 만들기 시작했고, 지금은 이 공간을 최대한 활용하려고 한다고 했다. 아이는 열한 살의 아프리카계 미국인이었다. 저소득 가정의 아이라는 것을 한눈에 알 수 있었다. 아이는 우리에게 빙하가 녹아내리는 현상과 바다가 산성화되어 산소가 없어져서 인류가 멸망할 수도 있다고 설명했다. 또 어디에서나 다양성이 인정받는 세상, 차별과 폭력, 그리고 아이가 사는 동네에서 벌어지는 것과 같은 범죄가 없는 세상을 꿈꾼다고 했다. 아이는 자라서 프린스턴 대학교에 입학해 변호사가 되고 싶다고 했다. 그래서 가장 힘없는 사람들을 돕고 싶다는 것이다. 아이는 말했다. "신문을 보면 종이는 하얗고 글자는 까맣잖아요. 그 두 개가 우리에게는 다 필요해요. 한 인종이 세계를 지배할 수는 없어요.".

아이 뒤에서 가죽 장갑을 만들던 여자가 재봉틀에 장갑을 하나씩 올려놓았다. 그녀는 4년 전부터 마운트 엘리엇 메이커스페이스에서 재봉을 가르치는 자원 봉사를 하고 있다. 아이들은 그녀에게서 단추 꿰매기, 바지와 셔츠, 양말 수선하기, 옷 만들기를 배운다. 그녀가 웃으며 말했다. "아이들에게 독립심을 가르치고 있어요." 이곳에서는 어른과 아이가 서로를 돕는다. 제프는 열두 살 된 여자아이가 3년 동안 수십 명의 어른에게 용접을 가르친 얘기를 들려주었다. 이것은 학교에서 이루어지는 것과는 다른 배움의 방식이다. "내 친구인 조이 이토Joi Ito MIT 미디어랩 소장은 자주 이런 얘기를 합니다. '교육이 아니라 배움이라고 해야 한다'고요. 사람들은 외부에서 강요된 교육을 거부합니다. 배움은 스스로 하는 것이죠. 하고 싶어서 혹은 필요하니까 배우는 것입니다. 아이들은 꼭 이곳에 와야 하는 의무가 없습니다. 아이들이 여기에 오는 건, 오고 싶기 때문이지요. 앞으로는 이런 공간이 학교와 구분되지 않았으면 하는 것이 제 바람입니다. 그렇게 되면 이런 공간을 '배움의 장소'라고 부르겠지요. 사람들은 이곳에서 교류하면서 즐거움을 느낄 것입니다."

앞에서 언급한 롭 홉킨스, 그리고 도시 전환 운동에서와 마찬가지로 '스스로 만드는 법'을 배워야 하는 필요성은 매우 크다. 아주 적은 비용으로 만든 상품이 세상에 널렸는데, 왜 하찮은 물건 하나 만들려고 이토록 노력을 기울여야 하느냐고 묻자, 제프가 흥분하며 말했다. "저는 그게 인간이 가진 능력의 핵심이라고 봅니다. 인간은 창조하는 존재입니다. 가상으로든 물리적으로든 말이죠. 정신뿐 아니라 손과 눈, 코, 입 등 우리가 가진 모든 것을 사용하는 것이 아주 중요합니다. 우리가 가진 능력과 다시 만나고, 타인과도 다시 만나야 합니다. 우리 시대에는 소비가 법입니다. 하지만 자원을 남용해서 문제가 되었지요. 재활용, 수선, 재사용 등을 통해서 우리가 자원을 직접 생산할 수는 없는지 생각해봐야 합니다." 제프는 팹랩 회원들이 3D프린터로 만든 물건을 보여주었다. 없어진 레고 조각, 도시농업에 필요한 파종기, 그리고 제프가 가장 마음에 들어 하는 의수가 있었다. 한 아이가 아빠를 위해 만들고 있다고 했다. 제프는 이처럼 개개인이 창의력을 발휘할 수 있는 수단을 가질 수 있기 때문에 메이커운동이 사회를 변화시킬 수 있다고 믿는다. "수천 명의 사람이 집에서 직접 전자부품과 예술작품, 음식을 만듭니다. 재능을 발휘할 수 있게 해줌과 동시에 좋은 도구도 개발한다면 모든 걸 바꿀 수 있겠지요. 아마 사람들은 대부분 잘 느끼지 못하겠지만, 변화는 이미 다가왔습니다."

2015년에 디트로이트에서 이틀간 개최된 '메이커 페어Maker Faire'
에는 수백 명의 메이커와 2만5000명의 방문객이 모였다. 재생에너
지 문제를 비롯해 다양한 프로젝트가 소개되었다. 2011년에 〈뉴욕
타임스〉는 지난 십 년 동안 디트로이트의 인구가 25퍼센트나 감소
했지만, 중심부에서는 35세 미만의 대학 졸업장을 가진 주민이 59
퍼센트나 증가했다고 강조했다.* 이는 탈산업화를 상징하는 최초의
대도시이자, 전 세계 기자와 관광객이 몰려드는 디트로이트의 변화
가 주는 영향이 매우 크다는 신호이다.

분권화된 공유경제를 향하여 : 제러미 리프킨과의 만남

여행과 만남을 통해 여러 쟁점이 드러났다. 우리가 만난 모든
사람이 통화 창출, 기업, 투자, 혁신, 산업 등 경제적 권력을 분권화
해야 한다고 강조했다. 또 기존의 경제 모델을 시민 한 사람 한 사
람이 전체 시스템의 기능에 대해 영향력을 미치는 만큼 책임도 갖
는 다수의 네트워크로 정비해야 한다고 주장했다. 지금처럼 더 많
은 권력과 부가 소수에게 집중되는 괴물 같은 모델을 이대로 계속
해서 유지할 수는 없다. 그런 측면에서 베르나르 리에테르가 쓴 생

---

* www.nytimes.com/2011/07/03/fashion/the-young-and-entrepreneurial-move-
todowntown-detroit-pushing-its-economic-recovery.html?_r=0.

태계의 비유는 아주 충격적이다. 그의 생각은 영속농업의 철학과도 통했다. 먼저 자연에서 영감을 받아서 효율적이고 회복력이 있는 경제 시스템을 만들었어야 하는 게 아닐까? 돌이켜 보면 우리가 찾아갔던 곳에서 벌어지는 시도는 모두 자연을 모델로 하고 있었다. 재생에너지는 아직 완벽하지 않지만, 식물의 광합성을 재생산하고자 하는 발상이다. 제로웨이스트, 순환 경제, 메이커운동은 쓰레기를 재사용하여 새로운 자원을 만드는 과정이 무한정 반복되는 숲의 메커니즘과 같다. 보완 통화와 BALLE는 다양성과 상호연결성에서 영감을 받았다. 베르나르 리에테르는 이 두 원칙이 모든 종류의 생태계 회복에서 가장 중요하다고 언급했다. 모두가 이 두 원칙이 자율성이 더 큰 자유, 관계의 균형, 진정한 민주주의적 가치를 보장해준다고 입을 모았다.

나는 NGO, 대학, 언론 등 내 주변에서 공유경제를 중심으로 한 대규모 운동이 출현한 것도 보았다. 공유경제는 내가 가진 모든 물건이 나의 소유가 아니며, 그것을 모두가 나눠 쓸 수 있다는 생각에서 출발했다. 공유경제를 이끄는 사람들은 분권화와 사회의 수평화(기존의 수직적인 피라미드 모델과의 결별)가 공유경제의 특징이며, 이는 인터넷의 출현으로 야기된 중요한 기술적 및 문화적 단절의 결과라고 평가한다. 인류는 역사상 최초로 클릭 몇 번만으로 서로를 직접 연결할 수 있게 되었고, 정보와 서비스를 손에 넣거나 직접 만들 수 있게 되었다. 중앙 기관을 거칠 필요가 없어진 것이다(물론 페이스북, 구글, 아마존, 애플로의 집중이 20세기 수직적 자본주의 모델과 점점 닮아가고 있지만). 인터넷은 정보, 물건, 서비스, 에너지의 공유를 원활하게 만들었다. 우리가 여행 말미에 만난 제러미 리프킨은 인터넷이야말로 진정한 혁명의 시발점이라고 말한다. 그는 인터넷 덕분에 자본주의와 사회주의가 탄생한 19세기 이래 최초로 아주 새로운 경제 모델인 공유경제가 출현했다고 평가했다. 그리고 공유경제의 입지는 앞으로 아주 커질 것이라고 했다.

제러미 리프킨은 독보적인 미래학자이다. 경제학자이자 컨설턴트이자 기업가인 그는 경제동향연구재단Foundation on Economic Trends의 공동 설립자이자, 이사장이다. 지난 십여 년 동안 서양에서 가장 중요하고 영향력 있는 미래학자로 손꼽혀온 제러미 리프킨은 탁월한 직감으로 그 누구보다도 먼저 중요한 투쟁을 시작했다. 예를 들어 1973년에 재생에너지로 전환할 필요성을 예감하고 화석연료를 반대하는 대규모 집회를 조직했다. 1988년에는 35개국의 기후 연구 과학자와 환경운동가들이 워싱턴DC에서 서로 만나는 자리를 마련했다. 바로 제1회 세계 온실가스 네트워크Global Greenhouse gas Network 회의였다. 같은 해에는 할리우드에서 여러 차례 강연을 열어서 배우와 프로듀서, 시나리오 작가, 감독들에게 기후변화의 심각성을 환기시켰다. 1992년에는 '육식의 종말Beyond Beef'이라는 캠페인을 시작했고, '그린피스', '열대우림 행동 네트워크Rainforest Action Network', '퍼블릭 시티즌Public Citizen' 등 6개의 환경단체가 연합해서 소고기 소비를 50퍼센트 줄이기 위한 운동을 벌였다. 지금까지 언급한 주제는, 지금은 우리의 주된 관심사이지만, 당시에는 그렇지 않았다. 이렇다 보니 제러미 리프킨이 앞으로 수십 년 동안 벌어질 변화에 대해 말하면, 관심을 기울이지 않을 수 없다. 앙겔라 메르켈 독일 총리와 유럽연합 집행위원회, 그리고 유럽의회의 특별 자문관인 제러미 리프킨은 자신의 전략이 공식적으로 채택되도록 하는 데 성공했다. 재생에너지와 인터넷의 결합으로 이루어진 제3차 산업혁명이 바로 그것이다. 그의 주장이 성공하려면 여러 가지 선제 조건이 해결되어야 하지만, 우리는 우리가 알아낸 경제에 대한 모든 것을 그의 비전과 비교해보고자 했다. 제러미 리프킨은 새 책 홍보차 파리를 방문했을 때 우리를 만나주었다. 그런데 그 만남은 우리가 그때까지 했던 경험과는 조금 차이가 있었다.

5성급 호텔에 도착하자, 제러미 리프킨이 몇 미터 앞에서 우리를 향해 걸어오는 것이 보였다. 나는 서둘러 다가가 인사를 했지만, 그는 아주 냉담했다. 하루 13시간씩 책을 홍보하며 기자들에게 온갖 언어로 똑같은 말을 읊조리다 보니 스트레스를 많이 받은 상태였다. 그는 시간이 지체되는 걸 원하지 않았다. 우리가 누구인지도 모르고, 왜 자신을 인터뷰하려고 하는지도 모르는 채, 인터뷰에 60분이 아닌, 20분만 할애하겠다고 설명했다. 나는 장편 다큐멘터리를 찍는 중이며, 언론을 위한 짧은 인터뷰보다는 더 긴 시간을 원한다고 말했지만, 결국 그의 홍보 담당과 논의 끝에 30분 동안 인터뷰하기로 합의를 보았다. 단, 그가 자신의 주장을 끝까지 펼칠 수 있도록 중간중간 질문은 하지 않는다는 조건이었다. 그는 결국 처음 약속했던 대로 한 시간 동안 우리와 함께했고, 우리는 약속한 대로 그의 말을 단 한 번도 자르지 않았다. 그날 그가 우리에게 했던 말중 의미 있는 부분은 다음과 같다.

"19세기의 제1차 산업혁명과 20세기의 제2차 산업혁명 당시, 우리는 수직적인 피라미드식 모델을 만들었습니다. 권력은 중앙으로 집중되었고, 명령은 위에서 아래로 하달되었죠. 농업과 산업, 유통과 커뮤니케이션, 은행과 보험, 운송과 물류도 모두 중앙으로 집중되었습니다. 이 방법이 생산 비용을 줄이고, 많은 성과를 올리며, 우리의 삶을 개선하는 최선이었으니까요. 이제 그 모델은 한계에 다다랐고, 우리는 그 이유를 잘 알고 있습니다. 이제는 새로운 혁명을 시작해야 합니다. 인터넷 덕분에 우리는 소통하는 방식, 공유하는 방식, 에너지를 유통하는 방식, 이동하는 방식을 획기적으로 바꿀 수 있었습니다. 인터넷의 구조는 분배, 협력, 개방, 투명성을 지향하며, 이를 통해 놀라운 규모의 경제를 실현할 수 있습니다. 수백만 명의 사람이 모이고, 생산하고, 공유할 수 있다는 가능성을 열어준 것이 인터넷입니다. 작은 주체가 모여 창출한 가치는 20세기의 대기업이 할 수 있는 것을 훨씬 뛰어넘었습니다. 세 가지 예를 들어볼까요? 그것은 바로 운송, 에너지, 산업입니다.

인터넷의 발달로 이제는 자동차를 소유하는 것보다 공유하는 게 더 쉬워졌습니다. 자동차를 갖는 것에는 아예 관심이 없고 이동성에 대한 접근권을 원하는 수백만 명의 젊은이가 5년 전에 자동차 공유를 시작했습니다. 스마트폰과 GPS를 이용해서 자동차나 운전자의 위치를 몇 분만에 찾아내고, 도착지에 가서 온라인 결제를 합니다. 이게 환경에 얼마나 도움이 될지 생각해보십시오. 제너럴 모터스의 부회장이었던 래리 번스 Larry Burns는 미시건 대학을 위해 자동차 공유의 영향을 연구했습니다. 기반시설이 지금보다 미비해도, 자동차 수를 80퍼센트 줄이고도 똑같은 이동성을 가질 수 있습니다. 현재 전 세계 자동차 수는 10억 대입니다. 그 수를 2억 대까지 줄여서 공유할 뿐만 아니라, 친환경 연료를 쓰고, 3D프린터로 제작까지 할 수 있을 것입니다.

이것은 산업으로 연결됩니다. 3D프린터를 가진 세대와 인터넷에서 소프트웨어와 설계도를 무상으로 공유하는 메이커운동이 출현하면서 온갖 종류의 물건을 직접 제작할 수 있게 되었습니다. 게다가 메이커들은 쓰레기를 재료로 사용합니다. 플라스틱, 종이, 금속을 재사용해서 물건을 생산하지요. 특허나 원자재를 위한 비용이 들지 않습니다. 프린터 비용만 상쇄되면 비용은 거의 제로에 가깝습니다. 앞으로 몇 년 안에 이들의 프린터와 작업실은 태양열 전지와 미니 풍력 발전기로 에너지를 공급받게 될 것입니다. 마찬가지로 태양열 전지 설비비가 상쇄되면 에너지도 거의 무상으로 제공받게 됩니다(한계비용 제로*). 태양열은 무궁무진하고, 태양이 고지서를 보낼 리도 만무하니까요. 제품은 낱개 단위로 생산되므로, 지금처럼 산업 시대의 소비사회가 야기하는 엄청난 낭비를 피할 수 있습니다. 지금은 비용을 낮추기 위해서 나중에 제품을 버리는 한이 있어도 최대로 많은 양을 생산하려고 합니다. 모두가 정교한 제품을 만들지는 않겠지만, 오바마 대통령이 바랐던 것처럼 초등학교에 3D프린터가 구비된다면, 머지않아 아이들이 직접 스마트폰이나 주택을 만들 수 있을 것입니다.

---

* 고정 비용이 상쇄된 후 재화나 서비스의 생산비용

에너지도 마찬가지입니다. 독일에서는 전기의 27퍼센트를 태양열과 풍력으로 생산합니다. 한계 비용은 제로에 가깝고요. 독일은 2020년까지 이 수치를 35퍼센트까지 끌어올릴 계획입니다. 2014년 5월의 어느 일요일, 세계 제3위 경제 대국에서는 전기의 75퍼센트를 태양열과 풍력으로 생산했습니다. 마치 모순어법처럼 들리지만, 온종일 전기세가 마이너스 가격이었지요. 태양에너지 1와트의 생산 가격은 1970년에 66달러였다가 지금은 66센트로 제로에 가깝습니다. 독일에서는 개인과 중소기업, 시민 협동조합, NGO 등 수백만의 작은 주체가 나서서 한계 비용이 제로에 가까운 전기를 생산하고 있습니다. 유례가 없는 혁명이 일어난 셈입니다. 이런 상황에서 화석연료와 원자력 에너지가 비교가 되겠습니까? 십 년만 지나면 수백만 명은 전 세계 수천만 명으로 늘어날 것입니다. 25년이 지나면 수억 명이 바이오매스와 지열, 풍력, 태양열, 수력으로 전기를 지역에서 생산하고, 인터넷에 연결된 지능형 유통망으로 공유할 것입니다. 이 변화는 피할 수 없습니다. 이미 전조 현상이 눈에 띕니다. 피라미드식 대기업은 경쟁 상대가 되지 않을 것입니다. 지난 7년 동안 독일의 4대 국영 대기업은 시장 지분이 폭락했습니다. 지금은 전기 생산량의 7퍼센트밖에 차지하지 못합니다. 중앙집권화된 조직에 익숙해져 있고, 수직적인 규모의 경제를 추구하니까요. 이제는 수평적이고 분권화된 권력이 출현하고 있습니다. 에너지는 어디에서나 무상으로 구할 수 있고요. 수백만 명의 주체가 에너지를 적게 생산하고 저장해서 교환하면 됩니다. 규모의 경제를 수평으로 연결하면, 원자력 발전소 한 곳에서 생산한 전기의 양을 훨씬 뛰어넘을 수 있을 것입니다.

시대를 불문하고 기업가는 기업의 생산성을 높이고, 한계 비용을 줄이며, 더 저렴한 상품을 시장에 내놓아 더 많은 소비자를 유혹합니다. 시장 지분을 더 많이 차지하고 투자자를 만족시키기 위해 항상 새로운 기술을 찾지요. 하지만 지금처럼 엄청난 기술 혁명이 찾아오리라고는 예상하지 못했습니다. 한계 비용이 제로에 가까워져서 재화와 서비스가 이론적으로 무상으로 풍부하게 제공될 수 있으리라고는 상상하지 못했지요. 자본주의 시스템의 성공을 가져왔던 요인이 거꾸로 자본주의를 배신하기 시작한 것입니다.

몇 년 전에 나타난 '사회적 책임 기업가'라는 신조어가 있습니다. 구세대는 아마 이 용어가 모순어법이라고 말할 것 같군요. 기업가는 사회적 책임을 질 수 없다고 하면서요. 애덤 스미스가 주장했듯이, 개인은 타인의 이익 따위는 아랑곳하지 않고 자신의 이익만 추구하며, 그 행위를 통해 사회 발전에 기여한다고 말하겠죠. 어쩌면 신세대가 애덤 스미스의 책을 읽지 않아서 그런 건지도 모르겠네요. 신세대들은 자신의 재능과 창의력을 공유경제를 통해 공동체에 제공함으로써, 타인의 삶뿐 아니라 자신의 삶도 개선할 수 있다고 믿으니까요. 젊은이는 정부와 정당, 교육 체계 등을 판단할 때, 구조가 중앙집권화되어 있는지 살펴봅니다. 가부장적이고 폐쇄적인 수직적 집단인지, 아니면 분배와 협력, 개방, 투명성을 지향하고 수평적인 규모의 경제를 보상하는 시스템인지 평가하는 거죠. 신세대는 기업가 정신뿐 아니라 권력에 대해서도 새로운 관점을 가지고 있습니다. 그것은 바로 '사람들에게 힘을 power to people' 주자는 것입니다.

여전히 큰 권력을 가지고 있는 전화 사업자와 케이블 회사, 인터넷 사업자, 에너지 회사 등의 대기업은 이런 발전을 가져올 수단을 독점하려고 할 것입니다. 구글의 하루 검색 건수는 60억 개에 달합니다(이는 미국 검색 엔진 시장의 3분의 2, 유럽 시장의 91퍼센트에 해당한다). 전 세계 인구의 20퍼센트가 페이스북을 사용하며, 3억 명이 트위터 가입자입니다. 아마존은 글로벌 대형마트이고요. 이미 개인 정보 보호와 관련된 심각한 문제가 나타나고 있습니다. 따라서 진정한 투쟁은 민주주의 투쟁이 될 것입니다. 무엇보다 네트워크의 중립성을 최대한 보장하도록 해야 합니다. 힘겨운 싸움이 되겠지만, 그런 대가를 치러야 우리의 자식과 손자가 살아갈 지구와 진정한 조화를 이루는 사회를 만들 수 있습니다. 우리에게는 시간이 얼마 남지 않았습니다. 아마 기껏해야 삼십 년 정도 남았을까요?"

4장. 시민이 참여하는

민주주의 GOVERNANCE

아이슬란드 혁명 당시 의회 앞에서 벌어진 집회의 밤

"소위 법의 이름으로 자연의 균형을 위협하거나, 우리가 인간답고 자유로우며 독립적인 삶을 누리지 못하게 하는 것은 기필코 배척해야 합니다. 그런 법이 있다면 맞서 싸워야 합니다. '죽은 민주주의'는 '살아있는 민주주의'로 대체해야 하며, 그 유일한 방안은 지역 단위에서 시민의 권한을 되찾는 것입니다. 지역 민주주의가 죽은 상태에서는 국가나 세계 차원에서 민주주의기 작동할 수 없습니다."

– 반다나 시바* Vandana Shiva와의 인터뷰 중에서

* 환경, 여성인권, 식량주권 문제를 다루는 인도의 세계적인 사상가이자 활동가

대의 민주주의의 한계 : 다비드 반 레브룩과의 만남

다비드 반 레브룩David Van Reybrouck은 벨기에 출신의 작가이고, 사람들도 대개 그렇게 알고 있다. 실제로도 2010년에《콩고Congo》라는 작품을 발표해서 프랑스의 권위 있는 문학상인 '메디시스 상' 수필 부문에서 '최고의 해외 작품상'을 수상하고 국제적인 명성을 얻었다. 하지만 알고 보면 작가는 그가 가장 최근에 가진 직업이며, 그전에는 고고학자이자 민속학자였다. 루뱅 대학에서 고고학과 철학을 전공하고, 케임브리지 대학에서 세계 고고학 석사 학위를 받았으며, 2000년에는 〈원시인에서 영장류로 : 선사시대 연구에서 민족학적 및 영장류학적 유사성의 역사〉라는 논문으로 레이던 대학에서 박사 학위를 받았다. 2010~2012년에는 민주주의에 관심을 기울이고 벨기에와 네덜란드에서 일종의 시민 정상회의인 'G1000'을 발기했다. G8이나 G20를 비웃기라도 하듯, G1000에서는 1000명의 시민이 모여 자국을 위한 발전 방향을 함께 모색했다. 이 밖에도 다비드 반 레브룩은 민주주의에 관한 심도 있는 연구 결과를 담은 《선거에 반대한다Contre les élections》*라는 책을 출판했다. 이 책은 민주주의의 과거와 현재, 그리고 미래를 아주 흥미롭게 다룬다.

우리는 다비드 반 레브룩을 브뤼셀에 있는 그의 아파트에서 두 시간 동안 만났다. 올리비에 드 쉬테와 베르나르 리에테르를 만난

---

* Actes Sud, Babel, n°1231, 2014.

직후의 일이었다. 다비드 반 레브룩과의 만남은 새로운 발견의 연속이었다.

다비드 사실 저는 정치나 민주주의에 관해 책을 쓸 생각이 전혀 없었습니다. 민주주의는 어느 정도 해결이 된 문제이고, 더는 연구할 것이 없는 주제라고 생각했었지요. 민주주의는 우리가 찾은 최선의 해법이고, 그나마 가장 나은 제도라고 믿었으니까요. 제가 원래 쓰고 싶었던 건 시나 희곡이었습니다. 하지만 유럽 민주주의의 지붕이 줄줄 새고 있는데 그런 글을 쓰기란 아주 어렵지요. 어찌나 물이 많이 새는지 지난 몇 년 동안 작가이자 연구자, 그리고 시민의 한 사람으로서 이 문제에 관심을 기울이지 않을 수 없었고, 토론에 참여해야 할 책임감을 느꼈습니다. 토론은 우리 사회의 미래를 만드는 기본적이면서도 가장 핵심적인 요소입니다.

– 민주주의의 가장 큰 문제점이 뭐라고 생각하십니까? 여러 나라를 다니며 변화를 위한 행동에 나선 사람들을 만나왔는데요, 매번 마주친 가장 큰 장애물은 시민이 힘을 잃는다는 문제였습니다. 또 그런 상황은 대개 대기업과 대규모 금융기관에게 유리했고요. 저희가 만난 사람들은 새로운 경제·에너지·농업 모델의 출현이 원활하게 이루어질 수 있는 정치적 틀을 마련해야 한다고 입을 모았습니다. 그러면서 지금은 많은 정치인이 막중한 재원을 가진 초국가적 기업의 영향을

받고 있다고 하더군요.

다비드 　서양에서는 정당과 의회, 더 나아가 권력 전체에 대한 불신이 점점 커지고 있습니다. 저는 그럴 만하다고 생각합니다. 사람들은 지금의 정치 시스템에서 소외감을 느낍니다. 영어로 이런 감정을 나타내는 아주 훌륭한 표현이 있지요. 'a sense of theft', 다시 말하면 '도둑맞은 느낌', 즉 상실감입니다. 시민들은 사회에 대한 영향력을 상실했고, 사회 통치에 참여할 수 없습니다. 최근에 프린스턴 대학에서 발표한 연구는 '현재 미국은 민주 국가가 아니라 과두제*이다.'라는 내용을 골자로 하고 있습니다. 정말 믿기 어려운 이야기죠. 소수의 극좌파가 주장한 내용이 아니라, 프린스턴 대학에서 연구한 결과니까요.

　– 무엇을 근거로 그런 결론에 도달했을까요?

다비드 　그 연구에서는 시민의 뜻(특히 여론조사에서 나타난)과 정부의 정책 그리고 경제 엘리트층이 삼는 우선순위를 각각 비교했습니다. 그랬더니 정부의 정책 결정이 재계의 욕구와 매번 일치한다는 결론이 나왔습니다. 국민 대다수의 바람 따위는 아랑곳하지 않은 것이지요. 하지만 이런 상황이 계속될 수는 없습

---

* 　1981~2002년까지 이행된 1800개 공공정책에 관한 데이터를 활용한 연구이다. www.bbc.com/news/blogs-echochambers-27074746 et journals.cambridge.org/action/displayAbstract?fromPage=online&aid=9354310 참조.

니다. 지금은 이 사실을 모두가 압니다. 그래서 정치인들이 시민의 신뢰를 잃고 있지요. 제가 한 정당을 이끄는 대표라면 최소한 몇 가지는 걱정할 것 같습니다. 국제투명성기구Transparency International에서는 2년마다 〈부패 인식에 관한 보고서〉를 발표합니다. 가장 최근의 보고서를 보면, 모든 서양 국가에서 시민의 불신을 가장 많이 받는 조직은 정당입니다. 심지어 노르웨이에서도 응답자의 41퍼센트가 정당이 부패했거나 아주 심하게 부패했다고 답했습니다. 무려 41퍼센트나요! 노르웨이만 그런 게 아닙니다. 벨기에에서는 그 수치가 67퍼센트였고, 프랑스에서는 70퍼센트였습니다. 에스파냐와 그리스는 각각 80퍼센트와 90퍼센트 이상입니다. 민주주의의 주요 주체가 가장 부패한 조직으로 인식된다는 점은 심각한 문제입니다.*

– 어쩌다가 이런 지경까지 왔을까요?

다비드 지금의 정치 제도에서는 시민이 투표로 의회를 만들고, 의회는 정부를 지명하며, 정부는 나라를 운영하게 되어 있습니다. 그런데 정부와 의회가 갖는 힘이 역사적으로 어떻게 변했

---

* 여론조사 기관 입소스(Ipsos)가 수행한 〈프랑스 2014〉에 따르면, "프랑스 국민의 65퍼센트가 정치인이 부패했다"고 생각하며, "정치인이 주로 특정 개인의 이익을 위해 움직인다"고 생각하는 사람은 85퍼센트나 된다. 그리고 78퍼센트는 "민주주의 체제가 제대로 돌아가고 있지 않으며 자신들의 생각이 제대로 반영되지 않는다."고 답했다. 또한 "하원을 불신하는 국민이 72퍼센트, 상원을 불신하는 국민이 73퍼센트"에 이르며, 응답자의 88퍼센트는 정치인이 "사람들이 무슨 생각을 하는지 관심을 두지 않는다."고 답했다.

는가를 돌이켜보면, 그동안 엄청난 변화가 있었다는 사실을 알 수 있습니다. 국가 차원의 권력은 힘을 많이 잃었고, 그 힘은 윗선으로 옮겨갔습니다. 정치적 권한과 관할권이 (아직까지는 그래도 민주적인) 유럽 차원으로 이동했고, 더 나아가 (전혀 민주적이지 않은) 금융기관과 미국의 신용평가기관, 국제금융기구IMF 등 초국가적 차원으로 넘어갔습니다. 그와 동시에 아래쪽으로도 힘이 많이 이동했습니다. 시민들은 과거보다 훨씬 더 많은 해방을 누리고 정치인을 더 이상 신뢰하지 않게 되었습니다. 지난 200년 동안 사회를 지배했던 정치 체제가 힘도 잃고 신뢰도 잃은 상황에 놓인 것입니다. 민주주의의 합법성과 효율성에 위기가 닥친 것이지요.

– 하지만 정치인에게 이 위기를 수습하고 우리가 정말로 원하는 것 그리고 우리에게 필요한 일을 하도록 압력을 가할 수 있지 않습니까? 왜 그러지 못하는 걸까요?

다비드 지금의 민주주의 모델에서는 국민 대다수에게 권력이 주어지지 않으니까요.

– 조금 더 자세히 설명해주시겠습니까?

다비드 선거 민주주의 제도는 위임이라는 원칙을 기반으로 합니다. 18세기 말에 프랑스와 미국에서 혁명이 일어난 뒤 왕이 없어지자, 나라를 다스릴 누군가가 필요했습니다. 당시에는 나라가 컸고, 교육받은 사람은 많지 않았습니다. 기술이 발전하지 않아 정보를 빠른 속도로 널리 확산시킬 수도 없었지요. 그래서 나온 게 선거 제도입니다. 대표를 뽑기 위한 (귀족적인 발상에서 나온) 절차인 것이지요. 이 제도가 오늘날까지 전해져 내려오면서 벨기에나 프랑스, 미국의 시민들은 선거일에 투표를 함으로써 향후 4~5년 동안 자신의 권력을 대표자에게 위임하게 되었습니다.* 민주주의를 선거로 축소해버린 것이죠.

저는 《콩고》라는 책을 쓸 때 콩고의 역사에 대해 많이 연구했는데요, 사람들이 "콩고를 민주화해야 한다"고 말할 때 사실 그 말의 뜻은 "그들도 우리처럼 선거를 치러야 한다"는 의미입니다. 이라크나 아프가니스탄에 대해서도 마찬가지입니다. 저의 주장이 다소 상식에서 벗어나는 것처럼 보일 수 있지만, 이게 사실인걸요. 베르나르 마냉 Bernard Manin 을 비롯해서 프랑스의 수많은 사상가처럼 선거의 역사를 연구한다면, 선거 제도가 항상 귀족적인 절차였다는 것을 깨달을 수 있습니다. 아리스토텔레스, 루소, 몽테스키외도 똑같은 주장을 했지요. 게다가 프랑스

---

* 프랑스대혁명의 주동자 중 한 사람이자 사제였던 에마뉘엘 조제프 시에예스(Emmanuel Joseph Sièyes)는 1789년 9월 7일 다음과 같은 연설을 했다. "대표로 불리는 시민은 스스로 법이 되는 것을 포기해야 하며, 다른 사람에게 강요할 뜻이 있어서는 안 된다. 시민의 대표가 자신의 뜻을 강요하면 프랑스는 더 이상 대의제 국가가 아니라, 그냥 민주주의 국가가 될 것이다. 다시 한번 말하건대, 민주주의가 아닌 국가에서(즉 대의제 국가에서) 국민은 대표를 통해 말하고 행동할 수밖에 없다." 지금도 프랑스 제6공화국 정부 사이트에는 "하원 의원은 유권자가 강요하는 임기를 수행하지 않는다. 따라서 당선자가 공약을 지키지 않아도 유권자가 그의 임기를 단축시킬 수 없다. 이 규칙을 통해 의원은 특히 공익을 위한 표현의 자유를 보장받을 수 있다."라고 명시되어 있다.

어 등 여러 언어에서 '선거 élection'와 '엘리트 élite'는 같은 어근을 가지고 있습니다. 선거는 엘리트 계층을 권력에 정착시키는 절차인데, 사람들은 그 사실을 늘 잊곤 하죠.

18세기 중반에 루소와 몽테스키외는 제비뽑기가 선거보다 더 민주적이라고 주장했습니다. 하지만 그로부터 100년 뒤, 프랑스와 미국의 혁명주의자들은 군주제를 몰아내고, 새로운 권력 형태로 선거를 선택했습니다. 세습 귀족이 선출 귀족으로 바뀐 셈이지요. 그 뒤에 일어난 이집트 혁명도 똑같은 경우입니다. 국민이 집권 세력을 몰아내자, 불과 몇 달만에 이미 조직을 갖추고 있던 2인자들이 1인자의 자리로 올라섰죠. 프랑스대혁명 때도 같은 일이 일어났습니다. 선거로 2인자에게 어느 정도 합법성을 부여한 것이지요.

그러나 정작 바스티유를 함락시키고 혁명을 일으켰던 대중, 즉 마르크스가 룸펜 프롤레트리아트 Lumpen Proletariat라고 언급한 이들은 권력에서 늘 배제되었습니다. 19세기와 20세기에는 투표권을 노동자, 광부, 농부, 여성, 청년 등 더 많은 국민에게 주어서 선거를 민주화하려고 했습니다. 지금은 이민자에게도 투표권이 있지요. 하지만 누구나 투표권을 가지고 있다고 해도 민주주의에 대한 갈증은 여전히 채워지지 않고 있습니다.

- 선거는 어떤 방식으로 귀족의 권력을 유지하나요? 요즘은 누구나 선거에 나갈 수 있고 선출될 수 있는데요.

다비드 이론적으로야 그렇지요. 그러니까 철학적으로 따지면 선
거 체계는 중립적이고 누구에게나 개방되어 있습니다. 하지만
현실은 아주 다릅니다. 선출된 사람의 90퍼센트가 대학교수이
고, 대부분 법학자입니다. 아주 특수한 계층이 국민을 대표하
는 것이지요. 예를 들어 프랑스에서는 국민의 2퍼센트 미만이
정당에 가입해 있고[*], 그 중 실제로 활동하는 당원은 절반도 안
됩니다. 또 그중 극소수의 사람이 선거에 나가고, 이 소수의 사
람 중 몇 명만 당선됩니다. 그런데 이걸 대의 민주주의라고 부
르다니요! 과장이 좀 심한 것 아닙니까?

– 그럼 어떻게 해야 합니까? 투표하지 말아야 하나요? 선거를
회의적으로 바라보는 사람이 점점 더 늘고 있습니다. 투표를
해도 별로 바뀌는 것이 없다는 느낌을 받는 거지요.

다비드 저는 《선거에 반대한다》라는 책을 썼지만, 여전히 투표를
합니다. 콩고의 역사를 공부하면서 투표권을 얻기 위해 목숨
을 바친 사람이 얼마나 많은지 알았거든요. 그래서 지금은 비
록 투표가 상징적인 행위가 되었을지라도 그 자체를 과소평가

---

* 2015년에 프랑스 정당의 당원은 45만1000명으로, 프랑스 전체 유권자(프랑스 통계청[INSEE]의
2015년 통계 수치는 446만 명) 중 1퍼센트를 차지했다. 이 수치 자체도 과대평가되었을 것이다. 2014
년에 프랑스 퀼튀르(France Culture) 라디오의 스테판 로베르(Stéphane Robert) 기자는 사회당
에서 받은 회비를 기준으로 계산한 결과, 당원 수가 3만 명밖에 되지 않으리라고 주장했다(사회
당에서는 6만 명으로 추산). 또 대중운동연합(UMP)의 당원은 21만3000명이라는 주장과 달리 13만
명에 그칠 것이라고 말했다. www.franceculture.fr/emission-le-billet-politique-de-frederic-
metezeau-les-partis-politiques-combien-de-militants-par-ste 참조.

하지는 않습니다. 동시에 투표하지 않는 사람이 늘어나는 것도 이해가 갑니다. 우리에게 경제적 파업권이 있듯이, 정치적 파업권도 있어야 한다고 생각합니다. 그러나 기권이 모든 문제를 해결해주지는 않습니다. 저는 예전에 유권자의 40퍼센트가 투표하지 않으면 의회의 의석 40퍼센트가 공석이 될 수 있다고 말한 적이 있습니다. 당선자들에게 그들의 임기가 절대적인 정당성을 갖는 게 아니라는 점을 상기시켜줄 목적으로요. 하지만 현 시스템에서는 유권자의 1퍼센트만 투표해도 의회가 꽉 차게 되어 있습니다. 정치인 입장에서는 의회에 매번 출석하지 않아도 자리가 늘 예약되어 있는 셈이지요. (웃음)

지금의 민주주의를 혁신한다면 그 움직임은 의석을 공석으로 만드는 데 그치지 않고, 시민의 무정부주의라는 형태를 띨 것입니다. 저는 국민이 의사를 표현할 수 있는 새로운 형식을 찾아야 한다고 생각합니다. 지금으로서는 선거와 국민투표, 여론조사밖에 국민이 의사 결정에 참여할 방법이 없는데, 이 메커니즘은 더 이상 이 시대에 통용되지 않으며 상당히 원시적이라고 생각합니다. 선거에서는 한 후보만 선택할 수 있고, 국민투표나 여론조사에서는 질문에 '예'나 '아니오'로만 대답할 수 있지요. 이건 조금 모자란 방법이 아닐까요?

– 게다가 질문 자체도 우리가 선택하지 않죠.

다비드 그렇습니다. 국민투표로 시민에게 '예'와 '아니오'를 묻는 민주주의, 심지어 대부분의 경우 '예'가 정답인 민주주의가 과연 유효한가 생각해봐야 합니다.

－2005년에 프랑스에서 있었던 국민투표가 생각나는군요.[*]

다비드　맞습니다. 여론조사도 나을 게 없죠. 여론조사에서는 주로 사람들에게 잘 모르는 주제에 대해 의사를 표시하라고 요구합니다. 비유를 들자면, 저녁 6시에 베샤멜소스를 만드는 가정주부에게 여론조사 업체인 입소스가 전화를 합니다. "새로운 이민 정책에 대해서 어떻게 생각하십니까?" "아…, 음…, 전 반대해요." 이렇게 1000명에게 전화해서 얻은 결과가 정책 결정에 반영됩니다. 정말 기가 막힌 일이죠.

미국의 학자 제임스 피시킨 James Fishkin은 여론조사가 사람들이 아무 생각도 없을 때 생각을 말하게 한다고 했습니다. 생각할 기회가 있을 때 묻는 것이 훨씬 흥미로울 것이라면서 말이죠. 그는 숙의 민주주의 시스템을 고안한 사람 중 한 명입니다. 숙의 민주주의 시스템에서도 여론조사와 똑같이 1000명에게 연락하지만, 다른 점이 있습니다. 사람들에게 모르는 질문을 던지는 게 아니라, 해당 주제에 대해 토론하고, 전문가를 만나고, 주제에 대한 정보를 얻으라고 독려한다는 점이죠. 토론과 의견

---

[*] 2005년에 실시된 유럽 헌법에 관한 국민투표에서 프랑스 국민의 55퍼센트는 비준에 반대했다. 그로부터 3년 뒤 하원이 국민에게 의사도 묻지 않고 똑같은 내용의 유럽 헌법을 형식만 바꿔서 조약을 비준했다. 이를 위해 2008년 2월 4일 베르사유에 모인 상하원(즉 하원들)이 프랑스 헌법을 개정했다.

교환을 거치게 한 후 다시 생각을 묻는 방식입니다. 당연히 사람들은 훨씬 신중하게 대답합니다. 이 새로운 형태의 민주주의는 잠재성이 매우 큽니다.

– 숙의 민주주의가 성과를 거둔 곳이 있나요?

다비드 예, 많습니다. 특히 석유 산업으로 유명한 미국의 텍사스 주에서 아주 놀라운 일이 벌어졌지요. 재생에너지(특히 풍력에너지)로의 전환에 대한 의견을 묻는 숙의 민주주의 데이를 정한 뒤, 토론에 들어가기 전에 시민들에게 미리 물었습니다. 재생에너지를 정착시키고 지속 가능한 경제 발전을 위해 돈을 조금만 더 지불할 용의가 있느냐고요. 짐작하시겠지만, 돈을 더 내겠다는 사람은 거의 없었습니다. 이후 무작위로 뽑힌 시민들이 참석한 행사가 열렸고, 시민들에게 기후변화와 녹색 에너지, 신재생에너지의 수익성과 환경 오염 등에 관한 정보를 시민들에게 제공했죠. 그러자, 세션 도중이나 행사가 끝난 후에 돈을 더 내겠다는 시민의 수가 크게 증가했습니다. 현재 텍사스는 미국에서 풍력 발전기가 가장 많은 주입니다. 상상하기 어려운 일이죠. 이 문제를 오로지 선출된 정치인과 결정했다면 어떻게 됐을까요? 정치인들이 석유 산업과 심하게 유착되어 있기 때문에 텍사스 주는 계속해서 석유 중심으로 돌아갈 수밖에 없었을 것입니다.

－조금 더 넓게 생각해볼까요? 미래의 민주주의는 어떤 모습
일까요? 우리는 어떤 역사를 써갈 수 있을까요?

다비드 저는 민주주의의 미래가 국민을 대표하는 새로운 정치 형
태의 출현에 있다고 봅니다. 지금까지 우리는 선거라는 오로지
한 형태의 대의 정치만 알고 있었습니다. 그러나 투표라는 행
위는 철저히 낡은 것이 되어가고 있습니다. 정보가 상당히 제
한적인 사람들 사이에서 느린 속도로 확산하던 시기에는 선거
가 비교적 제 기능을 했습니다. 그러나 십여 년 전부터는 정보
가 매우 빠른 속도로 모두에게 전달되고 있습니다. 이러한 변
화가 판세를 완전히 뒤집어놓았지요. 처음으로 지금까지와는
다른, 아주 새로운 맥락에서 시민들이 자신의 의사를 표현할
수 있는 가능성을 갖게 된 것입니다. 서양이 민주주의를 실험
한 지 3000년이 되었지만, 선거를 채택한 역사는 그중 단 200
년뿐입니다. 민주주의의 전통을 살펴보면 선거보다 앞선 훌륭
한 제도가 있었습니다.

－예를 들면요?

다비드 국민을 대표할 수 있는 또 다른 형식, 그러니까 조금 전에
말씀드린 추첨제입니다. 현대 사회는 이 시스템을 배심원 제도
라는 지극히 한정적인 분야에서만 사용하고 있습니다. 벨기에
와 노르웨이, 프랑스, 미국 등에서 배심원 제도를 도입하고 있

죠. 추첨제가 완벽한 제도라는 얘기가 아닙니다. 오히려 완벽과는 거리가 멀죠. 하지만 배심원이 된 사람들은 하나같이 자신의 의무를 아주 진지하게 여깁니다. 사회의 정의에 기여하기 위해서 결정을 내릴 때 무척 신중을 기하지요. 배심원제는 평범한 시민이 적극적으로 나서서 사회의 복지를 돌보는 엘리트 시민이 될 수 있다는 걸 보여주는 좋은 사례입니다. 추첨제와 숙의 민주주의를 결합하면, 지금의 정당보다 훨씬 더 좋은 결정을 내릴 수 있을 것입니다.

구체적인 예를 들어볼까요? 2014년에 아일랜드는 '아일랜드 헌법회의The Irish Convention on the Constitution'이라는 절차를 마무리했습니다. 당시 33명의 국회의원과 추첨으로 뽑은 66명의 평범한 시민, 그리고 의장으로 구성된 의회에서 14개월 동안 헌법 8개 조항을 검토했는데요, 이때 특히 논란이 된 게 바로 동성애자의 결혼을 합법화할 것이냐의 문제였습니다. 토론은 인터넷으로 생중계되었고, 언론도 정기적으로 의회의 토론 내용을 정리하여 보도했습니다. 시민들도 의견을 보내서 토론에 참여할 수 있었지요. 그 결과 의회는 국교가 가톨릭인 아일랜드에서 동성애 결혼을 합법화하도록 해당 조항을 수정하라는 공식적인 권고 사항을 발표할 수 있었습니다.*

프랑스에서는 같은 사안을 두고 일 년 동안 정치적 불안정을

---

* 다비드와의 만남 이후에 아일랜드 정부는 이 문제를 국민투표에 붙였다. 가톨릭 교회는 공식적으로 반대 의사를 표명했지만, 2015년 5월 22일 치러진 국민투표에서 찬성이 62퍼센트를 차지했다. 가톨릭 정서가 매우 강한 아일랜드는 이로써 국민투표로 동성애 결혼을 합법화한 최초의 국가가 되었다.

겪었습니다. 100만 명의 시민이 거리로 나왔고, 사회적 긴장도 여러 차례 고조되었지요. 다만 아일랜드와 다른 점이 있다면, 그건 바로 프랑스에서는 토론이 벌어졌다는 점입니다. 추첨으로 뽑힌 66명의 시민 대표뿐 아니라 모든 사람이 자신의 의견을 밝히고 싶어 했고, 시민과 교회, 동성애 단체 등에서는 수천 건의 보고서와 권고 사항을 제출했습니다.

저는 이 의사 결정 과정이 매우 흥미롭습니다. 추첨으로 뽑힌 시민과 선출된 의원을 섞어 놓으면 민주주의가 선거로 축소된 '정당주의' 시스템에서보다 훨씬 더 깊이 있는 해법을 찾을 수 있다는 가능성을 보여주니까요. 정책 결정의 효율성과 정당성을 개선하는 획기적인 방법입니다.

- 추첨으로 뽑힌 사람들은 능력이 부족하지 않을까요? 정치는 전문가에게 맡겨야 하는 것 아닙니까?

다비드 숙의 민주주의나 추첨제 같은 새로운 형태의 민주주의를 주장하는 것은 단지 아이디어 차원이 아닙니다. 많은 대학과 연구자가 수백 번의 실험을 수행한 결과입니다. 추첨으로 뽑힌 사람이 사익을 초월할 수 있다는 동일한 결과가 나왔고요. 어찌 보면 추첨으로 뽑힌 사람들이 선출된 공직자보다 능력이 떨어질 수도 있습니다. 하지만 공직자보다 더 자유로운 것도 사실입니다. 경제적 이익이나 소속 정당의 이익에 묶이지 않았으니까요. 게다가 시민들이 사회 공동의 이익을 추구하면서 복잡한 사안을 처리할 수 있다는 것도 증명되었습니다.

– 추첨제 원칙을 어떻게 제도화할 수 있을까요?

다비드   저는 개인적으로 투표로 선출된 의원으로 구성된 하원(오늘날의 국회)과 추첨제로 뽑힌 시민으로 구성된 상원이 있는 양원 대표제를 꿈꿉니다. 의원의 임기는 현행 임기와 동일할 수도 있고, 일정 기간이 지나면 입후보를 제한할 수도 있습니다. 추첨으로 뽑힌 시민의 임기는 6개월이나 1년으로 하고요. 이 두 기관이 지금보다 훨씬 나라를 잘 운영할 수 있다고 생각합니다. 합리적이고 정기적으로 교체되는 시민과 함께 일하는 것이 정당에도 결국 이익이 될 테고요. 그러면 현 시스템이 앓고 있으며, 언론이 부추기는 민주주의 제도의 기능 이상을 완화할 수 있을 겁니다.

– 언론이 민주주의에 부정적인 역할을 한다고 보십니까?

다비드   프랑스대혁명 이후 선거 제도가 처음 생겼을 때는 정당도, 투표권도 없었습니다. 대중 매체가 없었으니 당연히 시청각 미디어나 소셜 미디어도 없었지요. 이 모든 것은 선거 제도가 발명된 이후에 생겼습니다. 그런데 사람들은 정치 생태계가 하나도 변하지 않은 것처럼 시스템을 운영하고 있습니다. 정치 환경이 엄청나게 달라졌는데도 말입니다.

어느 사회에나 기층민과 의사 결정을 하는 상부를 이어주는 소통 수단이 있습니다. 과거에는 노조나 고용자 조합 등 시민 사회가 그 역할을 맡았습니다. 메시지를 전달하는 역할이었죠. 지금은 이들의 힘이 그때보다 훨씬 약해졌습니다. 그 대신에 상업적 미디어와 소셜 미디어의 힘이 비약적으로 커졌지요. 결국 경제적·금융적 이익에 물든 미디어의 창 때문에 힘을 가진 자와 사회가 변하리라는 희망을 품은 자 간의 소통은 오염될 수밖에 없습니다. 민주주의가 현재 앓고 있는 기능 이상에 끼친 미디어의 역할은 상당합니다. TV 토론은 시청자를 사로잡을 수 있는 형식을 갖춰야 하고, 그 결과 선거의 승패를 좌우하기도 하니까요. 그러나 민주주의는 꽤 단순합니다. 시민이 서로 의견을 조율하고, 사회의 미래에 관한 결정을 내리는 시스템 그 이상도 이하도 아닙니다. 그런데 대화를 불가능하게 만드는 여러 장치를 만들어 놓은 것이죠. 하루라도 빨리 시민이 서로 대화할 수 있는 소통 수단과 도구를 되찾아야 합니다.

– 어디서부터 시작해야 할까요? 말씀을 들어보니, 저는 추첨제나 숙의 민주주의 같은 조치의 도입은 정치인이 할 일이라고 생각해왔던 것 같습니다. 그들은 지금의 시스템을 바꿔봤자 아무런 이득을 취할 수 없는데 말입니다. 설사 변화를 원하더라도 앞에서 언급한 체제의 논리나 경제의 논리 때문에 정치인은 아무것도 할 수 없는 마비 상태에 있습니다. 오바마 대통령의 사례가 그 사실을 잘 말해주었죠. 커다란 희망

을 불러일으킨 만큼 실망도 컸으니까요.

다비드　오바마 대통령이 내건 이상은 진심이었다고 생각합니다. 하지만 그도 시스템을 바꾸는 데는 실패했죠. 선출된 정치인에게도 그다지 힘이 없기 때문입니다. 미국 대통령이라도 말입니다. 얼마 전 봉건 시대와 신자유주의 시대의 권력 서열을 비교한 연구 결과를 봤는데요, 오바마 대통령은 권력의 피라미드에서 네 번째나 다섯 번째 단계에 있었습니다. 그보다 더 많은 힘을 가진 사람들이 있다는 뜻이지요.

　- 피리미드의 꼭대기에는 누가 있었습니까?

다비드　국제 금융계였죠. 그다음이 IMF, 신용평가기관, 다국적기업 순이었습니다. 오늘날의 세상은 금융계가 접수했지요.

　- 그 부분은 저도 이미 공부했습니다. (웃음) 그렇다면 구체적으로 어떻게 변화를 시작해야 할까요?

다비드　19세기의 노동운동처럼, 우리도 압력을 행사해야 합니다. 토마 피케티 Thomas Piketty가 주장했듯이, 부유층과 서민의 격차가 빅토리아 시대*처럼 벌어진다면, 우리도 당시에 민중을 선동했

---

* 빅토리아 여왕이 다스리던 시대의 영국에서 나타난 불평등 기준.

던 방식을 답습해야 합니다. 저는 시민이 저항하면 힘이 커진다고 믿습니다. 더 이상 투표하지 않겠다는 유권자를 필두로 이미 이런 현상이 조금씩 나타나고 있습니다. 자율적인 조직을 만드는 시민들의 움직임도 계속 이어지고 있고요. 프랑스에서 에티엔 슈아르Etienne Chouard가 운영하는 '헌법 아틀리에'가 좋은 예입니다. 이 단체는 국민에게 헌법에 대해 알리고 공동의 규칙을 새로 제정합니다. 이처럼 시민이 점점 더 많은 압력을 행사하면서 판도를 변화시키리라 생각합니다. 그렇게 되면 선출된 의원들도 국민의 지지를 받는다고 느껴서 정책을 추진하는 데 도움이 될 것입니다. 플랑드르의 속담에 '개 두 마리가 뼈다귀 하나를 놓고 싸우면, 세 번째 개가 뼈다귀를 차지한다.'라는 말이 있습니다. 지금 상황에 딱 들어맞지요. 시민과 정치인이 분열하면 결국 이익을 차지하는 건 재계이니까요. 그래서 정치계와 시민 사회가 새로운 파트너십을 모색하는 게 중요합니다. 저는 정치인에게 화를 내는 것만으로는 부족하다고 봅니다. 정치인들도 권력을 많이 잃었습니다. 선의를 가진 사람들의 새로운 연맹을 만들어야 합니다. 시민, 정치계, 심지어 재계에서도 그럴 필요를 느끼는 사람들이 있습니다. 작금의 상황을 못마땅해하는 기업가들도 있으니까요.

– 저희가 만난 코펜하겐 시장의 협력관은 국가 대신 도시가 세계를 이끌 진정한 리더가 될 수 있다고 하더군요. 도시가 민주주의의 변화를 일으킬 적임자라고 보십니까? 우리가 차원

을 조금 더 좁혀야 할까요?

다비드 민주주의의 혁신을 이루려면 작은 차원에서 시작하는 것이 중요합니다. 인구 32만 명의 아이슬란드, 인구 450만 명의 아일랜드 그리고 네덜란드, 덴마크, 핀란드, 벨기에와 같은 유럽의 작은 국가가 이 분야의 선구자라는 사실은 우연이 아닙니다. 하지만 민주주의의 미래가 오로지 지역적 차원에서 이루어진다고 보지는 않습니다. 민주주의는 항상 지역에서 세계로 발전했습니다. 프랑스의 작은 코뮌보다 크지 않았던 아테네에서 민주주의가 시작되었고, 인구 10억 명을 자랑하는 인도는 인류 역사상 가장 큰 민주주의 국가가 되었습니다. 기원전 5세기의 페리클레스에게 언젠가 10억 명의 사람이 민주주의 사회에서 살게 된다고 말했다면, 그는 믿지 않았을 것입니다. 하지만 실제로 그런 일이 일어났지요. 인도가 민주주의 혁신의 가장 흥미로운 실험실이 되었으니 정말 잘된 일입니다.

　-조금 전에 '헌법 아틀리에'를 언급하셨는데요. 헌법을 바꾸는 것이 정치 시스템을 바꾸고 시민에게 힘을 되돌려줄 유일한 방법일까요?

다비드 에스파냐와 프랑스를 비롯한 많은 유럽 국가가 헌법을 재정비하려고 합니다. 말하자면 공화국의 오래된 꿈이지요. 저는 그런 시도를 좋게 생각합니다. 헌법은 항상 엘리트에 의해 만들어지고 이용되어 왔으니까요. 힘이 있어서 헌법을 만든 자에게 헌법이 힘을 부여한다는게 문제입니다. 따라서 저는 헌법을 바꾸려는 운동에 찬성합니다. 헌법은 중요한 문서니까요. 하지만 질문도 던집니다. 이 운동에서는 단점이 있는데, 그건 바로 헌법은 한 번 수정하면 50년은 그대로 가야 한다는 것입니다. 그 점이 아쉽지요.

저는 헌법도 바뀔 수 있어야 한다고 생각합니다. 어딘가 19세기 냄새가 물씬 풍기는 입헌주의의 이상이 아닌, 보다 융통성이 있는 헌법을 바랍니다. 우리는 유연한 시대를 살고 있습니다. 헌법을 다시 쓰면 새로운 사회가 도래하리라고 생각하는 건 비현실적입니다. 저는 유연하고 개방적인 헌법을 원합니다. 시민들이 정기적으로 함께 개선해나가는 소프트웨어처럼 말입니다. 아이슬란드에서 벌어진 일이 그와 비슷했지요. 놀라운 과정을 거쳐 국민이 헌법을 개정했으니까요. 아주 인상적인 일이었습니다. '정당주의' 시스템에서는 그토록 빠르게 설득력 있는 결과를 얻는 것이 아예 불가능합니다.

아이슬란드 혁명 : 금융에 대한 시민의 저항과 사상 최초의 크라우드 소싱 헌법

사실 아이슬란드에 갔을 때 우리는 이 나라가 겪은 아주 특별한 모험의 주인공들을 만난 적이 있다. 그들은 우리에게 '프라이팬 혁명'에 대해 자세하게 설명해주었다. 다음은 주요 사건이다.

리먼 브라더스가 파산한 2008년 9월 15일, 인구 32만 명의 작은 나라 아이슬란드는 신용 자금이 넘쳐나는 신자유주의의 꿈에서 깨어나 역사상 가장 큰 파산이라는 낭떠러지로 떨어졌다. 그때까지 아이슬란드인은 대출로 살아가는 것만으로는 성에 차지 않았다. 모든 규범을 파괴할 정도로 생활방식이 도를 넘어섰다.

배우이자 음악가로, 프라이팬 혁명을 주도했던 회르뒤르 토르바손Hörður Torfason은 이렇게 말했다. "1990년대와 2000년대에 아이슬란드 사람들은 소비만 했습니다. 은행에서 돈을 빌려서 집과 차, 옷을 사고 여행을 다니는 게 아주 간단했죠." 변호사인 카트린 오스도티르Katrín Osdottir는 헌법을 다시 제정하기 위해 뽑힌 시민 중 한 명이다. 그녀는 자신의 사무실 옆에 있는 작은 카페 테이블에 앉아 미소를 지으며 말했다. "우리에게는 민주주의라는 멋진 시스템이 있으니까 우리 사회가 부패를 모르는 완벽한 존재라고 믿었거든요. 실제로 국내와 해외에서 무슨 일이 벌어지는지 전혀 몰랐죠. 글로벌 자본주의가 천천히, 그러나 확실하게 우리를 파괴하고 있는데도 말이에요. 우리는 그저 플라스마 화면 앞에 앉아 있거나 전 세계를 여행하고 돈을 쓰며 행복한 부자가 되느라 바빴죠. 그러던 어느 날, 우리가 현실이라고 믿었던 것이 가짜라는 걸 깨달았어요."

추락의 충격은 대단했다. 몇 달 만에 크로나의 가치가 절반이나 떨어졌고, 그때까지 제로였던 실업률이 9퍼센트로 치솟았다. GDP 수치도 추락을 거듭해서 2년 동안 2포인트나 하락했다. 은행이 세 곳이나 파산했고, 수천 명이 집을 압류당했다. 레이캬비크에 거주하면서 아이슬란드의 위기를 연구한 프랑스인 필리프 위르팔리노Philippe Urfalino는 "아이슬란드의 위기는 가장 빠르게 꺼진 유례없는 대형 금융 버블 중 하나"라고 말했다. "몇 년 만에 은행과 기업의 부채가 국부의 4~5배로 늘어났고, 2005~2007년 사이에는 부채가 2배나 증가했습니다. 충분한 관리 없이 은행과 기업 사이에 돈이 너무 쉽게 오갔던 거죠. 모두 무한 성장과 투기라는 시스템 안에서 벌어진 일이었습니다. 물리적으로 붕괴할 수밖에 없는 시스템이었어요."

상황이 어찌나 심각했는지 아이슬란드 사회는 전면적인 전투 태세에 들어갔다. 조지프 스티글리츠는 2011년 10월 말에 "아이슬란드의 완전한 절망은 정석적인 접근법을 불가능하게 했다. 따라서 나라가 규칙을 깰 수 있는 자유를 얻었다."*고 평했다. 정부와 의회는 자본 유출입 통제, 손실의 국유화 거부, 재정 장관의 권한 강화 등 나라를 폐쇄하는 비상 보호 조치를 내렸다. 정치권은 국내 경제 활동(국민의 저축)을 구하고, 그 대신 은행이 파산하도록 방치했다. 파산한 은행은 즉시 신생 은행에 흡수되어 국가 거래를 지속시켰다. 사상 처음으로 (그리고 미국과는 정반대로) 국민이 은행보다 우선시 된 것이다.

다른 한편으로는 대중이 일으킨 '혁명'이 싹을 틔우고 있었다. 카트린 오도스도티르는 그 시절을 이렇게 회상했다. "붕괴 이후에

---

* Pascal Riché, Comment l'Islande a vaincu la crise, Versilio et Rue 89, 2013.

우리는 한동안 할 말을 잃었습니다. 그러다 서로 해결책에 대해 말하기 시작했죠. 그건 정말 놀라운 행운이었어요. 모두가 다시는 이런 일이 재발해선 안 된다고, 그리고 우리가 함께 뭉쳐야 한다고 생각했으니까요. 나라를 위해서 말이에요. 그건 아주 특별한 순간이었요. 사람들은 대부분 하찮은 문제로 다투곤 하죠. 서로 분열하는 것보다 하나로 뭉치는 것이 훨씬 더 힘이 크다는 것을 모르고서 말이에요."

2008년 10월에 회르뒤르는 행동에 나서기로 결심했다. "위기가 발생하자, 다가오는 토요일 정오에 의회로 가자고 결심했습니다. 페이스북 친구들에게도 함께 하자고 말했어요. 저는 의회를 향해 두 가지를 묻고 싶었습니다. '이 나라에 무슨 일이 벌어진 것인지 알고 있는가?' 그리고 '우리가 할 수 있는 일에 대한 아이디어를 가지고 있는가?' 토요일 당일 의회 앞에 모인 사람은 많지 않았습니다. 의회 앞에 서 있는 저를 사람들이 바보 취급하더군요. 그래도 그날부터 매일 정오에 의회 앞에 나가서 20~30분간 서 있었습니다. 저의 질문을 적은 팻말을 들고서요. 월요일마다 의원들이 점심을 먹으러 나오는 걸 보고 그들에게 그 두 가지 질문을 던졌죠. 그들은 답을 몰랐습니다. 그래서 저는 고대 그리스처럼 야외 집회를 준비했습니다. 자동차를 빌리고 음향기기를 준비했죠. 친구들에게도 연락했고요. 사람들은 충격을 받았고 분노에 차 있었습니다. 어떻게 해야 할지 갈피를 잡지 못했고요. 상점에서는 일부 식료품이 사라지기 시작했고, 신문에 자본주의 역사상 최악의 불황기였던 1930년대에 미국인들이 상점 앞에 길게 늘어선 사진이 실리기 시작했습니다. 그 토요일에 의회 앞에 수천 명의 사람이 모였고, 우리는 우리가 함께 할 수 있는 일을 고민하기 시작했습니다."

사람들은 그다음 토요일에도 같은 시간에 모이기로 했고, 그다음 주도 마찬가지였다. 추진력 강한 회르뒤르와 서정적인 브리기타 욘스도티르Brigitta Jónsdóttir(혁명 이후 해적당 의원이 된다)의 주도로 이루어진 의회 앞 집회는 매주 토요일 오후 3시에 30분 정도 열렸다. 시위대는 정부의 사임, 은행의 중앙 관할 당국 책임자의 사임, 중앙은행 지도부의 사임, 이 세 가지 요구 사항을 내걸었다. 회르뒤르는 이 요구 사항을 확성기에 대고 외쳤다. 하나를 외칠 때마다 "이것이 여러분이 원하는 것입니까?"라고 물으면 시위대는 "예!" 하고 대답했다. 매주 시위대의 수가 불어났다. 은행 파산 직후에는 불과 몇 사람에 지나지 않았던 시위대가 2008년 말이 되자 5000명에 이르렀다. 의회 회기가 열리는 날을 앞두고 회르뒤르는 연말 분위기에 휩쓸린 시위대를 다시 끌어모으기 위해 대규모 집회를 준비했다. "참가자 전원에게 냄비와 프라이팬을 가져오라고 요구했습니다. 우리에게 먹을 것이 필요하다는 것을 상징적으로 보여줄 수 있으니까요. 아르헨티나 사람들을 보고 힌트를 얻었죠. 1월 21일 월요일에는 의회 앞에 정말 많은 사람이 모였습니다. 정오부터 자정까지 평화로운 시위를 벌였지요. 그러다 경찰이 우리를 해산시키려고 끼어드는 바람에 몇몇 충돌이 일어났고, 결국 우리는 해산했지요. 하지만 12시간이 지난 뒤 모두 다시 모였습니다."

페이스북 덕분에 시위대는 점점 더 불어났다. 자유주의를 표방하던 정부는 마비되었다. 1949년 이래로 대규모 집회를 맞닥뜨

311

린 것은 이번이 처음이었다. 총리는 국민과 야당의 비난을 면치 못했고, 그래도 사임을 줄곧 거부하며 버티다가 같은 편이었던 사회민주당이 연맹을 깨면서 결국 버림을 받았다. 1월 23일 총리는 조기 선거를 선포했다. 그러나 거리의 불만은 가라앉지 않았고, 프라이팬의 울림은 계속되었다. 회르뒤르는 말을 이었다. "재미있었어요. 냄비도 모자라 나중에는 북과 호루라기, 큰 양철통까지 들고 의회 앞에 나란히 줄을 섰으니까요. 겁에 질린 의원들이 창문 너머로 우리를 지켜보는 모습이 보였습니다. 안타깝게도 그날 경찰과 충돌이 일어났고, 흥분한 몇몇 사람이 화약고에 재를 뿌렸죠. 저는 텔레비전을 통해서 즉각 폭력 행위를 멈추라고 촉구했습니다. 주황색 옷을 입은 안전 요원을 배치해서 경찰 주위로 띠를 만들어 경찰을 보호했습니다."

이튿날인 1월 25일에는 시위가 시작된 이래로 최대 규모의 집회가 열렸다. "아무도 말이 없었습니다. 긴장감이 대단했지요. 우리는 장관들을 모두 만나서 '당신은 해고되었습니다.'라고 쓴 문서를 전달했습니다." 1월 26일 월요일, 총리와 정부는 사임을 표했고, 이후 은행의 중앙 관할 당국과 중앙은행 지도부도 사임했다. 시위대의 요구가 관철된 것이다. 이후 아이슬란드 역사상 최초의 여성 총리 요한나 시귀르도르도티르Jóhanna Sigurðardóttir가 선출되었고, 정부 기관에 많은 여성이 진출했다. 국립 은행 세 곳 중 두 곳의 은행장이 여성이었고, 2009년 4월 총선에서는 선출된 의원의 43퍼센트가 여성이었다. 이는 스웨덴을 제외하고 유럽에서 가장 높은 수치이다.

그러나 국제사회에서는 불만이 쌓였다. 아이슬란드가 자국의 저축자와 투기자의 돈(아이슬란드 GDP의 60퍼센트에 달하는 금액)을 갚으려 하지 않자, 주요 채권국이었던 영국과 네덜란드가 유럽 연합을 등에 업고 아이슬란드를 옥죄기로 한 것이다. 모든 은행이 아이슬란드에 단 한 푼도 빌려주지 않으려 했다. 궁지에 몰린 아이슬란드 신임 정부는 2016년부터 15년 동안 채무를 상환하는 방안을 내놓고 협상에 나섰다. 의회도 이 사안을 통과시켰다. 이렇게 되면 어린이를 포함한 모든 아이슬란드인이 각자 1만 3000유로를 갚아야 한다. 그러나 아이슬란드는 이미 실업과 2배나 뛴 물가 인상으로 숨통이 조이고 있었다. 시민들은 즉각 반발했고, 인터넷에 탄원서를 올리자마자 유권자의 26퍼센트가 서명을 했다. 아이슬란드 대통령은 결국 이 문제를 국민투표에 부쳤다. 2010년 3월 6일, 투표에 참여한 사람 중 93퍼센트가 채무 상환 계획에 반대했다.

시민들은 빚 상환을 요구하는 국제 금융에 맞서 일어섰다. 결국 재협상이 시작되었다. 이자는 5.5퍼센트에서 3퍼센트로 다시 내려갔으며, 상환 기간은 30년으로 늘어났다. 대통령은 다시 한번 국민투표를 실시했지만, 이번에도 유권자의 60퍼센트가 이 안을 거부했다. 2011년 12월에 유럽자유무역연합EFTA의 감시 당국이 아이슬란드를 제소하기에 이르렀지만, 2013년 1월 28일에 유럽자유무역연합의 재판소는 모든 이의 예상을 뒤엎고 파산이라는 예외적인 상황을 이유로 아이슬란드의 승소를 선고했다. 브리기타 욘스도티르 의원은 트위터에 이렇게 글을 올렸다. "예, 예, 예! 우리가 모두 함께 승리했습니다. 이것은 아이슬란드 직접 민주주의의 승리입니다." 결국 아이슬란드 국민들이 부채를 상환해야 할 의무는 사라졌다.

란즈방키 Lansbanki은행을 청산하면서 부채의 3분의 2가 해결된 것이다. 또 하나 놀라운 일은 아이슬란드 정부가 IMF의 권고에 따라 가계와 기업이 갚기에는 지나치게 많은 부채를 탕감해주기로 했다는 사실이다. 재산을 압류하거나 파산으로 몰아가는 것이 경제에 전혀 도움이 되지 않는다는 것이 드러났기 때문이다.

성공한 혁명이 늘 그렇듯이, 프라이팬 혁명도 헌법의 재정비와 위기 재발 방지를 위한 보호 장치를 헌법에 명시하는 작업을 과제로 남겼다. 카트린은 우리에게 이렇게 설명했다. 그건 곧 "아이슬란드 국민을 위한, 아이슬란드 국민에 의한 헌법을 만들자는 생각이었습니다." 이 작업을 위해 '평범한' 시민 25명으로 구성된 제헌 의회가 선출되었고, 제안의 법적 일관성을 살피기 위해 몇몇 전문가로 구성된 위원회가 마련되었다.

제헌 의회를 둘러싸고 정치인들은 각축했다. 원래 제헌 의회 소집은 진보당(2007년 여당이었던 우파 정당과 연합)이 내건 조건이었다. 그 대신 요한나 시귀르다르도티르 총리가 이끄는 좌파 연합 구성에서 중립성을 보장한다는 것이었다. 총리는 헌법 프로젝트를 열렬히 지지했으며, 시민이 헌법 재정비를 주도하도록 했다. 그러나 혁명주의자들은 이 아이디어를 낸 건 자기들이라고 주장했다. 브리스타 욘스도티르가 말했다. "정당에서는 국민이 먼저 헌법 재정비를 시도했다는 사실을 부정하는데, 저는 국민이 먼저 나섰다는 것을 확실히 말씀드릴 수 있습니다. 모든 시위를 참가했으니까요. 위기 발발 후 열 명 정도밖에 모이지 않았던 첫 집회부터 지금까지 모조리 말이에요. 시위대보다 외신 기자 수가 더 많았다니까요. 그 모든 과정을 함께했기 때문에 저는 개혁의 정신을 알고 있습니다. 그 정신이란 진정한 권력의 분립을 이루고, 선출된 자가 사사로운 이익에 따라 행동하는 것을 막으며, 천연자원을 보호하는 것입니다."

헌법 재정비를 위한 첫 걸음은 '국민 포럼'에서 시작되었다. 2010년 11월 6일, 추첨으로 뽑힌 시민 1000명이 제헌 의회에 모여 나라의 위대한 가치와 우선순위를 정하기 위한 브레인스토밍에 참여했다. 여기에서 결정된 방향에는 '투표권 앞에서의 평등'(도시 지역의 의원이 농촌 지역 의원보다 두 배나 많은 유권자를 대표한다)과 천연자원을 '국민의 것'으로 한다는 규정 등이 있다.

2010년 11월 27일에 523명의 국민 후보(주로 상류층) 중에서 25명이 선출되어 의회가 구성되었다(의원이나 장관은 입후보할 수 없도록 했다). 그러나 반전이 일어났다. 대법원이 이번 선거가 선거법에 맞게 치러지지 않았다는 명목으로 투표를 무효화한 것이다. 독립당(선거에 반대했던 보수당)이 임명했던 판사들이 비우호적인 반응을 보인 것이라고 아이슬란드 전문가인 정치학 박사 미셸 살레Michel Sallé가 귀띔했다. 의회는 결국 제헌 의회를 자문 위원회로 변질시킨 뒤 제헌권까지 박탈했다.

그러나 위원회는 작업을 시작했고, 역사상 처음으로 시민이 직접 헌법 제정에 참여하는 상황이 벌어졌다. 헌법 수정안을 제안하고, 토론 내용에 논평을 달거나, 페이스북과 트위터에 설명을 요청하기도 했다. 직접 회의에 참석하거나, 유튜브로 시청하는 사람도 있었다. 위원회는 매주 임시 버전을 발표했고, 시민들의 논평을 기다렸다. 석 달 동안 4000건의 참여 글이 올라왔다. 프랑스 인구수로 따지면 75만 건에 해당하는 수치였다.

카트린은 당시를 이렇게 회상했다. "전국에서, 그리고 전 세계에서 아주 훌륭한 논평과 제안이 도착했습니다. 그중 일부를 헌법 초안에 적용하기도 했고요. 우리의 작업 방식은 아주 독창적이었습니다. 보통은 다수가 소수를 억압하지요. 이때 사람들은 전투적인 정신 상태가 됩니다. 토론에서도 보면, 둘 중 한 명은 맞고 나머지 한 명은 틀리다고 생각하기 일쑤입니다. 그리고 다들 자기가 맞는다고 생각하죠. (웃음) 우리는 다른 방식으로 일하기로 했습니다. 합의의 방식이었죠. 이는 대단한 결과를 낳았습니다. 합의를 통해 우리는 훌륭한 답을 찾을 수 있었고, 한쪽 진영에서 내놓은 답보다 훨씬 더 좋은 답을 찾을 수 있었습니다. 정치인들도 이 방법을 쓰면 좋을 것입니다. 다수라고 해서 원하는 대로 다 할 수 있다는 생각은 버려야 합니다. 다른 목소리도 들을 줄 알아야 합니다.

우리는 헌법에서 세 가지 주제를 먼저 다루고자 했습니다. 권력의 분립, 투명성, 그리고 책임감이죠. 우리는 부패를 막으려면 어떻게 권력을 분산해야 하는지 고민했습니다. 권력이 행정이나 법에서 나온다고 착각하면 안 됩니다. 권력은 대부분 돈과 미디어가 쥐고 있습니다. 사람들이 일부러 나쁜 일을 하려는 것은 아닙니다. 대부분은 선하지만, 돈이나 권력이 지나치게 많아지면 부패한다고 생각합니다. 서글픈 원칙이지요. 권력은 정점에 이르면 저절로 유지되는 경향이 있습니다. 그 사슬을 끊는 것이 저희 바람이었습니다. 4년 동안 무슨 일이 일어날지, 나라가 어느 방향으로 나아갈지 모르면서 특정 정당에 표를 던져야 하는 어리석은 시스템과 결별하고자 했습니다. 기존의 선거는 로또와 비슷합니다. 저희는 국민의 10퍼센트가 원하면 국민투표의 실시를 건의할 수 있고, 평범한 사람도 의회에 법안을 제출할 수 있다는 내용의 법안을 마련했습니다. 급진적이긴 하지만, 이것이 우리의 미래이고 앞으로 벌어질 일입니다.”

위원들의 열정과 국민의 많은 기여 덕분에 위원회는 넉 달 만에 만장일치로 새 헌법안을 채택했다. 새 헌법안은 2011년 7월 29일에 의회에 제출되었다. 114조항과 9개의 장으로 구성된 새 헌법안은 아이슬란드가 의회제에서 분권형 대통령제로 전환할 것을 제안하고, 국민이 주도하는 국민투표 등 직접 민주주의 장치도 여럿 도입했다. 2012년 5월, 새 헌법의 여섯 가지 주요 조항에 대한 ‘국민의 의견을 묻는’ 국민투표가 실시되었다. 찬성이 압도적이었으나(67퍼센트가 새 헌법 채택을 찬성했고, 83퍼센트가 천연자원을 국가의 재산으로 간주하자는 조항에 동의했으며, 74퍼센트가 국민 주도의 국민투표 실시에 찬성했다), 충분하지 않았다(투표율이 49퍼센트에 그쳤다). 결국 새 헌법을 채택하는 것은 의회의 몫이 되었다.

바로 이 단계에서 큰 난제가 생겼다. 2013년 봄에 총선이 실시되면서 독립당(위기 발생 당시의 여당)이 승리를 거둔 것이다. 재정 상황이 정상으로 돌아오자 자유주의적 보수주의가 대세를 이루었고, 수개월 동안의 노력과 동원이 물거품이 될 위기에 처했다. 헌법 프로젝트에 반대했던 독립당은 2년 동안 새 헌법 채택을 위한 절차의 진행을 막았다. 이야기를 듣고 있던 우리는 말문이 막혔다. 아이슬란드 국민은 왜 자신들을 위기 상황으로 내몰았던 정당에게 다시 권력을 맡겼을까? 수년 동안 공들인 프로젝트가 결실을 보지 못하도록 공개적으로 막고 있는 당을 집권당으로 만든 까닭이 무엇일까? 필리프 위르팔리노는 이렇게 말했다. "아이슬란드의 위기 과정을 살펴보면, 지식 엘리트 계층과 사회 참여에 관심이 있는 사람들이 주로 헌법을 개정하자고 주장했습니다. 그러나 국민 대다수가 바란 건 헌법 개정이 아니었습니다. 진보당과 독립당이 지난 총선에서 우위를 차지할 수 있었던 이유는 총리가 제안한 정책으로 설명할 수 있습니다. 중산층의 부채 청산을 원활히 하자는 책을 내놨거든요. 중산층은 이전 정부가 마련한 보호 정책에서 우선 대상이 아니었습니다. 기후 정상 회담이나 이 문제에 관한 대규모 시민운동이 실패했다고 말씀하셨지만, 저는 대규모 시민운동이 일어났다고 보지 않습니다. 이 문제에 관해 인식하고 있는 지식 엘리트 계층이 있었을 뿐이죠. 운동가들이 노력하고 있지만, 아직 그 규모가 대단하지 않습니다. 사람들이 지금보다 더 조바심을 내고, 지도자들이 선거에 이기려면 더 많은 행동을 보여줘야 좋다는 걸 깨닫는다면, 그때는 변화가 더 쉽게 일어날 것입니다."

아이슬란드 국민은 운명의 갈림길에 섰다. 앞으로 시민들이 더욱 압력을 행사한다면 세계에서 가장 혁신적인 제헌 과정을 마무리하고, 의회가 새 헌법을 채택하게 만듦으로써 국민 주권을 강하게 행사할 수 있을 것이다. 첫 발걸음은 이미 뗀 상태이다. 2012년에 이루어진 국민투표는 새 헌법에 관한 의견을 묻는 데 그쳤지만, 브리기타 욘스도티르나, 교육문화과학부 장관을 지낸 카트린 야콥스도티르Katrín Jakobsdóttir 같은 의원들이 개미처럼 열심히 일해준 덕분에 이번에는 압력이 더 거셀 것이다. 이는 개정 헌법 전문을 채택하기 위한 첫 단계이다. 브리기타 욘스도티르가 말했다. "이런 일을 마무리했으니, 앞으로는 위기가 닥쳐도 문제없을 것입니다. 9·11 테러 이후 미국에 애국법이 마련되었듯이 말이죠. 가장 중요한 건 아이슬란드 국민이 토론을 거쳐 함께 헌법을 만들었다는 사실입니다. 이 모든 것이 헛되지 않았습니다. 모든 일에는 다 때가 있는 법이니까요." 카트린 오스도티르가 덧붙였다. "십 년마다 국민과 의회가 함께 헌법을 개정해야 할 겁니다. 헌법이 국가와 함께 점진적으로 발전할 수 있도록 말이죠. 우리도 갈등에 에너지를 소모하지 말고 그 에너지를 변화로 승화시켜야 하겠지요. 우리가 정말 변화를 원한다면 말이에요. 권력은 의회나 기업이 아니라, 국민에게 있습니다. 그 사실을 잊어서는 안 됩니다." 결론은 카트린 야콥스도티르가 지었다. "저는 정치인이 쓸모없는 존재라는 말은 믿지 않습니다. 하지만 국민이 더 많이 참여한다면, 정치도 분명 더 나아지겠지요."

우리는 우리 자신을 다시 한번 되돌아보았다. 정치인이나 다국적기업을 비난하는 것만으로는 부족했다. 우리가 민주주의와 경제·에너지·농업 모델이 제대로 기능하도록 돌보고, 더 공평하고 지속가능하며 행복한 시스템으로 만들고 싶다면, 일상에서 노력을 기울일 의지가 있음을 증명해야 했다. 이런 점에서 우리는 다음 여행의 주인공 엘랑고가 가르쳐준 '시민이 주체가 되는 거버넌스'를 배워야 할지도 모르겠다.

쿠탐바캄 : 시민 주도형 거버넌스

인도에서 마지막 촬영을 도와준 조감독이자 친구인 롤랑은 촬영 장소까지 우리가 직접 차를 몰겠다고 하자 극구 반대했다. 왜 그렇게 주의를 주었는지 공항을 나서자마자 이해할 수 있었다. 우리가 찾아갈 촌락에서 가장 인접한 대도시인 첸나이는 800만 인구가 뒤엉켜 아수라장이었다. 서양인인 나로서는 눈을 의심할 정도였다. 도시계획이든 교통 흐름이든 상가든 모든 것이 제멋대로 조성되어 있었고, 다닥다닥 붙은 건물은 한눈에 봐도 계획 없이 그때그때 지은 듯했다. 멀쩡히 이어지던 차도가 갑자기 뚝 끊어지는가 하면, 각종 교통수단이 바삐 도는 바퀴와 귀를 찢는 경적 속에서 아슬아슬하게 달렸다. 덜컹대는 낡은 미니버스에 몸을 맡긴 우리는 수시로 도로를 침범하는 보행자와 느닷없이 길을 건너는 가축을 피해 툭툭이(바퀴가 세 개 달린 노란색 스쿠터형 택시), 승용차, 트럭 사이를 요리조리 빠져나가는 기사의 운전 솜씨를 감상했다. 그는 한 손은 운전대 위에서, 다른 한 손은 경적 위에서 쉴 새 없이 움직이고 있었다. 핸들을 잡은 사람은 모두 그런 식으로 자기 존재를 주변에 알렸다. 이 소음의 바다에서는 본능적으로 운전하는 것 같다는 생각이 들었다. 우리는 교차로가 나올 때마다 버스 의자에 힘겹게 매달려 기겁을 하며 실소를 터뜨리곤 했다. 별일도 없었지만 말이다.

인도는 1950년 이후 세계에서 가장 거대한 민주주의 국가가 되었다. 하지만 우리의 가이드이자, 통역사이자, 현지 촬영 어시스턴트를 겸하고 있던 슈리니에 따르면, 인도는 여전히 부패와 불평등, 카스트 제도에 찌들어 있었다. 창밖을 한번 흘긋하는 것만으로도 상황을 충분히 가늠할 수 있었다. 쿰 강 연안 다리 아래로는 판자촌이 끝도 없이 늘어서 있었다. 길거리에는 한 자리씩 차지하고 앉은 장애인과 빈민이 바글바글했다. 우리가 지나는 길에는 대형 인물 사진 포스터들이 걸려 있었다. 특히 길모퉁이마다 어두운 표정을 한 뚱뚱한 여자의 사진이 보였다. 그녀가 누구인지 묻자, 슈리니가 짧게 대답했다. "타밀나두 주 수상이에요. 옛날엔 볼리우드 스타였죠. 지금은 비리 때문에 구치소에서 재판을 기다리고 있어요." 그런데도 아직 그녀의 얼굴이 거리를 수놓고 있다니 놀라지 않을 수 없었다. 그러자 슈리니는 웃어넘겼다. 다른 설명은 필요없었다.

목적지인 쿠탐바캄에 도착하자, 또 다른 포스터가 우리를 기다리고 있었다. 우리는 차츰 이 나라의 정치 풍토에 대해 감을 잡기 시작했다. 인도인들이 정치 지도자를 따르는 것은 힌두교 구루를 따르는 것과 비슷했다. 벽보나 그림을 거는 것은 지도자에게 신화 속 인물과 같은 면모를 갖게 한다. 정치인들은 유권자 수가 많으니 굳이 외진 마을까지 찾아가 직접 얼굴을 내비치며 유세를 할 필요가 없다. 그러다 보니 선거를 치를 때면 농부들은 후보들의 공약에 대해 프랑스인처럼 잘 모르는 상태로 투표소를 찾아가 여러 얼굴 중 가장 약속을 잘 지킬 것 같은 얼굴을 하나 고르기 일쑤였다. 그래서 쿠탐바캄이 진행 중인 실험이 더욱 '특별'하게 느껴졌다.

랑가스와미 엘랑고 Rangaswamy Elango는 불가촉천민 출신이다. 힌두어로 '달리트 dalit, '억압받는 자'라는 뜻'라고 한다. 전형적인 인도식 계급 개념이 낯설게 느껴질 이들을 위해 간략한 설명을 덧붙이자면, 인도가 존재하기 시작한 먼 옛날부터 인도 사회는 카스트 제도로 계급이 나뉘어 있었다. 카스트는 성직자로 구성된 최상위 계급인 브라만, 무사 계급인 크샤트리아, 오늘날의 상인에 해당하는 바이샤, 하층민인 노예 계급 수드라로 구성되었다. 다양한 가설이 존재하지만, 사실은 아무도 정확히 알지 못하는 어떤 이유로 이 신분제가 인도의 사회 구조를 지배하게 되었고, 누군가는 대대손손 다른 누군가보다 더 우위를 차지해왔다. 그리고 여기에 카스트의 범주에 들지도 못하는 다섯 번째 카스트가 붙게 되는데, 이것이 바로 불가촉천민이다. 역사적으로 이들은 천하거나 부정하게 여겨지는 직업에 종사했다. 대개는 도축이나 짐승 내장 꺼내기, 시체, 쓰레기와 관련한 일이었다(백정, 어부, 사냥꾼, 분뇨 처리인, 거지, 묘지기기, 산파 등). 이런 연유로 사회제도에서 격리된 불가촉천민은 나머지 네 계급의 사람과 접촉해서도 안 되는 존재였다. 심지어 물이나 수원(우물), 음식을 공유할 수도 없었고, 이동과 소유에도 제약을 받았다.

1947년 독립 이후로는 누군가를 불가촉천민 취급하는 것이 법적으로 금지되었지만, 현실적으로는 수천 년의 전통이 인도 사회에 여전히 지대한 영향을 미치고 있다. 그러니 불가촉천민으로 태어난 아이가 자라 훗날 화학자나 부자, 촌락 대표가 된다거나, 높은 카스트에 속한 다른 수백 명의 자치단체장을 교육하고, 수십만 인도인과 전 세계 수십 명의 시장에게 영향을 미친다는 것은 상상하기 힘든 일이다. 그런 인물이 있다는 소문을 듣고 우리가 촬영을 왔을 정도니 말이다*. 소문은 사실이었다.

엘랑고가 태어난 1950년대 초만 하더라도 불가촉천민으로 산다는 것은 지옥 같은 일이었다. 엘랑고의 가족은 소외 계층이 사는 마을에 거주했고, 학교는 초등학교 5학년까지밖에 없었다. 그다음 학년부터는 본교가 있는 마을로 가서 수업을 받아야 했는데, 그 마을에서는 불가촉천민과 상위 카스트가 적당히 어울려서 지냈다. 엘랑고는 풍습에 따라 같은 카스트의 아이 외에는 어느 누구와도 신체적 접촉을 하면 안 되었다. 간접적인 접촉도 불가능했다. 어느 선생님도 엘랑고에게 물 한 잔 건네준 적이 없었다. 그러던 어느 날, 그의 인생을 바꿔놓을 사건이 발생했다. "불가촉천민 남학생이 사고를 당한 겁니다. 머리에 피를 흘리며 죽어가고 있었어요. 다른 학생과 교사, 상위 카스트 사람들이 뻔히 보는 앞에서 말이에요. 불가촉천민 아이들은 울고불고 소리를 지르며 어른들에게 어떻게 좀 해달라고 매달렸지요. 하지만 아무도 아이를 만지고 싶어 하지 않았습니다. 아이는 제 눈앞에서 그렇게 죽고 말았지요. 저는 지혈하라고 천 쪼가리 한 장 건네주는 사람이 없는 상황을 도저히 이해할 수 없었습니다. 소식을 들은 부모님들은 그길로 곧장 학교가 있는 마을로 찾아가 상위 카스트 사람들 집에 돌을 던져 창문을 깨뜨리고 벽을 부수기 시작했습니다. 저는 울음을 터뜨리며 그만하라고 소리 질렀습니다. 이미 벌어진 사건만으로도 충분하니, 더는 끔찍한 일을 만들지 말라고 외쳤지요. 그날 전 카스트 제도의 심각성을

---

* 베네딕트 마니에의 책《백만 개의 조용한 혁명》에서 엘랑고의 감동적인 이야기를 읽었다.

깨달았습니다. 가만히 있을 수가 없었습니다. 아직 어린아이에 불과했지만, 뭔가를 해야겠다고 생각했습니다."

엘랑고는 우수한 성적을 거두며 학업을 이어갔다. 이후 북적이는 대도시 첸나이로 유학을 떠났고, 화학 공학자가 된 뒤에는 취업을 해서 십 년 정도 그곳에서 머물렀다. 엘랑고의 부모는 아들이 성공해서 많은 돈을 벌기를 원했다. 하지만 엘랑고의 머릿속에는 어린 시절의 그 장면이 지워지지 않았다. "우리 공동체의 비참함이 보였어요. 갈수록 심해지고 있었죠. 제 안의 뭔가가 해소되지 않은 채 밤낮으로 머릿속에 맴돌았습니다. 누군가는 이 부당함을, 이 불평등을 끝내야 했어요. 국가와 국회, 상관들이 나서주기를 애타게 기다렸지만 아무런 변화도 없었지요."

1992년, 세계에서 가장 큰 민주국가이던 인도는 제73차 헌법 개정을 통해 자치권을 강화하고, 지방분권을 최종 확정지었다. 시 의회인 '판차야트'와 시민 의회인 '그람 사바' 제도가 전국적으로 시행되었다. 엘랑고에게는 신호탄이나 다름없는 사건이었다. "자치정부가 들어서면서 지역 민주주의를 강화할 수 있는 여건이 마련되었습니다. 우리가 직접 투표하고 참여하는 제도를 정착시킬 수 있게 된 겁니다. 시민 의회 '그람 사바'를 통해서 말이에요. 그곳에서는 우리가 직접 지역 의회와 대표를 선출하고, 모두가 참석해서 자신의 의견을 내며 정치에 영향을 미칠 수 있습니다."

마을을 늘 꿈꾸던 모습으로 변화시킬 절호의 기회였다. 엘랑고는 사표를 내고 아내와 함께 쿠탐바캄으로 돌아가기로 결심했다. 그는 고향에 돌아오자마자 모든 카스트의 사람과 불가촉천민, 청년을 만나러 다니며 지역 대표 선거에 출마할 의사를 밝혔다. 그리고 화려한 학벌과 엔지니어로 보낸 십 년간의 경력을 후광 삼아 상위 카스트 사람들의 지지를 어느 정도 끌어모았다. 그와 같은 신분인 불가촉천민들도 그를 전폭적으로 지지했다. 1996년에 엘랑고는 이변을 일으키며 촌락 대표로 선출되었다. 그를 뽑지 않았던 사람들은 근심에 잠겼다. 불가촉천민이 지역 대표가 되었으니 여러모로 문제가 생길 것 같았다. 어쩌면 지난 몇 년간 그가 겪은 좌절과 수모에 대해 복수할지도 모를 일이었다. 하지만 엘랑고는 그 우려를 깨고 정반대의 길을 갔다. 그는 통합의 구심점에 서서 새로운 제도적 장치를 도입하고 모든 주민을 진정한 변화로 이끌기로 결심했다. "고전적인 민주주의 제도에서는 투표하면 그걸로 끝입니다. 하지만 민주주의란 그런 게 아니지요. 주민들이 지방자치에 제대로 참여해야 합니다. 대표를 선출하는 것만으로는 충분하지 않습니다. 우리가 뽑은 대표는 우리의 기대와는 다른 일을 하며 시간을 보내니까요. 적어도 인도에서는 그렇습니다. 반면 그람 사바는 민중회의입니다. 우리가 투표하고 우리가 다스리지요. 지도자가 잘못된 선택을 하면 우리가 다른 제안을 할 수 있고, 거부권도 행사할 수 있습니다. 의회는 의사 일정을 바꿀 권한을 갖고 있어요. 그래서 주민들의 실질적인 관심사가 다뤄집니다."

엘랑고는 임기 5년간의 개괄적인 계획을 짜서 그람 사바에 상정했다. "정책안을 발표하던 날, 저는 마을 공동체와 함께 안건 별로 한 줄 한 줄 읽어가면서 심도 있게 토론했습니다. 회의적인 사람도 있고, 열정적인 사람도 있고, 가만히 지켜보는 사람도 있었습니다. 그리고 3개월이 지나면 지난 회기에 논의되었던 안건의 진행 결과를 가지고 다시 의회 회의에 참석했습니다. 이런 식으로 차츰 신뢰가 쌓였고, 주민들도 동조하기 시작했습니다. 저마다 조금씩 프로젝트에 동참하더니 행동으로까지 이어지더군요. 정책은 이제 주민들의 것이 되었습니다. 더는 제 것이 아니었지요."

함께 다룬 정책안은 실업과 빈곤, 쓰레기 처리, 부족한 기반시설, 문맹 등 쿠탐바캄이 당면하고 있는 주요 문제를 해결하는 데 초점을 맞추고 있었다. 일단 프로젝트가 시작되자 목표를 이루기 위해 모두가 행동에 나섰다. 주민들은 촌락을 청소하는 일부터 시작했고, 자치단체는 거리에 휴지통과 가로등, 빗물 수집 시스템을 설치했다. 5년 사이에 학교가 정비되었고, 학부모는 자녀를 공부시킬 의욕을 갖게 되었다. 전교생 중 40퍼센트가 초등학교 졸업과 동시에 학업을 그만두던 지역이 이제는 거의 모두가 매일 통학하며 중등교육을 끝까지 마치는 지역이 되었다.

엘랑고는 기금을 조성하여 수백 개의 일자리도 만들었다. 특히 여성의 취업을 장려했다. 여성은 대부분 일자리가 없었고, 가정폭력에 시달리거나, 불법 주류 판매상으로 전락하기도 했다. 하지만 이제는 미소금융 사업을 하는 조합에 소속되어 있다. 조합에 가입한 1500명의 여성은 사업 자금으로 1인당 5만 루피를 대출받을 수 있다. 엘랑고의 자택 옆에 있는 작업실에서는 그중 수십 명이 모여 가스레인지 화구를 조립하고, 의료용 습포를 만들고 있었다.

시민 의회는 수도배관 공사도 하기로 결정했다. 엘랑고는 그 시절을 떠올리며 말했다. "지역 의회는 배관 공사에 50만 루피가 필요하다고 추산했지만, 우리가 가진 돈은 17만 루피밖에 되지 않았습니다. 33만 루피가 부족했지요. 자금을 조달해줄 곳을 몇 군데 찾긴 했지만, 여전히 40퍼센트가 부족했습니다. 의회 회의에서 주민들은 모자란 금액을 부담하도록 결정했습니다. 부유층에서 조금씩 비용을 모았고, 형편이 어려운 사람은 노동력을 보탰습니다. 그들은 끼니만 해결되면 된다고 했고, 그 부분은 가장 여유 있는 농가에서 맡았습니다. '음식은 우리가 제공하겠다.'라고 하면서요. 그렇게 60퍼센트의 예산으로 시작된 사업이 100퍼센트 성공을 이뤄냈습니다."

하지만 엘랑고에게 가장 큰 보람을 안겨준 것은 카스트 제도와 관련한 사업이었다. 엘랑고는 불가촉천민이 거주하도록 지정되어 있는 빈민촌 문제를 건드리기로 했다. 친환경 재개발 프로젝트가 의회에 상정되었고, 엘랑고와 함께 모든 주민이 빈민촌 재개발을 위해 노력했다. 상위 카스트에서도 동참했다. 급하게 흙을 바른 벽에 슬레이트로 지붕을 올린(때로는 방수포 자투리나 길에서 주운 전단지로 마감하기도 한) 무너지기 일보 직전의 오두막에 살던 주민들을 위해 근거리에서 생산한 자재로 만든 친환경 주택이 150채 이상 지어졌다. 엘랑고는 단순하지만 효과 만점인 '로테크low tech' 기술을 도입했다. 벽돌 압축기나 기와 거푸집을 이용하면 단 몇 주 만에 수천 개의 벽돌과 타일을 찍어낼 수 있었다. 이 도구를 사용해 벽을 쌓으면 주민들이 직접 색을 입혔다. 주민 모두가 삶의 터전을 바꾸기 위해 나섰다. 흙이 날리던 길에는 제대로 된 도로가 깔렸다. 불가촉천민들은 이런 지원에 대한 감사의 표시로 지역 예산 3만 1000유로를 절감할 수 있도록 지역의 하수관을 직접 파고, 시의 도로와 우물을 수리하겠다며 나섰다.

엘랑고는 이 첫 번째 실험을 바탕으로 1998년에 상위 카스트와 하위 카스트가 어울려 살아가게 하는 프로젝트를 진행했다. 불가촉천민 상당수와 상위 카스트 주민의 일부는 집이 없었다(카스트 제도와 빈부는 별개의 문제이다. 부유한 불가촉천민도 있고, 가난한 브라만도 존재한다). 새로운 주택이 필요했다. "원래 마을을 조성할 때는 상위 카스트와 하위 카스트, 불가촉천민의 공간을 분리해서 만들어야 합니다. 하지만 이런 생각을 해봤지요. 빈곤층을 카스트에 상관없이 다 한데 어울려 살게 하면 어떨까? 저는 회의를 소집했고, 오랜 토론 끝에 대부분의 빈곤층 주민이 동의했습니다. 이 사실을 타밀나두 주 총리에게 알리자, 총리가 반색했어요. 인도에서는 처음 있는 역사적인 실험이었거든요. 아무도 이런 시도를 한 적이 없었습니다."

50채의 쌍둥이 주택을 지어서 한쪽에는 불가촉천민 가정이, 다른 한쪽에는 다른 카스트에 속하는 가정이 살기로 결정했다. 이렇게 하면 서로가 마주치며 지낼 수밖에 없었다. 주 총리는 준공식에 직접 발걸음을 할 만큼 이 프로젝트를 열렬히 환영했고, 해당 마을에 '사마투바푸람'이라는 이름을 붙여주었다. '동등한 삶 Equal Living'이라는 뜻이다. 그리고 이 주거 모델을 다른 지역에도 시도하도록 장려한 결과, 주 내에 동일한 형태의 주택이 300채 이상 만들어졌다. "이곳에서는 카스트 간의 차이가 거의 존재하지 않는 새로운 세대가 생겨나고 있습니다. 우리가 씨앗을 심었으니, 앞으로 2~3세대를 거치면 카스트 제도에서 완전히 해방된 사회가 도래할 겁니다."

엘랑고가 첫 번째 임기를 마치면서 이룬 결실은 풍성했다. 재임에 성공한 엘랑고는 한 걸음 더 나가기로 결심한다. "시 의회와 시민 의회의 노력으로 우리는 도로를 건설하고, 학교를 개선하고, 거리에 태양열 조명을 설치하고, 더 나은 주택을 짓고, 모두에게 식수를 공급하게 되었습니다. 하지만 우리 공동체가 정말로 행복해지려면, 가정마다 생계를 유지하고 안정감을 느낄 만큼 충분한 수입을 보장하는 경제 활동이 절대적으로 필요하다는 생각이 들었지요." 그래서 엘랑고는 마을에 더 많은 고용을 창출할 방법을 찾기 시작했다. 답은 저절로 따라왔다. 경제 활동을 다시 지역으로 되돌아오게 하는 것이었다. 다른 지역이나 다른 주에서 사 오지 않더라도 쿠탐바캄에서 자체 생산이 가능한 식료품과 공산품은 상당히 많았다. 이 사안에 대해서는 그람 사바가 다시 한번 제 역할을 톡톡히 해냈다. 일자리에 대한 욕구가 강했던 주민들은 어디서부터 프로젝트를 시작해야 할지 의견을 모았다. 첫 단추는 식료품이었다. 쌀은 이미 변두리에서 재배 중이었다. 하지만 가공할 방법이 없어서 외부에 내다 팔아야 했고, 먹을 쌀을 다시 사오는 실정이었다. 그러니 자체적으로 도정할 시설이 필요했다. 엘랑고와 지역 의회는 다시 한번 '로테크' 기술을 찾아냈다. 도정뿐 아니라 쌀을 가루로 가공하는 것까지도 가능해졌다. 팜유에 대해서도 같은 식으로 접근했다. 공장 건설에도 많은 노력을 기울였다. 일자리를 늘리는 동시에 농산물 가격을 인상하는 투기를 막는 것이 관건이었다. 엘랑고는 10~15개 촌락을 묶어서 필요한 기름을 함께 생산하는 프로젝트를 구상했다. 촌락의 유형과 보유 자원에 따라 촌락마다 상호 보완

되도록 작업을 특화하고, 잉여분은 서로 나누는 식이었다.

이것은 가장 야심 찬 프로젝트이기도 했다. 이미 일부 실현된 상태지만, 간디가 말했던 자급자족 단계에 이르려면 아직 십여 년이 더 걸릴 것으로 엘랑고는 내다봤다. "우리에게 필요한 것을 스스로 해결하는 것이 진정한 의미의 독립입니다. 자유에 이르는 가장 확실한 길 중 하나지요. 오늘날 사회 발전은 구심적 형태를 띠고 있어서 에너지, 자금, 권력이 모두 중심부로 모여듭니다. 사회가 지속하려면 각 공동체가 보다 자족적이 되어야 합니다."

2001년에 연임을 마친 엘랑고는 지역 대표직을 떠나 자신의 경험을 사람들과 공유하기로 결심한다. 더 많은 촌락이 시민의 참여를 유도하고, 더 많은 인도인이 민주주의에 동참했으면 하는 바람 때문이었다. 엘랑고는 다른 자치단체장도 쿠탐바캄과 같은 실험을 하도록 돕는 연수 기관인 '판차야트 아카데미 Panchayat Academy'를 창설했다. 10년 간 시민 주도형 거버넌스의 원리를 배워간 자치단체장은 900명에 달한다. 엘랑고는 간디가 구상했던 '촌락 공화국'을 건설할 계획이다. 민주주의가 기초 단위부터 튼튼히 뿌리내리도록 말이다. "계속 출장을 다니고 여러 기관을 방문하며 새로운 방법을 개발하는 중입니다. 그 방법을 쿠탐바캄에 적용해보고 있어요. 이곳을 찾는 자체단체장도 우리가 먼저 했던 시도를 보며 자신의 지역에 적합해 보이는 것을 찾아 시도하고 있습니다.*"

우리가 찾아갔을 때, 엘랑고는 화장실 부족에 따른 위생 문제

---

* 인도에서는 인구수가 수만 명이 되는 지역까지도 촌락이라고 부른다. 우리가 만나본 촌락 대표 중에는 주민 수가 2만 명에 이르는 경우도 있었다.

와 사회 문제를 해결하고자 애쓰고 있었다. 인도 정부의 지원을 받아 수년 내로 전국에 2억4000만 개의 화장실을 설치하는 게 목표이다. 그는 가장 먼저 그람 사바를 통해 지역 주민에게 프로젝트 초안을 소개한 후, 안건을 상정하기 위해 다른 자치단체장을 초청했다. 600명이 넘는 지역 대표와 지역 의회가 이미 그와 네트워킹 중이었고, 그중 일부는 엘랑고의 촌락처럼 다양한 원칙을 시행 중이었다. 엘랑고는 "힘을 가진 시민만이 제대로 된 민주주의를 이끌 수 있다."고 믿고 있다. "시민이 힘을 갖지 못하면 혼란으로 치닫게 됩니다. 시민 의회 덕분에 우리는 시민을 교육하고, 그들이 가져야 할 권한을 온전히 부여할 수 있게 되었습니다. 정말 멋진 기회가 아닐 수 없지요. 그런 시민의 수가 충분히 많아지면, 그들 스스로 민주주의를 건설하고 방향을 잡을 겁니다."

디트로이트의 셰인, 코펜하겐의 모르텐, 토드모던의 팸과 메리, 프랑스의 에마뉘엘이 그랬듯이, 엘랑고 역시 누군가가 나타나 우리를 구해주기를 기다릴 것이 아니라, 국회의원이든 사업가든 시민이든 우리가 모두 사회를 바꾸기 위해 직접 움직여야 한다고 말했다.

철학자이자 물리학자인 반다나 시바Vandana Shiva의 생각도 그와 같았다. 반다나 시바는 다국적기업의 종자 독점과 생물자원 수탈에 맞서 싸우는 인도의 유명한 생태운동가이다. 인도를 비롯해 세계 각국에서 벌이고 있는 참 민주주의를 위한 투쟁이 그녀가 하는 가장 구체적인 활동 중 하나이다. 반다나 시바를 처음 만나는 사람은 쉽사리 잊기 힘든 경험을 한다. 반다나는 1미터 50센티미터를 넘지 않는 키와 왜소한 체구에 화려한 색상의 사리를 입고 있다. 추운 날엔 그 위에 스웨터를 걸치기도 한다. 첫인상은 전혀 특별할 것이 없어 보인다. 하지만 맞은편에 앉아 그녀의 검은 두 눈과 이마 가운데 찍힌 큼지막한 세 번째 눈을 마주하는 순간, 그녀의 얼굴과 손짓, 목소리에서 뿜어져 나오는 최면에 가까운 범상치 않은 기운을 느끼게 된다. 반다나는 운동가인 동시에 보기 드문 웅변가이기도 하다. 이제껏 인터뷰를 해오면서 반다나처럼 정확하고 단호하며 추호의 망설임도 없이 질문에 답하는 사람은 만나보지 못했다. 게다가 완벽한 타이밍에 꼭 필요한 말만 했다. 반다나의 영상을 본다면 누구라도 분명 그녀의 강한 포스를 느끼게 될 것이다. 그뿐 아니라 몬산토를 위시한 다국적기업과의 싸움 속에서 학대와 비방에 단련된 한 여성의 엄청난 강인함도 보게 될 것이다. 우리는 진정한 민주주의가 어떤 모습일지 그녀에게 물어보지 않고는 인도에서의 일정을 마무리할 수 없었다.

상위법에 복종한다는 것 : 반다나 시바와의 만남

반다나 시바   제 생각에, 투표로 선출된 정부는 더 이상 국민의 뜻을 대표하지 못합니다. 민주주의는 '국민의, 국민에 의한, 국민을 위한' 것이라고들 하지요. 그런데 다국적기업은 지난 20년간 세계화 열풍에 힘입어 정부의 결정을 통제했습니다. 그들이 법안을 작성하고, 정치인을 매수해서 자신들이 원하는 대로 움

직이게 만들었습니다. 대의민주주의가 '다국적기업의, 다국적
기업에 의한, 다국적기업을 위한' 것으로 변질되고 만 것이지
요. 이 현상이 가장 두드러지게 나타난 부문이 바로 식료품 산
업입니다. 우리는 개인의 자유가 사라진 공동체와 사회에서 식
량 체계가 한 세기 만에 얼마나 무너질 수 있는지 목도했습니
다. 제가 이 문제를 인식하고 활동에 나서게 된 계기는 '관세 및
무역에 관한 일반협정*(이후 GATT)의 출범이었습니다. 나중에
GATT는 세계무역기구wto로 바뀌었지요. 몬산토의 한 책임자
는 1990년에 GATT에 대해서 다음과 같이 공식적으로 선언했
습니다. "이 조약을 작성함으로써 우리는 사상 초유의 일을 해
냈다. 우리가 기안을 작성해서 미국 정부에 건네면, 미국 정부
는 세계 각국에게 그 안을 따르게 했다. 우리는 환자이자 의사
이고 약사였다."** 그러니까 문제점 진단도, 처방 지시도 그들
이 다 한 셈입니다. 그런 다국적기업이 큰 문제점으로 여기는
것 중에 하나가 바로 농부들의 자가 채종입니다. 지적재산권을
들먹이며 종자 특허권을 앞세워 자가 채종을 범법화해버렸지
요. 종자는 우리가 이 땅에서 살아갈 수 있게 해주는 식량과 에
너지의 원천입니다. 그걸 아는 사람은 거의 없지만요. 종자 없
이는 먹을 것도, 입을 것도 존재하지 않아요. 목재도요. 그러니
종자를 지배한다는 것은 사회 전반을 지배하는 것과 같습니다.

---

*   General Agreement on Tariffs and Trade
**   James Enyart, "A GATT Intellectual Property Code", Les Nouvelles, vol. 25, n°2 (juin
1990), p.54-56. Vandana Shiva, Éthique et agro-industrie, L'Harmattan, coll. "Femmes et
changements", 1996, p.12-13가 인용.

그런데 GATT에서 출발한 농업협정은 식량 체계에 자유무역 개념을 도입했습니다. 이는 지역 농업의 점진적 파괴를 뜻하지요. 그리고 이 협정의 작성을 주도한 것은 미국 측 협상 최고책임자였습니다. 그는 몬산토와 더불어 세계 2대 종자회사로 꼽히는 카길의 부회장이기도 했지요. 이것은 새로운 형태의 독재입니다. 현재 암암리에 논의 중인 범대서양 무역투자동반자협정*은 '신세대 자유무역'을 준비하고 있어요. 사회운동으로 쟁취해낸 유럽의 보호조치를 자유무역 관련법에 위반된다는 명목으로 폐지하려는 시도이지요. 현재로서는 다국적기업이 프랑스나 이탈리아 정부를 상대로 법적 싸움을 벌이는 게 불가능합니다. 각국의 헌법에 규정된 원칙 때문이지요. 그래서 또 다른 범국가적 법적 기반을 마련하려고 애쓰는 겁니다. 자유경쟁을 저해한다며 소송을 걸 수 있도록 말입니다. 결국 GMO이나 라운드업을 거부하는 국가가 있다면, 다국적기업은 GMO와 라운드업을 파는 기업에게 불이익을 주고 다른 기업에게 혜택을 준다며 해당 국가를 고소할 수 있게 됩니다. 호주에서는 이미 이런 유형의 소송이 벌어진 바 있어요. 담배회사들이 금연 캠페인을 벌인 정부를 상대로 들고 일어났지요. 지금 우리는 인류가 자신의 미래를 보호하고 보존하기 위해 민주적으로 행동할 권한을 위협받는 격변의 시기에 와있습니다. 국가는 이 권한을 자꾸 포기하려고 해요. 개인이 (어쨌든 그중 일부는) 많은 걸

---

* Transatlantic Trade and Investment Partnership, TTIP, 세계 최대 규모의 자유무역지대를 건설하려는 미국과 유럽연합 간 조약

얻게 되니까요. 우리는 개인주의를 사회보다 우선시하는 사회에 살고 있습니다. 국가가 권한을 포기하면 할수록 더 약해지지요. 우리 시대 비극 중 하나입니다.

─ 그럼 어떻게 해야 할까요? 우리가 만나본 전문가들은 민주주의의 또 다른 모델이 가능하다는 것을 보여주었습니다. 아일랜드, 아이슬란드, 인도에서 그걸 확인했습니다. 그런데 당신의 이야기를 들어보니 이 엄청난 권력을 막기 위해 투쟁할 필요도 있겠군요.

반다나　저는 우리가 가진 시간의 90퍼센트를 농업, 에너지, 경제 등 각 분야에 맞는 대안을 마련하는 데 할애해야 한다고 생각합니다. 예컨대 우리는 인도 농부들이 토종 종자와 유기농 종자를 무상으로 생산하고 공유할 수 있는 '나브다냐Navdanya'라는 기구를 창설했습니다. 20년 사이에 120곳에 지역 종자은행을 설립했지요. 나머지 10퍼센트의 시간도 정치체제를 감시하는 데 쏟아야 합니다. 그렇지 않으면 정부와 국회의원이 다국적기업에 굴복하는 것을 우리가 암묵적으로 용인하는 셈이 되고 맙니다. 그러면 무력에 가까운 장치들이 우리의 자유를 범죄시하고 옥죄어 올 것입니다.

─ 우리가 거기에 불복해야 할까요? 그것이 우리 미래를 여는 열쇠 중 하나라고 보십니까?

반다나 우리는 더 상위법에 복종해야 합니다. 두 가지 법을 생각할 수 있어요. 여기서 상위법이란 자연, 다양성, 생명의 법을 말합니다. 이 법은 우리가 생명을 빚지고 있는 지구라는 시스템을 돌보지 않으면, 우리도 지구와 함께 멸망할 것이라고 가르치고 있습니다. 인권과 민주주의, 헌법에서 비롯된 법은 이 법의 하위법이지요. 소위 법의 이름으로 자연의 균형을 위협하거나, 우리가 인간답고 자유로우며 독립적인 삶을 누리지 못하게 막는 것은 기필코 배척해야 합니다. 그런 법이 있다면 맞서 싸워야 합니다. 그런 식의 '죽은 민주주의'는 '살아있는 민주주의'로 대체해야죠. 시민들이 날마다 자신이 속한 사회의 운영에 참여할 수 있도록 말이에요. 그 유일한 방안은 지역 단위에서 시민의 권한을 되찾는 것입니다. 지역 민주주의가 죽은 상태에서는 국가나 세계 차원에서 민주주의가 작동할 수 없어요.

— 그런 법과는 어떻게 맞서 싸우지요? 인도에서는 이미 투쟁이 진행 중이지만, 사람들의 참여를 유도한다는 것이 결코 만만치 않습니다.

반다나 인도에서도 마찬가지예요. 늘 쉬운 건 아닙니다. 하지만 사람들에게 이 일이 자신의 일상과 직접 관련이 있다는 것을 보여줄 방법을 찾아야 해요. 그 후에는 인내와 끈기로 버텨내야죠. 저는 1987년부터 다국적 종자 기업의 의도를 지적재산권과 법 제도 측면에서 속속들이 짚어보는 기업가 회의를 참관해왔

학교 앞에 선 엘랑고와 한 주민 여성

습니다. 비공개 회의였지요. 인도 정부가 다국적기업의 조치를 법제화하라는 압력을 받았을 때, 우리는 이미 준비가 되어 있었습니다. 미리 만들어둔 자료를 가지고 국회의원들을 찾아다니며 문제의 쟁점을 설명했습니다. 결국 정부는 생물종의 다양성과 복잡성에 관한 법률 제정 위원회를 저에게 맡겼지요. 우리는 '식물 다양성 및 농민의 권리에 관한 법률Plant Variety and Farmer's Rights Act'을 만들었습니다. 세부 조항으로 농부는 종자를 생산과 채종, 보관, 교환, 판매, 선택, 교배할 권리를 갖는다고 명시했습니다. 그리고 이 기본권을 농부에게서 박탈할 수 없다고 못 박았지요.

2004년에는 이 법을 폐지하고 새로운 법을 만들어 자가 채종을 금지하려는 시도가 있었습니다. 저는 전국을 누비며 농민들을 교육했고, 대규모 회의를 여러 차례 조직했습니다. 10만 명의 서명을 모아 인도 총리에게 전달하며 말했지요. "인도는 간디의 나라입니다. 영국인들이 인도에서 소금 독점을 법제화하려고 했을 때, 간디는 수십만 명과 함께 바다까지 걸어가 소금을 모으며 말했지요. '자연은 우리에게 필요한 소금을 무료로 제공하고 있고, 앞으로도 우리는 직접 소금을 만들 것'이라고 말입니다. 간디의 투쟁을 이어받아 우리도 종자를 지켜내야 합니다. 수 대에 걸쳐 자연은 우리에게 아낌없이 종자를 제공했고, 우리는 후대의 생존권을 위해 그것을 잠시 맡아두고 있는 겁니다. 그러니 우리는 이 법에 복종하지 않겠습니다. 총리님도 이 법을 공표하지 않기를 바랍니다." 여기에 국회까지 합세했고,

결국 법안은 사장되었습니다. 우리는 간디의 두 가지 사상에 공감하고 있습니다. 하나는 '자율 조직화', 말하자면 스스로 통치하는 '내재적 민주주의'입니다. 다른 하나는 '진실을 위한 투쟁'입니다. 특히 악독한 법의 시행을 거부하는 형태로 나타나지요. 의료용 약재나 종자 사용을 금지하는 법이 그 예입니다.

- 국민의 자급자족을 보장하는 것이 민주주의의 최우선 과제라고 자주 주장하셨습니다.

반다나 그것이 바로 민주주의의 핵심 중의 핵심입니다. 우리가 먹는 것이 우리를 만드니까요. 농부에게서 종자를 보관하고 채종할 권리를 빼앗는다거나, 자기가 먹는 음식이 어디에서 오며 어떻게 만들어지는지 알 수 없다거나(GMO 라벨이 없는 미국에서 벌어지는 일이지요), 기업이 우리가 먹는 음식을 통제하기에 이르면, 우리는 결국 가장 내밀한 자유를 박탈당하게 됩니다. 자기 몸에 영양을 공급하고 건강을 유지할 자유 말입니다. 그에 비하면 민주주의의 다른 요소는 벽을 예쁘게 꾸미는 장식에 불과하지요.
따라서 진정한 식량 민주주 수립을 위한 다음 단계는 건강과 음식의 관계를 인정하는 데 있습니다. 아주 당연한 것인데도 사람들은 이 관계를 경시하거나, 심지어 부인하고, 법적으로도 무시합니다.

─ 금융, 정치, 경제적 조치들이 불도저처럼 밀고 들어오는데, 정말 아무런 폭력도 쓰지 않고서 사회를 바꿀 수 있을까요?

반다나 저는 비폭력의 나라에서 태어났습니다. 비폭력은 실제로 작동하는 원칙이에요. 진정한 변화를 가져오지요. 그래서 저는 윤리적으로나 철학적으로나 비폭력 원칙을 소중하게 생각합니다. 그것이 혹여 여러 전술 중 하나에 불과하다 해도 저는 그 방법을 택할 거예요. 비폭력은 이 운동에 동참하지 않는 사람들에게도 메시지를 줍니다. 탄탄하지만 소수에 불과한 지하 무장 세력이나 결사체 형태로는 더는 안 됩니다. 참여 세력을 확장하려면 비폭력이 답입니다. 사람들 대부분은 폭력이나 혼란을 원하지 않습니다.

─ 끔찍한 일을 겪는다면 달라질 수도 있지 않을까요?

반다나 재앙이 일어난다고 사람들이 변하지는 않습니다. 오히려 공포에 빠지죠. 그런 곳에는 독재나 전횡이 생겨나고요. 사회 밑바닥에서 가장 착취당하던 사람들이 들고 일어난다는 기적은 현실성이 없습니다.
하지만 연대는 가능하지요. 모든 형태의 착취에 반대하는 것은 그들 모두를 하나로 묶는 끈이 될 수 있고, 진정한 변화를 불러올 수 있습니다. 최소한 변화가 일어나는 곳에는 이런 현상이 늘 나타납니다.

– 그러니까 사람들이 변하는 것은 일련의 과정을 통해 얻어지는 결실이지, 재앙 때문에 하루아침에 깨달을 수는 없다는 말씀인가요?

반다나   그렇습니다. 하루아침에 변한다는 건 불가능합니다. 특히 현대 사회에서는 더욱 그렇지요. 예전에는 상황이 단순했습니다. 의식주만 해결되면 되었으니까요. 하지만 오늘날에는 우리가 먹는 음식이 어디서 왔는지, 그 빵을 만든 밀의 종자가 어떤 속성을 갖고 있는지 알 수가 없습니다. 모든 게 훨씬 복잡해졌습니다. 어떤 재앙 하나 때문에 사람들의 의식이 갑자기 바뀐다는 것은 허황된 이야기입니다. 그러려면 교육이 필요합니다. 그래서 우리 모두의 노력이 정말로 중요합니다. 저는 인간의 잠재력을 믿습니다. 우리는 지구의 파괴자가 될 수도 있지만, 지구를 잘 돌보는 창조자가 될 수도 있습니다. 그것이 양자물리학의 원리이기도 합니다. 불변하는 것도 없고, 분리 불가능한 것도 없으며, 모든 것은 변화할 수 있고, 어떤 것도 확고부동하지 않다는 것이지요. 따라서 우리는 우리와 다음 세대에게 이 모든 쟁점을 교육해서 인류의 잠재력을 키워야합니다.

5장. 다양성과 창의성을 키우는

교육 NEW EDUCATION

교실에서 수업 중인 핀란드 아이들의 자유로운 모습

"인간은 단순히 다른 사람을 위해 일하거나, 월급을 받으려고 태어나지 않았습니다. 인간은 창조물로 가득한 세상에 태어난 유일한 존재죠. 그런데 개개인의 유일성이 교육으로 씻기고 짓밟혀 규격화됩니다. 자고로 교육이라면 '넌 잠재력이 많아. 네가 원하는 건 무엇이든 될 수 있고, 네가 바라는 건 뭐든 할 수 있어. 너에게 주어진 선택은 무궁무진해. 너는 어떤 세상에 살고 싶니? 어떤 사회를 만들고 싶니?'라고 말해줄 수 있어야 하지 않을까요?"

– 무함마드 유누스Muhammad Yunus*와의 인터뷰 중에서.

* 방글라데시의 은행가·대학교수. 무담보 소액대출 운동으로 빈곤 퇴치에 앞장서 2006년 노벨평화상 공동 수상

획일화된 인력을 키우는 학교 : 과거의 교육

이 여정에서 만난 많은 사람이 이야기의 끝에 가서는 결국 교육(어린이와 어른에 대한)을 언급했다. 교육이 다른 모든 것에 영향을 미치는 일종의 '뿌리 활동'이라는 것이다. 지금 인류가 당면한 문제가 우리의 생각, 강박, 상처 등 내면에서 비롯된 것이라면, 바로 그곳을 공략해야 장차 우리의 문명이 지속 가능한 방식으로 변화할 수 있을 것이다.

피에르 라비는 이렇게 말했다. "변화하느냐, 마느냐는 우리가 상황을 어떻게 인식하는가에 달려 있습니다. 그러니까 각자의 인식을 키우는 것이 이미 교육 행위입니다. 인간의 깊이 있는 변화 없이는 사회의 진정한 변화도 기대할 수 없습니다. 정치적으로나 군사적으로 어떤 선택을 하는가는 충분한 답이 될 수 없습니다. 유기농 제품을 소비하고, 원자력 발전소에 반대하는 시위를 하고, 쓰레기를 재활용하고, 다시 농촌으로 돌아가면서 동시에 이웃을 착취할 가능성이 있으니까요. 그러므로 이상향은 먼저 우리 내면에서 이루어야 합니다. 도구와 물질적 성취로는 변화를 일으킬 수 없습니다. 권력과 두려움, 폭력이라는 원시적이고 제한된 영역에서 해방된 자유로운 의식이 작용해야 가능한 일이죠. 우리 시대가 겪고 있는 이 심각한 위기는 물질적 결핍에서 비롯되지 않았습니다. 그 원인은 우리의 세계관, 우리가 타인이나 자연과 맺는 관계, 우리의 선택과 우리가 믿는 가치를 결정하는 내면의 중심에서 파헤쳐야 합니다.

이상향을 완성한다는 건 무엇보다 새로운 자아를 형성해야 한다는 걸 인정하는 데서 출발합니다. 인식과 연민을 가진 존재, 지성과 상상력, 그리고 노동으로 생명에 경의를 표할 수 있는 존재 말입니다. 인간은 생명의 가장 진화된 존재이자, 가장 복잡한 존재이고, 그만큼 책임도 가장 많으니까요. 이런 존재를 만들어내려면 아이들의 교육이 가장 중요합니다."

디트로이트에서 만난 도시 농부 말리크는 오랫동안 초등학교 교장으로 재직하다가 유기농업의 길로 들어섰다. 그는 이렇게 말했다. "미국의 교육 모델은 공장과 산업 혁신에 그대로 답습됩니다. 업무가 반복적이고, 명령에 복종해야 하며, 서열이 강조되는 구조에 비판적 사고가 외면당하는 상황이지요. 저는 아이를 교육하는 것과 학교에 보내는 일은 근본적으로 다르다고 생각합니다. 교육이 학교에서 이루어지기도 하지만, 그렇지 않을 때가 더 많거든요. 교육을 가리키는 라틴어 '에두카레 educare'는 '나가게 하다' 혹은 '밖으로 이끌다'라는 뜻입니다. 교육이란 우리가 태어났을 때 가지고 있던 장점을 표출하게 하는 역할을 해야 합니다. 텅 빈 머리에 지식을 채워 넣는 것이 아니고요. 누구에게나 장점과 재능, 특징이 있습니다. 그걸 인정해주고 더 발달시켜서 인류에 기여할 수 있게 하는 것이 중요합니다. 학교가 해야 할 일 중 하나는 학생의 장점과 재능, 특징을 찾아내는 것이죠."라고 말했다.

무함마드 유누스도 같은 생각이다. 호텔의 빨간 소파에 앉아 우리를 맞이한 그는 교육에 대해서 언급하자마자 흥분했다. "우리의 교육 시스템은 완전히 잘못되었습니다. 학생들에게 수학과 물리학, 화학과 역사는 가르칠 수 있어도, 학생들이 자신은 어떤 존재인지, 이 세상에서 어떤 역할을 할 수 있는지 알아가는 데는 도움을 주지 못하니까요. 현재 학교가 학생들에게 내건 암묵적 목표는 열심히 공부해서 좋은 성적을 거두고, 최대한 좋은 직장에 취직할 수 있도록 싸우라는 것입니다. 인간이 가질 수 있는 야망으로는 조금 편협하지 않습니까?

인간은 단순히 다른 사람을 위해 일하거나, 월급을 받으려고 태어나지 않았습니다. 인간은 창조물로 가득한 세상에 태어난 유일한 존재죠. 그런데 개개인의 유일성이 교육으로 씻기고, 짓밟혀 규격화됩니다. 자고로 교육이라면 '넌 잠재력이 많아. 네가 원하는 건 무엇이든 될 수 있고, 네가 바라는 건 뭐든 할 수 있어. 너에게 주어진 선택은 무궁무진해. 너는 어떤 세상에 살고 싶니? 어떤 사회를 만들고 싶니?'라고 말해줄 수 있어야 하지 않을까요? 그런데 요즘 학교는 사회에서 맡은 역할을 얌전히 해야 한다는 똑같은 시나리오를 학생들에게 주는 것 같습니다. 우리의 제도 대부분이 학생을 기계나 로봇으로 바꾸고 있지요. 우리가 이걸 바꿔나가야 합니다."

나는 콜리브리를 이끌던 당시, 2012년 대선을 맞이해서 여론조사 기업 이포프와 함께 여론조사를 실시한 적이 있다*. 우리는 기존의 여론조사에서는 묻지 않았던 질문을 던졌다. "학교는 어떤 역할을 해야 한다고 생각하십니까?" 이 질문에 응답자의 41퍼센트가 "졸업하고 취직해서 사회에 편입될 수 있게 해야 한다."고 대답했

* www.colibris-lemouvement.org/agir/campagne-tous-candidats/etude-ifop-pour-colibris- ce-que-veulent-les-francais.

다. "기본적인 지식(읽기, 쓰기, 셈하기)을 전수해야 한다."라고 응답한 사람은 39퍼센트에 이르렀으며, 단 20퍼센트만이 "성적과 관계없이 재능과 장점을 살려 자아를 발전시키도록 해야 한다."고 답했다. 제러미 리프킨은 "우리가 학교에서 정말 가르쳐야 하는 건 시대의 의식"*이라고 했다. 다시 말해서 학교는 사회의 거울이라는 뜻이다. 학교는 아이들이 각자의 신념과 이념, 사회 조직을 가진 세계의 일원이 될 수 있도록 가르쳐야 한다. 우리가 벌인 여론조사의 응답자들은 20세기의 학교 교육을 받았다는 점을 주목하자.

유럽에서는 수백 년 동안 교육이 상류층의 전유물이었고, 그렇게 해서 계급 사회를 유지했다. 서민층도 교육을 받을 수 있게 되었을 때는 대부분 가톨릭교회에서 학교를 운영했다. 학교가 기독교적 세계관을 유지할 수 있는 수단이었기 때문이다. 1881~1882년 쥘 페리 Jules Ferry가 종교적으로 중립적인 무상 의무 교육 제도를 도입한 것은 프랑스에서 일어난 매우 큰 민주화 운동으로 평가받는다. 이로써 최대 다수에게 교육의 기회가 열렸고, '의식의 자유'가 존중되었다. 언뜻 보기에 이것은 진정한 진보였다. 사실 19세기 말의 사회는 '진보'에 매료되어 있었다.

리프킨도 "유럽과 미국에서 공교육을 탄생시킨 운동의 가장 큰 목표는 개인의 생산 잠재성을 자극하고, 효율적인 노동력을 만들어서 산업혁명을 추진하는 것"이었다고 분석했다. 《학교 없는 사회》를 쓴 이반 일리치 Ivan Illich를 비롯한 학교 반대론자들은 학교야말로

---

* Jeremy Rifkin, La Troisième Révolution industrielle, trad. F. et P. Chemla, LLL, 2012.

자유로운 정신과 비순응주의자를 양성하는 것이 아니라, 시스템에 순종하는 병사를 키우는 수단이라고 주장한다. 말리크와 무하마드 유누스도 똑같은 주장을 펼쳤다. 그런데 지난 150년 동안 세상은 급격하게 변했고, 우리가 '진보'라고 부르는 것도 그 의미가 크게 퇴색했다. 인터넷과 자원 고갈의 시대에 태어난 21세기의 아이들은 부모 세대와 달리 지구나 시민 의식에 대해서 생각하지 않는다. 그런데 아이들이 받는 교육은 교수법에 있어서나 교육 내용에 있어서나 여전히 과거에 머물러 있다(아마도 스탠포드 대학교나 버클리 대학교 등 몇몇 학교만 예외일 것이다).

그렇다면 21세기 학교의 모습은 어때야 할까? 20세기의 학교는 개인을 산업 시대에 살아갈 수 있도록 하기 위해 산업 모델과 아주 흡사한 제도를 마련했다. 최소한의 시간에 최대한 많은 학생을 교육하는 것이다. 그러다 보니 학생들을 다양성에 적응시키지 못하고, 지식, 즉 정신을 천편일률적으로 규격화하는 경향이 있었다.

20세기의 학교에서는 선생이 고정된 이론적 지식의 기준으로서, 그 지식을 학생들에게 전수하는 역할을 담당한다. 뉴욕시립대학교의 케네스 부르피Kenneth Bruffee 교수가 지적했듯이, "기존의 교실 모델에서 학생은 선생이 말하는 것을 어떤 형태로든 받아들여야 했다. 선생은 학생들과 지식을 공유하고, 학생들이 어느 정도 지식을 익혔는지 평가했다."

배움의 행위는 홀로 기계적으로 이루어지며, 교수자라는 후견인과 '교육 과정'이라는 독단적인 이념이 학생들을 규격화하고 규제한다. 그 지식은 제대로 익히기만 하면 사회에 편입될 수 있는 통행권이 된다. 이런 관습을 거부하는 것은 (특히 대학 입학시험) 지식을 실제로 얼마나 쌓았느냐와 상관없이 학업과 취업의 가능성을 스스로 빼앗는 것이 된다. "학교에서 열심히 공부하지 않으면 나중에 열심히 할 일도 없다."라는 말도 있지 않은가. 결국 20세기 학교의 가장 큰 명령은 모델에 복종하는 것, 복종을 가르치는 것이었다고 말할 수 있다. 이러한 교육관은 특히 부모-자녀 관계를 비롯해서 사회 전반에 널리 퍼졌다.

그러나 2015년의 아이들은 다르다. 어떻게 보면 2015년의 교사들이 젊은 세대를 주축으로 바뀌었다고 할 수 있다. 결국 지금은 불편한 전환기이다. 교사들은 시스템을 개혁해야 할 필요성을 점점 더 인식하고 있고, 젊은이들은 선배의 권위나 제도를 준수해야 하는 의무에서 점점 더 벗어나고 있다. 그러나 세상의 변화에 비춰 보면, 이들 역시 선사시대의 유물 같은 시스템에 여전히 갇혀 있다. 현재의 시스템은 걷잡을 수 없이 복잡해져서 스스로 마비된 상태이므로 진정한 변화를 일으킬 수 없다. 따라서 학교가 어떤 역할을 해야 하고, 어떤 사회 모델에 맞추어 아이들을 준비시켜야 하는지 시급히 결정해야 한다.

이반 일리치는 학교가 "모두에게 공평한 교육의 기회를 보장해야 한다"는 사회의 요구에 부응할 수 있는 제도적 해법이라고 말했다. 그러나 그는 "이 목적과 의무 교육을 혼동하는 것은 개인의 안녕과 종교를 혼동하는 것과 같다"고 덧붙였다. 학교는 일정한 지식

---

* Ivan Illich, Une société sans école, trad. G. Durand, Seuil, 1971, p. 27.

과 노하우, 사회에서의 존재 방식을 습득하는 여러 수단 중 하나일 뿐이다. 오늘날의 상황에 맞춰서 학교 시스템을 재고할 때는 교육의 책임을 전적으로 제도에만 지우지 말고, 아이들 개개인이 자아실현을 가장 잘할 수 있는 미래를 그릴 수 있게 해야 한다.

그렇다면 요즘 아이들이 무엇에 대비하면 좋을까?

우선 우리가 불씨를 지핀 위기를 잘 관리할 줄 알았으면 한다. 인류 공동의 생물권을 회복하고 보살피며, 평화롭고 지속 가능하며 모두에게 공평한 경제·사회 시스템을 구축하기를 바란다.

아이들에게는 이론적 지식뿐만 아니라 새로운 의식도 필요하다. 지구와 인류를 서로 의지하는 하나로 보아야 한다. 그러려면 아이들에게 공감하는 능력, (경쟁보다) 협동하는 능력, 인류의 기원인 자연과 관계를 맺을 수 있는 능력을 키워주어야 한다. 이런 능력이 발현되는 것을 가로막는 가장 큰 장애물은 빈곤과 삶의 고단함이다. 따라서 아이들이 친환경적이고 협동하며 올바른 사회를 건설할 수 있는 재원을 찾고, 행복과 자아발전, 살아가는 방법을 터득할 수 있는 능력을 개발할 수 있게 해주어야 한다. 또 각자의 재능과 열정을 발견하고, 그 재능과 열정을 인류 사회, 특히 그들이 사는 사회를 위해 쓸 수 있는 방식을 발견하게 해주어야 한다.

우리가 방문했던 핀란드의 키르코야르벤 학교처럼 이미 이러한 교육 과정을 적용하기 시작한 학교들도 있다.

학생 한 명 한 명이 소중하다 : 핀란드의 교육

십여 년 전부터 핀란드의 교육 시스템은 유럽, 더 나아가 서양 국가에서 본받아야 할 모델이 되었다. OECD가 실시하는 국제 학업 성취도 평가PISA에서 핀란드는 그 어떤 유럽 국가와 서양 국가보다 좋은 성적을 거뒀다.* 그 이유를 알아보기 위해 우리는 평범함과는 다소 거리가 있는 학교를 찾았다.

키르코야르벤은 설립된 지 얼마 되지 않은 신생 학교로, 헬싱키에서 멀지 않은 낙후한 도시인 에스포에 위치해 있다. 붉은 벽돌 건물 벽에는 3중 전면 유리가 설치되어 있고(방열과 방음을 위해), 지붕에도 태양열 전지가 있다. 지열로 난방을 하는 학교 건물 주변에는 1960년대에 건설된 잿빛 건물이 들어서 있다. 그 흉물스러움이 프랑스 교외 지역의 건물들 못지않다.

운동장에서 우리를 맞아준 사람은 카리 로우히부오리 Kari Louhi vuori 교장이었다. 영어 교사였던 그는 어린 시절을 영국에서 보내기도 했다. 올해 예순두 살이 되었지만 은퇴할 생각은 눈곱만큼도 없다. 날씬하고 우아하며 동시에 털털한 그는 재미있고 매력적인 사람이었다. 말하는 걸 보면 슬라브 족이나 스칸디나비아 민족이 아니라 라틴계인 것 같다. 핀란드 사람들이 말수가 적다고 들었기 때

---

* Programme for International Student Assessment 2009년에 과학 2등, 읽기 3등, 수학 6등을 기록했고, 2012년에는 아시아 국가들에 뒤이어 과학 12등, 읽기 5등, 수학 6등을 기록했다. 이는 수학에서 핀란드를 앞선 네덜란드, 스위스, 에스토니아를 예외로 하면 모든 서양 국가의 기록을 앞서는 것이다.

문이다(실제로 그런가에는 이론의 여지가 있지만). 카리 교장이 말했다. "스웨덴 사람들과 핀란드 사람들은 서로 이런 농담을 하기도 하죠(스웨덴과 핀란드는 영국과 프랑스처럼 애증의 관계이다). 스웨덴 사람과 핀란드 사람이 시골 별장에서 주말을 보내기로 했습니다. 첫날 저녁에 두 사람은 맥주를 마셨지요. 스웨덴 사람이 잔을 들고 '스콜Skål!'이라며 건배를 외치자, 핀란드 사람이 '밤새 그렇게 떠들 거야?'라고 했다는 겁니다. 핀란드 사람이 원래 그렇습니다. 많은 말을 하지 않아도 되지요." 카리 교장은 그 말이 자기에게는 해당하지 않는다는 것을 아는지 웃음을 터뜨렸다.

건물에 들어선 순간, 우리는 넓고 깨끗한 공간, 직선과 곡선의 조화, 조용한 분위기에 압도되었다. 분명 좋은 건축 자재를 쓴 모양이었고, 공간 구성도 오랫동안 충분히 구상한 듯했다. "학교 건물을 짓기 위해 설계 공모전을 했습니다. 69개의 프로젝트가 제출되었죠. 저도 심사에 참여했는데, 다행히 가장 좋은 안을 최종 선택할 수 있었습니다. 우승자는 형제 건축가였는데, 한 명이 초등학교를 설계했고, 다른 한 명이 중학교를 설계했습니다. 설계 목적은 교육을 위한 건물을 짓는다는 것이었지요. 각 활동과 각 학년이 고유한 공간을 갖는 것입니다." 핀란드에는 원래 학교 건물이 다 아름다운지 묻자, 카리 교장은 이렇게 대답했다. "새 학교를 지을 때 최선을 다하려고 합니다. 이곳은 낙후된 지역이어서 학교를 멋지게 짓는 것이 교육에 얼마나 중요한지 모릅니다. 이 사실을 사회가 인식하고 있다는 점을 보여주는 아름다운 방식이었죠. 핀란드에는 광물자원도, 금도, 석유도 없습니다. 나무밖에 없지요. 핀란드가 가진 가장 큰 부는 바로 좋은 교육입니다."

　교육의 실제와 구조, 평가 방식 등 핀란드의 교육 모델에 대해서는 할 말이 많을 것이다. 그러나 가장 중요한 것은 다른 곳에 있다. 그것이 아마도 놀라운 성공이 비결이 아니었을까 싶다. 바로 "교육의 중심은 학생입니까, 지식입니까?"라고 질문을 받았을 때, 핀란드는 학생을 선택했다는 사실이다. 학생 한 사람 한 사람이 중요하고, 따라서 경직된 시스템이 아니라 학생 개개인의 특성에 적응하는 교육 시스템을 갖추어져야 한다는 것이다.

　핀란드에서는 자신의 리듬에 맞춰서 성장하는 자유롭고 행복한 학생이 기본적인 지식을 더 쉽게 습득한다고 여긴다. 이 생각은 진취적인 교육자가 내세우는 이상향이 아니다. 국가, 도시, 학교장, 교사 등 교육에 참여하는 모든 주체의 행동 방향을 설정하는 지침일 뿐이다. 그리고 그 목표에 도달하기 위한 주문은 바로 신뢰이다. "교육부는 지역 당국을 신뢰하고, 지역 당국은 교장을, 교장은 교사를, 교사는 학생을 신뢰합니다." 카리 교장이 덧붙였다. "저는 학교에 공석이 생겼을 때, 지원한 교사 중에서 선생님을 직접 선발해서 팀을 꾸립니다. 관료주의는 거의 없습니다. 예를 들어서 다른 나라와는 다르게 교사들이 지침을 잘 따르는지 관리하는 장학관 제도가 없습니다. 훌륭한 교육을 받은 교사들이 전문가니까요. 교실에서 어떻게 아이들을 가르쳐야 하는지 가장 잘 아는 사람은 교사입니다. 물론 회의도 하고, 더 잘 가르치기 위해 의견도 교환합니다. 3년 단위의 순환 시스템으로 자체 평가를 하기도 하고요. 개선하고자 하는 사항 중 열 개에서 세 개 정도를 골라 앞으로 3년 동안 완성할 계획을 세우기도 합니다. 하지만 우리는 평가가 아니라, 가르치는 데 시간을 훨씬 더 많이 할애합니다."

중앙에서 인사 이동을 담당하지도 않는다. 각 학교의 자율성이 보장되어 있고, 교사는 자신이나 팀에 문제가 되지 않는 한, 학교를 옮기지 않는다. 카리 교장만 해도 30년 동안 교장직을 맡고 있다. 일등부터 꼴등까지 전국의 학교 순위를 매기지도 않는다. "모든 학교가 저마다 다 좋아야 하니까요." 카리 교장이 힘주어 말했다.

학교가 내세우는 가장 큰 목표는 모든 학생이 '집 같은 편안함'을 느끼게 하는 것이다. 그러려면 학교의 규모가 상대적으로 작아야 한다(중학교는 300~400명, 고등학교는 400~500명). 공부할 공간도 꽤 커야 하고, 공간의 색채도 유쾌함을 주어야 한다. 또 편안한 휴게 공간도 마련해야 한다. 교사와 학생의 친밀감을 높여서 진정한 신뢰 관계와 파트너십을 형성하는 것도 필요하다. 카리 교장이 복도를 지나갈 때였다. 아이들이 스스럼없이 달려와 그의 팔에 매달렸고, 그도 팔을 흔들거려 주었다. 모든 게 아주 자연스러웠다. 키르코야르벤에서는 이런 일이 흔하게 벌어졌다. 점심시간에는 교사와 학생이 어울려서 식사한다. 중학교에서도 선생님을 이름으로 부른다. "이런 것도 가르침의 일부입니다." 카리 교장이 설명해주었다. "교사와 학생이 서로를 더 잘 아는 방법을 배우는 교육 시간이지요. 나중에 교실에서 도움이 되는 관계가 형성되니까요. 그리고 예절도 가르친답니다." 카리 교장은 빙그레 웃었다. 나는 그에게 프랑스 교사들은 아이의 몸에 절대 손을 대서는 안 되고, 그렇게 친근감을 표시하면 권위가 약해진다고 여긴다고 말해주었다. 그러자 그가 다시 씩 웃었다. "권위는 그런다고 생기지 않지요. 우선 교사로서 능력이 있어야 하고, 무엇보다 존중에서 나오는 것입니다. 직함 뒤에 숨을 필요가 없어요. 규율 문제가 없는 학교가 지구상에 어디 있겠습니까마는, 학생과 가까운 관계를 유지하면 저희에게 도움이 됩니다. 학생들이 저희를 좋아하기 때문에 함부로 행동하지 않지요. 또 우리가 자기들을 좋아하고 도우려는 걸 잘 알고 있거든요. 물론 인내심을 시험하는 아이들도 있습니다. 항상 쉬운 날만 있는 것도 아니고요. 하지만 제 경험상 처벌로는 아무것도 해결할 수 없었습니다. 아이들과 이야기를 나누고, 함께 생각하고, 학부모를 참여시키는 게 더 효율적입니다. 아이들이 안정감을 느끼게 해주고, 자립심을 키우도록 돕는 것이 중요하지요. 그러면 아이들도 협동하고 싶은 마음이 더 생깁니다."

아홉 살 된 아이들 열다섯 명이 있는 마이야 선생의 교실에 들어선 우리는 카리 교장의 말이 무슨 말인지 이해할 수 있었다. 자연과학 시간이었다. 아이들은 민들레 홀씨의 수분 과정을 공부하고 있었다. 그런데 책상에 앉아 있는 아이도 있었지만, 절반 정도는 서 있거나 교실 구석에 있는 소파에 앉아 있었다. 심지어 예닐곱 명은 아예 바닥에 누워 있었다. 그중 한 아이는 바닥에 엎드려 작은 돋보기로 홀씨를 들여다보고 있었고, 다른 아이는 웅크리고 있었다. 무릎을 꿇은 아이도 있었고, 또 다른 아이는 친구들과 멀리 떨어져 깡충깡충 뛰고 있었다. 홀씨가 날려서 교실을 가득 채우더니 복도로까지 날아갔다(아이들이 홀씨를 어찌나 불어대던지!). 아이들이 떠들기는 했지만, 프랑스 교실처럼 난리가 난 정도는 아니었다. 마이야 선생은 "교실 분위기를 좋게 만드는 게 중요해요."라고 말했다. "분위기가 지나치게 엄격하면 아이들은 겁을 먹고 배우는 데 집중하지 못하거든요. 조화로운 분위기를 조성하는 일이 때로는 어렵지요. 다들 개성이 강하고, 서로 간에 맞춰야 하니까요. 그룹을 만들고 소속감을 갖게 해야 하죠. 누구라도 짜증이 많이 나지 않게 해야 하고, 힘으로 상대방을 제압하게 놔둬서도 안 됩니다. 그런 일이 벌어지면 가만히 지켜보다가, 학생들에게 상황이 나빠지면 저에게 알리라고 해두지요. 경찰처럼 조사하고, 아이들과 대화를 나누고 하는 거죠." 마이야 선생은 자신의 일을 사랑한다. 그렇게 말하는 데 주저하지 않았고, 표정만 보아도, 그리고 학생들과의 관계만 보아도 진심을 알 수 있었다. 게다가 마이야 선생이 가장 좋아하는 일은 "아이들과 관계를 맺는 것, 가까이 있는 것, 아이들을 신뢰하는 것, 아이들이 앞으로 나아가도록 돕는 것"이다. 마이야 선생은 아이들이 서로 다른 문화권(학생의 50퍼센트가 외국인이다)이어서 좋다고 말한다. "학교에서 많은 걸 가르쳐요." 마이야 선생은 신이 나서 말을 이었다. 또 카리 교장이 보내는 신뢰와 다른 교사들과 이루어지는 협조도 높이 평가했다. "의견이 다르더라도 같은 방향으로 힘을 보태는 일이 중요합니다. 우리는 항상 함께 일할 수 있는 방법을 찾아냅니다. 모두들 마음이 열려 있죠."

핀란드의 교육 시스템은 학생이 자신의 리듬에 맞춰서 학습하는 것을 자연스럽게 여긴다. 예를 들어 아이들은 8~9세까지만 읽는 법을 배워두면 된다. 그래서 자신의 능력과 호기심, 재주를 깨울 수 있는 기간이 충분하다. 유급은 법으로 금지되어 있다. 예외적으로 제안을 할 수 있지만, 반드시 학생과 부모가 동의해야 한다.

하루 일과는 아이의 생체리듬에 맞추고, 불필요한 피로를 유발하지 않는 방향으로 짜인다. 의무 교육이 끝나는 16세까지 수업 시간은 45분을 초과할 수 없고, 15분의 쉬는 시간이 주어진다. 아이들은 쉬는 시간에 복도에서 자유롭게 쉴 수 있고, 휴게실에서 담소를 나누거나 놀 수 있다. 음악을 할 수도 있고, 컴퓨터를 쓸 수도 있다. 핀란드의 학교는 학급당 인원수가 적고(2015년 키르코야르벤의 학급당 학생 수는 14~25명) 교사와 중고등학교의 진로 상담사, 초등학교의 보조교사 등 교사가 더 많다. 필요에 따라 학급당 1~3명 정도이다. 카르코야르벤의 학급에는 학습에 어려움을 겪는 아이와 핀란드어를 잘 구사하지 못하는 아이를 위한 보조교사가 있다. 보조교사는 아이의 진도의 맞게 학습을 돕기도 한다. 이밖에도 상시직 심리상담사와 양호 선생님이 있고, 개인적 문제를 가지고 있거나 관계의 어려움, 육체적 문제를 겪는 아이들이 일반 학교 시스템에서 벗어나지 않게 하려고 마련한 특수 학급도 있다. 이 모든 것이 교육을 최대한 개인에게 맞추기 위한 조치이다.

"학생은 서로 다 다릅니다. 한 가지 방식으로만 배우는 것이 아니지요." 마이야 선생의 설명이다. "그런 점을 교육에서 고려하려고 합니다. 지금은 그런 일이 어렵지 않지요. 많은 재원이 있으니까요. 보조교사와 학급을 나눌 수도 있고, 컴퓨터, 책, DVD도 충분합니다. 자연을 만나러 갈 수도 있고요. 예를 들어서 읽기를 배우는 학생 중 누군가는 글자를 조합하는 데서 시작하지만, 단어로 시작해서 글자로 분해하는 아이들도 있습니다. 읽기와 친해지는 방법은 수없이 많습니다. 제가 초등학생일 때는 한 가지 방법밖에는 없었어요. 지금은 전혀 사용하지 않는 방법이지요. 하지만 어쨌든 저도 읽는 법을 배웠으니까 옛날 방법도 틀린 것은 아닙니다. 중요한 사실은 방법이야 어떻든 아이들이 결국 배움을 완성한다는 점을 이해하는 것입니다. 어떤 아이는 빠르게, 또 어떤 아이는 느리게 배우더라도 말입니다. 저는 가르치는 데 좋은 방법이 있다고 생각하지 않아요. 가르치는 방법은 수십 가지가 있을 겁니다. 다만 학생 한 사람 한 사람에게 맞는 올바른 문을 찾아야 합니다." 핀란드에서는 주입식 강의가 사라진 지 십 년이 되었다. 교사는 학습의 한 수단일 뿐이다. 교사는 학생의 학습을 장려하고 안내해야지, 권위와 지식을 강요해서는 안 된다. 학생들은 작은 그룹을 만들어서 미이야 선생이 언급한 것과 같은 자료를 가지고 학습한다.

마이야 선생은 교실에서 학생에게 공간과 이동성의 자유를 주는 것도 똑같은 의도라고 설명한다. "삼십 년 전에는 교실에 40명이나 되는 아이들이 모여 앉아서 조용히 수업을 들어야 했습니다. 교사는 높은 단 위에 올라가서 학생들을 마주 보고 수업을 했지요. 지금은 교사와 아이들이 같은 높이에 있습니다. 교사가 교실을 왔다 갔다 하고, 아이들은 연습 문제를 풀 때 서로 이야기를 주고받을 수 있습니다. 물론 큰 소리를 내지는 말아야 하지요. 그 외에는 교실을 서성거려도 되고, 소파에 앉아서 책을 읽어도 아무도 뭐라고 하지 않습니다. 아이들은 교사가 권위 있는 존재나 신과 같은 존재가 아니라는 것을 배웁니다. 교사나 부모가 틀릴 수도 있다는 사실을 아이들이 깨닫는 것은 아주 중요합니다. 우리가 아이들에게 '내가 틀렸구나'. 혹은 '내가 화가 나서 소리를 질렀어, 미안해'라고 말할 수 있어야 합니다. 우리는 아이에게 얘기하고 그냥 가버리지만, 아이들은 모두가 똑같고 평등하다는 걸 깨닫습니다. 이것이 더 자유롭고 개방적이지요. 저는 이런 상황이 아이에게 자신감을 주고, 새로운 능력을 개발할 수 있게 해준다고 믿습니다. 친구에 대해서 서로 배우기도 하고요. 그렇게 해서 관계를 맺는 능력과 사회성을 기릅니다. 살아가는 데 아주 중요한 능력이죠. 지식만 가지고 살 수는 없습니다. 물론 가끔 엄격하게 대해야 할 때도 있습니다. 필요할 때에는 조용히 하라고 말해야 합니다. 올바른 관계를 유지하기란 때로 어렵습니다. 지나치게 엄격하지도, 지나치게 방임하지도 말아야 하지요. 교사가 아이들의 친구는 아니니까요."

7~13세(초등학교) 교과과정은 누구에게나 동일하다. 13~16세의 학생은 두세 과목 정도 선택할 수 있도록 해서 교과목 구성에 학생이 조금 더 책임감을 갖게 한다. 고등학생은 교과목 전체를 고를 수 있다. 학교 컴퓨터 네트워크나 인터넷을 통해 자리가 남은 수업에 등록하는 방식이다. 전통적인 개념의 학급은 더는 존재하지 않는다. 9세까지는 성적을 매기지 않고, 9~13세는 점수를 기입하지 않는 방식으로 평가를 받는다. 이로써 기본적인 개념에 대한 학습이 스트레스나 상처 없이 이루어질 수 있다. 누구도 자신을 '바보'라고 느끼지 않으면서 자신의 리듬에 맞추어 학습할 수 있다. 점수는 13세부터 4~10점으로 받는다. 수치스러운 0점은 사라졌다. 평가의 목적은 학습하지 않은 것보다, 학습한 것을 확인하는 과정이다. 따라서 경쟁적인 요소와 불안을 가중하는 요소는 사라졌다.

카리 교장과 구내식당에 점심을 먹으러 갔더니 자리가 다 차 있었다. 아이들의 옷과 의자 등받이 등 분홍, 초록, 노랑 등 온갖 색깔이 춤을 췄다. 소음은 견딜 만했다. 카리 교장은 벽에 방음 자재를 사용했으며, 아이들은 양말을 신고 있다고 말해주었다. 식사도 나쁘지 않았다. 놀랍게도 급식은 무상이었다. 교과서, 양호, 교육 자재도 모두 무료였다. 그렇다고 핀란드의 교육 예산이 특별히 많은 것은 아니다. 프랑스와 비슷하다(GDP의 6~7퍼센트). "관료주의가 없어서 그렇습니다." 카리 교장은 웃으며 다시 한번 강조했다. 그는 핀란드 교육의 성공 비결이 무엇보다 교사 양성에 있다고 믿는다. 그것이 좋은 시스템을 만드는 열쇠라는 것이다. 핀란드 교사 대부분은 담당 교과목에 대한 열정보나는, 교육에 대한 관심과 아이들의 성장을 돕고자 하는 마음에서 교사라는 직업을 선택한다. 교사는 사회적으로 인정받는 직업이고, 교육 시스템에 애착이 많은 핀란드 사회에서 특권으로까지 인식된다.

요엔수 교육대학은 매년 80명의 학생을 선발하는데, 지원자 수가 1200명에 이른다. 교사는 이곳에서 교육학 석사 학위(초등학교 교사)나 특정 교과목 전공 석사 학위(중고등학교 교사)를 받아야 한다. 또 1~2년 동안 교육 이론을 공부한 뒤에는 3년간 보조교사로 실습을 해야 한다. 이 과정을 모두 거쳐야 교사 지원을 할 수 있다. 카리 교장이 설명했다. "교사들은 어린이의 심리에 대해 심도 있게 공부하고, 몬테소리와 슈타이너, 프레네 등 수많은 교육법을 배웁니다. 교육의 목적은 많은 모델과 아이디어를 제공하고, 아이에 대해 깊이 이해하며, 아이의 학습 능력을 파악하게 하는 것입니다. 아이가 앞으로 겪게 될 학습 문제 유형과, 그런 아이에게 줄 수 있는 도움에 대해 배우게 하지요. 그런 다음에야 교사들은 그중에서 무엇을 사용할지 선택할 수 있습니다. 또 교육학의 역사에 대해서도 많이 읽습니다. 대학에서보다 더 폭넓게 교육을 받지요."

교사로 선발되면 아주 유리한 교육 환경과 전적인 교육의 자유를 누릴 수 있다. 이것이 교사들의 동기부여에 크게 기여하고, 아이들 개개인에게 맞춤형 학습 상황을 만들어줄 수 있는 요소인 듯하다. 교사들은 수업만 하는 것이 아니라 교실 감독도 하고, 학교에서 벗어나 가정 방문을 하기도 한다. 이는 친밀한 관계를 형성하도록 만든다. 여기에 교사의 임금도 높다니 금상첨화이다. 체육 교사가 자신의 월급이 4000유로라고 말했을 때 나는 숨이 멎을 뻔했다. 물론 핀란드의 물가가 프랑스보다 조금 더 높긴 하지만, 프랑스의 중고등학교 교사와 그렇게 임금 차이가 많이 난다니 기가 막혔다(프랑스 교사의 월급은 평균 2500유로이다).

이러한 교육 방법 덕분에 핀란드의 아이들은 프랑스 학생들보다 주당 수업 시간이 1시간 30분이나 적은데도 전통적인 과목에서 매우 훌륭한 성적을 거둔다(OECD는 핀란드의 교육 시스템을 유럽 최고로 평가한다). 7세부터 15세까지 따지면 무려 2000시간이나 차이가 나는 것이다.

그러나 핀란드 교육 시스템의 목적은 무엇보다 아이들에게 배우는 법을 가르치고 자립성을 키워주는 것이다. 오늘날에는 지식을 어디에서나 얻을 수 있다. 카리 교장과 교사들은 학생이 그런 정보의 바다에서 미래의 삶에 필요한 지식을 습득하는 좋은 방법을 찾도록 돕는다. 키르코예르벤의 학생들은 수학과 핀란드어, 역사뿐 아니라 뜨개질과 바느질, 옷 만들기, 나무와 금속, 가죽 공예, 물건 만들기, 빨래, 정리, 청소, 요리, 그림, 악기도 배운다. 카리 교장이 우리를 데려간 연주실에서는 중학생들이 쉬는 시간을 이용해 베이스 기타, 드럼, 건반, 탬버린, 색소폰을 들고 연습하고 있었다. 공방에서는 기타와 스피커를 만드는 학생도 있고, 60킬로그램의 하중을 견딜 수 있는 얼음 다리를 만드는 학생도 있었다. 조리실에서는 남자아이들이 슈크림과 버섯 오믈렛을 만드는 기본기를 익히고 있었고, 묘한 분위기의 교실에서는 최신식 세탁소 부럽지 않은 큰 세탁기로 빨래를 하는 방법이 전수되고 있었다. 카리 교장은 재봉 시간에 학생들이 만든 재킷과 바지, 셔츠를 보여주었다. "이이들이 모든 과목을 경험할 수 있도록 기본적인 개념을 가르치고 있습니다. 몸을 써야 하는지 아니면 머리를 써야 하는지 아이들이 깨닫게 되지요. 그 덕분에 졸업할 때에는 무엇을 하든 잘해낼 수 있을 것입니다." 키르코예르벤의 졸업생 중 절반은 대학을 선택하고, 나머지는 기술 분야로 진출한다. 카리 교장은 두 분야가 동등하게 인정받는다고 말한다. "모든 직업이 필요하니까요."

핀란드의 모델은 40년 동안 여러 차례의 개혁을 거쳐 완성되었다. 핀란드는 어떻게 교육 개혁에 성공했는지 묻자, 카리 교장의 대답은 명백했다. "핀란드에서 교육은 정치적 논쟁거리가 아닙니다. 의회의 여러 위원회에서 앞으로 취해야 할 큰 방향을 두고 여야 간에 합의가 이루어집니다. 신임 정부가 들어서도 교육 시스템은 바뀌지 않습니다. 6년마다 교육 과정 개편이 이루어지기는 하지만,

늘 합의 하에 진행됩니다. 교육은 중요한 영역이기 때문에 선거 전략으로 이용되어서는 안 됩니다.”

카리 교장은 학교가 취업뿐만 아니라 “삶의 여러 단계를 준비할 수 있도록 해야” 한다고 생각한다. “관용과 이해, 다름을 가르쳐야 합니다. 다양한 문화와 색깔을 발견하고 음미하는 법을 알게 해야죠. 모든 사람이 중요하고, 또 누군가는 조금 더 도움이 필요하다는 사실도 이해시켜야 합니다. 서로 사랑하는 법도 가르치고요. 모두 아이들이 학교를 떠날 때 배우고 갔으면 하는 바람입니다.”

핀란드 사례의 의미는 그 규모에 있다. 매년 100만 명의 초·중·고생과 대학생이 관련된 전국적인 규모의 시스템이기 때문이다. 우리의 다큐멘터리 내용에 핀란드 교육을 포함한 이유도 바로 여기에 있다. 그러나 전 세계에는 비록 핀란드보다 규모가 작더라도 아주 흥미로운 실험이 수없이 이루어지고 있다. 프랑스만 해도 그 수가 수백 개에 이른다. 그중에는 피에르 라비의 딸 소피 부케 라비가 남편과 함께 아르데슈 남부에 조성한 친환경 마을 아모 데 뷔에 설립한 ‘아이들의 농장La Ferme des enfants’이 있다. 또 다른 친환경 마을 레 자마냉Les Amanins 한가운데에 있는 이자벨 펠루Isabelle Peloux가 운영하는 에콜 뒤 콜리브리Ecole du colibri도 있고, 파리 19구의 리빙 스쿨Living School이나 생 드니 드 라 레위니옹의 친환경 마을 보세주르Beauséjour의 몽트수리르Montesourire 학교도 좋은 예이다.

이 학교들은 모두 아이들에게 자립성과 협동심을 기르고, 비폭력을 배우면서 자아실현을 하도록 도와줄 필요가 있다고 강조했다.

그것이야말로 사회에서 자리를 잡고 주변을 돌보는 사람이 될 수 있는 초석이라는 것이다. 21세기의 도전에 맞설 수 있는 세대를 만든다는 것은 아이들에게 행복에 대한 접근권을 주는 일이다. 최소한 일부분의 행복이라도 말이다.

에필로그

「지금」「여기에서」
시작하다

다큐멘터리 〈내일〉은 2015년 12월 2일 프랑스에서 상영을 시작했다.

"내가 몽상가라고 말할지도 모르겠군요 You may say I'm a dreamer

하지만 나만 그런 게 아닌걸요 But I'm not the only one

언젠가 당신도 우리와 함께 꿈꾸길 I hope someday you'll join us

그러면 세상은 하나가 될 거예요 And the world will live as one."

– 존 레논의 노래 〈Imagine〉의 가사 중에서

언제나 시작은 소수였다 : 롭 홉킨스와의 만남

"다 좋습니다. 그런데 어디서부터 시작하죠?"

십 개국을 도는 여정을 마치고 돌아오는 길에 우리의 머릿속에서 맴돌던 질문이다. 지금까지 이 책을 읽고 어디선가 뭐라도 시작해야 한다고 생각한 사람이라면 누구나 공감할 것이다. 이 질문에 대한 답(여러 개의 답 중에 하나)은 아마도 영국 남서부에 위치한 작은 도시 토트네스에 있는 게 아닐까 싶다. 토트네스는 우리가 브리스톨에서 토드모던으로 이동하던 도중에 들렸던 도시이다.

7월 중순, 석양빛에 물든 토트네스는 완벽한 작은 도시의 모습이었다. 적어도 내 기준에서는 그랬다. 세븐 스타스(다양한 지역 맥주를 갖춘 펍)에서 출발하는 작은 주요 도로 주변에는 오래된 건물이 늘어서 있었다. 영국 특유의 중세 분위기 반, 귀여운 분위기 반을 풍기는 건물이었다. 상점은 대부분 독립 상점이었고, 주로 지역에서 생산되는 유기농 제품, 공정무역 제품, 수제품을 판매했다. 많은 사람이 자전거로 왕래했고, 조금만 가면 시골 풍경을 볼 수 있었다. 2008년에 바로 이곳에서 우리가 '전환마을운동'이라고 번역하는 '트랜지션 네트워크Transition Network가 탄생했다. 그 이후로 30개국에서 1200개에 달하는 도시가 인구 8000명의 소도시 토트네스의 뒤를 따랐다.

세븐 스타스와 벤 브랭긴 광장 사이에는 포옹이나 타르트 몇 조각, 혹은 토트네스 파운드를 받고 자전거를 고쳐주는 사람(주민들

은 그를 자전거 박사로 부른다)이 있다. 그가 바로 전환마을운동의 창시
자인 롭 홉킨스이다. 우리는 그와 마지막 대화를 나누었다. 몸집이
큰 롭 홉킨스에게서는 빛이 난다. 아기 같은 얼굴에는 항상 청년 같
은 웃음이 번진다. 그는 조용하고 매력적인 인물이기도 하다. 영국
인 특유의 유머도 넘친다. (적어도 내가 만났을 때는) 늘 변함없이 청바
지에 셔츠를 안으로 넣어 입고, 소매는 팔꿈치까지 걷어 올린 차림
이었다. 마치 언제라도 일을 벌일 사람처럼. 롭은 토트네스에 오기
전에 아일랜드에서 영속농업을 가르쳤다고 한다. 학생들에게 영속
농업의 원리를 도시에 적용해서 기후변화와 석유 고갈 문제에 대
응하고 도시의 회복력을 확보하자고 제안했는데, 그것이 전환마을
운동의 시발점이 되었다. 롭은 인터뷰 도중 우리의 울음을 터뜨리라
는 업적을 이뤄내기도 했다. 그의 인간적인 면모에는 그야말로 마
음을 무너뜨리는 뭔가가 있다.

롭 홉킨스 제가 가끔 놀라는 사실이 있는데요, 바로 스스로 멸종
하리라고 상상할 수 있을 만큼 인간이라는 종족과 인간이 만든
문화가 대단하다는 점입니다. 우리는 좀비, 핵폭탄, 전염병, 로
봇, 외계인, 그렘린 같은 작은 괴물에게 인간이 멸종당하는 영
화를 만들곤 하지요. 전 그런 걸 굉장히 좋아합니다. 그런데 정
반대의 상황을 보여주는 영화가 있나요? 인류가 힘을 합쳐서
문제를 해결하는 영화 말입니다. 그렇게 많지 않지요. 그게 진
짜 문제입니다. 생명과 동식물을 탄생시키는 상태로 생물권을
유지하려면 이산화탄소 배출량을 매년 8~9퍼센트 줄여야 한다

고 기후학자들은 말하지만, 그에 대한 이야기는 없습니다. 지금은 기후위기를 그저 우리가 원하는 걸 '빼앗기는' 이야기 정도로 받아들입니다. 이산화탄소의 배출량을 감소시켜야 한다는 말을 차가운 동굴에서 썩은 감자를 먹으며 살아야 한다는 이야기로 이해하는 사람이 많습니다.

– 세계의 종말이라고 생각한다는 거죠?

롭 그렇지요. 하지만 사실 그건 놀라운 이야기일 수 있습니다. 인간은 워낙 뛰어나고 창조적인 존재거든요. 우리는 특별한 일을 해낼 수 있습니다. 하지만 그러기 위해서 이야기를 지어낼 필요가 있지요. 언젠가 들었던 말인데요., 비전을 갖고 이야기를 하는 것은 회오리바람을 바로 앞에 던지고 거기에 빨려 들이가는 것이라 합니다. 전환마을운동으로 이루려고 하는 일이 바로 그것입니다. 더 인간적이고, 더 건강하며, 미래에 더 적합한 문화를 만들기 위해 전 세계에서 모인 평범한 사람들의 이야기를 하려는 거죠. 살기 좋은 도시의 모델을 만드는 사람들, 열정이 넘치고 재미를 느끼며 함께 있는 것을 좋아하는 사람들의 이야기 말입니다.
환경운동가들은 부정적인 이야기를 할 때가 많습니다. 우리가 원하지 않는 이야기를요. 이제는 어떤 미래가 가능한가 하는 비전을 표현할 때입니다. 그것이 훨씬 더 달콤하고 흥분되지요. 바르셀로나 시장은 2040년에 모든 에너지와 식량의 절반을 도시에서 생산할 것이라고 예견했습니다. 아주 포부가 크지요. 하지만 그 말은 '아, 맞아. 정말 멋진걸. 우리도 똑같이 할 수 있 겠어.'라고 생각하는 사람들에게 우리가 들려주고 싶은 이야기 이기도 합니다. 디트로이트 역시 모두가 서로에게 들려주고자 하는 훌륭한 이야기입니다. 우리에게는 "할 수 있다"는 이야기 가 필요합니다.

　- 듣고 보니 저도 그런 일을 하고 싶습니다. 하지만 토트네스 는 프리 허그와 지역 화폐, 유기농 상점이 존재하는 '완벽하 고 아름다운 소도시'입니다. 파리에서의 일상과 아파트에 사 는 친구들을 생각하면 과연 사람들을 참여시킬 수 있을지 의 심스러워요.

롭　아마 놀라운 경험을 하게 될걸요? 그런데 그분들에게 같이 하 자고 물어본 적은 있나요?

　- 아파트 밑에서 채소를 키워보자고 한 적은 있어요. 그런데 이웃 몇 분이 그런 일은 금지되어 있어서 불가능하다고 말하 더군요. 기운이 빠졌죠.

롭　그래도 다시 한번 시도해야지요. 처음부터 잘 되는 일은 드뭅 니다. 오스트레일리아에서 얼마 전 알게 된 한 여성이 생각나 네요. 그 여성은 '저는 전환마을운동이 좋아요. 이곳에서도 하면 좋을 텐데, 아무도 관심을 갖지 않네요. 이런 운동을 하는 사람이 없어요.'라고 했어요. 그런데 지역 신문에 광고를 냈지요. '저는 전환마을운동에 관심이 있는 사람입니다. 함께 이 이야기를 나누고 싶습니다.'라고요. 그러자 편지 120통이 왔습니다. 포르투갈에서는 아파트에 사는 주민들이 실은 혼자만 관심이 있는 줄 알았다가 초대장을 보내면서 함께 모여 온갖 종류의 채소밭을 만들었답니다. 모든 사람이 다 참여해야 하는 건 아닙니다. 시작할 때에는 몇 사람이면 충분합니다. 그러고 나서 언제 전환점이 찾아올지는 아무도 모릅니다. 일단 시작을 하면 회의적이었던 사람조차도 마음이 따뜻하고 주도적인 사람들을 바라보는 걸 좋아하게 됩니다. 그러면 그들도 결국 참여하게 되지요.

– 전환마을운동은 도시에서 실천하기 훨씬 어렵고 소규모에서 적용이 더 간단한 부분이 있을 것 같은데요.

롭 대도시에서 더 잘 굴러가는 것도 있습니다. 예를 들어 벨기에의 리에주에서는 '리에주 와인'을 시작했습니다. 185만 유로를 모아서 포도 농장을 지원하는 협동조합을 만들었지요. 도시와 주변의 땅을 서로 이어주는 역할을 한 것입니다. 그 일을 해낸 사람들은 소수이지, 도시 전체가 아닙니다. 런던에도 동네 단위로 전환운동이 이루어졌습니다. 런던이 토트네스와 비슷한 규모로 다뤄졌지요. 지역 화폐를 만들고 지하철에서 농산물을 재배했습니다. 항상 시작은 소수입니다. 채소밭을 만들겠다는 생각에 확신이 없다면, 지붕에 태양열 전지를 설치하세요. 건물 전체가 돈을 조금이라도 아낄 수 있으니까요.

– 맞네요. 누가 관심이 있는지 물어보고, 그 사람들과 시작하면 되겠군요. 다른 사람들도 성공하는 걸 보면 참여하겠지요. 다만 가끔은 서글프고 피곤해요. 우리가 만드는 다큐멘터리 얘기를 친구들에게 해줘도 그리 신경 쓰지 않아요. 똑똑하고 많은 사회 문제에 대해 의식이 있는 친구들인데도 말이죠. 될 리 없다는 태도예요. 어떻게 친구들에게 설명하고 동기를 부여할지 모르겠어요. 가끔 피곤하지 않으세요?

롭 물론 가끔 피곤하지요. 하지만 성공하는 사람들을 많이 봐서 에너지가 충전됩니다. 얼마 전 런던 근처에 사는 한 여성과 이야기를 나눴습니다. 그녀는 우리가 토트네스에서 했던 것처럼 '전환 거리'를 만들고 싶어했지요. 그래서 4분짜리 영상에 자신이 하고 싶은 이야기를 담았습니다. 그리고 이웃을 돌아다니며 대문에 메모를 붙였어요. '금요일에 파티를 엽니다. 과자도 구울 거고 시원한 음료도 준비합니다. 비디오를 상영할 테니 의견을 말해주세요.' 사람들이 많이 올 거라고는 기대하지 않았죠. 그런데 자리가 모자랄 정도로 많은 사람이 방문했습니다. 모두 영상을 보고 "언제 시작할까요?"라고 물었다는군요.

– 멋진데요!

롭 무언가 시도를 했을 때 실패할 수도 있습니다. 그럴 땐 다른 걸 시도하면 됩니다. 주민을 모으느라 무척 고생을 했던 전환운동 그룹은 결국 '무엇이 사람들을 모이게 할까? 석유 위기? 기후 변화? 맥주? 그래, 아마 맥주일 거야.'라고 생각하게 되었다는 군요. 그래서 지역 양조장을 지원하는 모임을 결성하고, 주민에게 투자를 받아 지분을 나눠주었죠. 양조장에 투자했던 사람들은 이후에 전환마을운동에 참여하게 되었습니다. 양조장이 좋은 계기가 되었던 것이죠.

중요한 것은 하나의 문제에만 집중하지 않는 것입니다. 한 가지 주제만 다루면 사람들은 '좋다'고 하거나 '싫다'고 할 뿐입니다. 전환을 위해 함께 행동할 수 있는 방법은 아주 많습니다. 농산물이나 식물에 관심을 가질 수도 있고, 기업이나 금융에 특별한 재능이 있을 수도 있지요. 혹은 쓰레기 재활용에 열을 올릴 수도 있고요! 사람들이 관심을 갖는 건 기후변화 문제가 있기 때문이기도 하지만, 무엇보다 거기에서 즐거움을 느끼기 때문입니다. 지식을 쌓고, 친구를 만들 수 있으니까요.

지난번에 만난 토트네스의 한 주민은 이곳에서 22년째 살고 있지만, 지난 2년간 벌어진 전환 운동으로 동네를 아주 새롭게 발견했다고 했습니다. 또 다른 주민은 이렇게 말했죠. '내일 모든 게 끝나면 어떻습니까? 전에 모르던 사람들을 200명이나 만났는걸요. 전환마을운동을 시작했을 때에는 이 일이 지속 가능성과 관련이 있는 환경 운동인 줄 알았습니다. 그런데 알고 보니 문화 운동이었어요.'라고요.

가장 먼저 던져야 할 질문은 '어떻게 이곳의 문화를 바꿀까?'입니다. 토트네스 신문에서 요즘은 '우리가 전환도시에 살고 있으니 우리가 해야 할 일은…' 같은 기사를 읽으니 참 재미있죠? 사람들이 참여하지 않아도 그들을 둘러싼 문화가 변합니다.

　– 할 일이 많아서 의기소침해지지 않으시나요? 훌륭한 일을 해내셨지만, 문명 전체의 와해라는 상황에 비추어 보면 미약하다고 느껴질 수도 있는데요.

롭　전환마을운동이든 아니든, 현재 전 세계에서는 조용한 혁명이 일어나고 있습니다. 그 혁명이 코앞에서 일어나고 있다는 사실을 인식하지 못하는 사람들이 많지만, 이미 수백만 명의 사람들이 더는 기다리지 않고 팔을 걷어붙였습니다. 지역 경제, 재생에너지, 기반시설, 기업을 만들고 식량 체계를 새롭게 짰습니다. 그들이 가진 힘을 이용해서 상점에 갈 때는 지역을 지지하는 상품을 구매합니다. 엄청난 변화가 일어나는 중이지요. 우리는 답을 알고 있습니다. 어떻게 적용해야 할지도 알고요. 다만 더 많은 사람이 참여하게 하는 문제가 어렵습니다. 사람들을 챙기고, 그룹이 제 방식대로 움직이게 하는 것도 어렵지요. 만들어졌다가 분열이 일어나서 찢어지고 다시 만들어지는 모임을 아주 많이 봐왔습니다. 그래서 지치기도 하고, 가고 싶은 방향으로 가지도 못하게 됩니다. 전환마을운동에는 사람들이 함께 위험을 감수하고, 서로를 지지하며, 실험하고, 축하하고, 창조력과 상상력을 발휘하는 것이 필요합니다.

　– 이 모든 일을 하게 만든 원동력은 무엇인가요? 이런 방식으로 사회에 참여한 이유는요?

롭　저는 아들이 넷입니다. 그 아이들이 자식을 낳아 부모가 되었을 때 제가 아주 조금이라도 기회가 있는 한 최선을 다했다고 말해주고 싶습니다. 깨어 있는 매시간, 상황을 역전시키고 이 궁지에서 벗어날 수 있는 다른 삶의 방식을 찾으려고 노력했다고요. 현수막에 불만을 적어서 거리에 나가 시위를 하는 데에 그치지 않았다고 말해주는 게 저에게는 중요한 의미입니다. 또 사람들이 죽어가고 고통받고 부당한 대우를 받는 이런 상황이 계속되도록 내버려두는 자들에 대한 분노도 섞여 있습니다. 그러나 동시에 저는 믿기 어려울 정도로 낙관적이기도 합니다. 저는 사람들이 현장에서 어떤 일을 해낼 수 있는지 압니다. 그들은 특별한 사람들입니다. 누구도 그들에게 그렇게 하라고 말하지 않았고, 누가 엄청난 금액의 수표를 써준 것도 아닙니다. 그들은 스스로 각성하고 질문을 던진 것입니다. '이대로는 안돼. 내가 할 수 있는 일은 뭘까?' 저는 토트네스에서 산책하기를 좋아합니다. 거리를 돌아다니면서 6~7년 전과 달라진 점을 비교하는 걸 좋아하지요. 이것은 저에게 큰 영감을 줍니다.

마지막으로 저는 무척 고집이 셉니다. 쉽게 포기하는 성격이 아니에요. 저는 전환마을운동에 지속 가능한 미래의 씨앗이 담겨 있다고 봅니다. 그리고 우리에게는 창조가 절실히 필요합니다. 그 잠재력이 느껴집니다. 가능한 모든 곳에서 그 힘이 발현되고 자라기를 바랍니다.

— 정치 지도자들을 아직 신뢰하시나요?

롭 정치인이나 정상회담에서 볼 수 있는 국가 정상을 보고 취할 수 있는 입장은 두 가지라고 생각합니다. 하나는 그들을 비판하고, 그들이 정책을 취하도록 압력을 가하는 캠페인을 벌이면서 많은 시간과 에너지를 낭비하는 것입니다. 결과는 아주 실망스러울 때가 많죠.

또 다른 방법은 그들에게 말하는 것입니다. "마음대로 하십시오. 다만 당신들의 집무실 밖에서, 컨벤션 센터 밖에서, 세상 곳곳에서 사람들이 지구 온도 상승을 2도 이하로 낮추기 위해 일하고 있다는 사실만 알아두십시오. 그러면서 그 사람들은 친구를 사귀고, 즐거움을 느끼고, 기업을 만들고, 더 나은 음식을 먹고, 신나는 파티를 하고, 최고의 맥주를 마시고, 더 낮은 전기세를 내고, 역사적인 일에 참여했다고 느낍니다. 당신들도 거기에 힘을 보태고, 그들의 운동을 지원할 수 있습니다. 하지만 마음대로 하십시오. 이것은 여러분이 있든 없든, 결국 일어날 수밖에 없는 일이니까요. 이것은 조용한 혁명입니다. 만약 마음

21토드네스 파운드 지폐를 들고 있는 롭

이 그렇다고 인정한다면 우리와 함께하시오."라고 말입니다. 이렇게 하는 게 정치인들을 손가락질하는 것보다 더 생산적입니다.

그리고 우리에겐 21토트네스 파운드 지폐가 있으니, 다른 건 아무래도 상관없어요. (그는 지폐를 보이며 웃음을 터뜨렸다) 좋은 시간을 보냅시다!

우리가 더 풍요롭게 만들 수 있는 이야기

결국 모든 것은 한마디로 요약된다. 새로운 세상을 만들고 싶다면 우리가 함께 움직이고 팔짱을 끼고 나서야 한다. 나의 친구인 장 프랑수아 누벨은 말하곤 한다. "지금 인류가 당면하고 있는 가장 큰 도전은 기후변화나 식량과 천연자원의 고갈, 온실가스를 배출하는 경제, 기업의 이익을 대변하는 정치가 아니다. 이 문제를 해결하기 위해 집단적으로 나설 수 있느냐 없느냐의 문제야."

세상에 완벽한 학교는 없다. 완벽한 민주주의 모델도 없고, 완벽한 경제 모델도 존재하지 않는다. 우리가 이 여정에서 본 것은 새로운 세계관이었다. 권력과 권위가 피라미드 꼭대기에 있는 소수에게 집중되지 않는 세계, 자연과 마찬가지로 모든 것이 서로 연결되어 의존하고 네트워크를 형성한 세계, 다양성이 진정한 힘이 되고, 개인과 각 공동체가 더 자율적이고 더 자유로운 세계, 개개인이 더 많은 힘과 더 많은 책임을 갖는 세계 세계가 가능했다. 몸 전체가 제대로 기능하려면 세포 하나하나가 건강하면서도 서로에게 의존해야 하는 것과 비슷하다. 모두가 새로운 이야기를 만들고 있다. 그들은 우리에게 아직 늦지 않았음을, 그러나 지금 당장 행동에 나서야 한다고 말해주고 있다.

우리에게는 해야 할 일도 많고, 그 일을 이룰 수 있는 잠재력도 많다. 바다를 청소하고, 나무를 심고, 모두를 위한 건강한 음식을 생산하는 동시에 토양과 생태계를 재생해야 한다. 모두가 거주, 치료, 교육의 권리를 보장받고 인간답게 살 수 있어야 한다. 또 지구에서 오래 살 수 있도록 재생에너지를 많이 생산하고, 천연자원을 고갈시키거나 생태계 균형을 깨뜨리지 않는 최적의 재활용 방법을 모색해야 한다. 이 모든 일을 인간이 해낼 수 있다는 사실을 우리는 여행을 통해서 배웠다. 아직은 미흡하지만, 이건 시간과 투자의 문제일 뿐이다. 인간은 자신이 선택한 것을 성공시킨다. 역사가 이미 그것을 여러 번 증명했다.

현재 시중에 있는 돈의 방향을 재설정하거나, 여러 목표를 달성하는 데 필요한 돈을 만들어낸다면 모든 것이 가능하다. 그렇게 된다면 수억 개의 흥미로운 일자리를 창출할 수 있다. 문제는 우리가 정말 그렇게 되기를 바라는가 하는 것이다. 우리가 자본주의, 자유무역, 소비 사회의 모델을 유지해서 지키고자 하는 것은 무엇일까? 인간의 자유인가? 나는 이번 여행을 통해서 지금의 모델이 우리를 얼마나 소외시키는지 보았다. 그렇다면 안락함을 지키고 싶은 걸까? 운 좋게 상류층에 속한다고 해도 그런 상황을 지속하지는 못할 것이다. 그럼 행복을 지킬 것인가? 우리가 이대로 행복하다고 누가 장담하는가? 생산자와 소비자로서의 삶에 의미와 완성도를 찾을 수 있다고 누가 확신하는가? 우리는 모순적인 상황에 빠져 있다. 우리는 소수의 특권을 보호하기 위해 열심히 일하지만, 사실 그 소수는 영악하게도 그 특권이 마치 우리의 것인 양 믿게 만들기 때문이다. 또 그런 특권이 있다 한들, 절벽을 향해 곧장 달려가는 인류에게 그게 무슨 소용이랴?

이 책의 내용은 모두 사실이다. 그러나 우리가 제작한 다큐멘터리와 마찬가지로, 이 책은 주관적으로 쓰였다. 내가 여러 실험에서 어려운 문제나 상치되는 의견은 자세히 소개하지 않고, 긍정적이고 영감을 주는 부분에 치중해서 썼기 때문이다. 내 생각에는 비판적인 시각을 기준으로 쓴 글은 참 많다. "이 사람들은 훌륭한 일을 하고 있지만, 그들이 가진 한계도 많다. 결론적으로 말하면, 이런 일을 하는 건 물론 특별하지만, 성공하려면 갈 길이 멀다."라는 식으로. 나는 비판할 목적으로 이 책을 쓰지는 않았다. 앞머리에서도 말했지만, 나는 이 책을 통해 새로운 이야기를 들려주고, 영감을 불어넣으며, 불가능을 가능하다고 상상하고 싶은 마음을 불러일으키고 싶었다. 세계를 바라보는 관점을 바꾸고 싶은 것이다.

이 책에서 언급한 주제를 얘기하면, 아마도 사람들은 금세 이런 반응을 보일 것이다. "성공하지 못할 거야." "그래, 하지만 로비스트들 때문에 힘들 거야." "그건 정치인들의 몫이지." "제대로 성공하기에는 규모가 너무 작아." "우리가 뭘 할 수 있겠어?" "어쨌든 변하는 건 없어." 사실 이런 반응이 대부분을 차지한다. 하지만 이런 방식으로 대응한 사람이 세상을 바꾼 적은 없다. 이런 식이라면 인류는 대양을 건너지도 못했고, 비행기나 로켓을 만들 수도 없었다. 질병을 치료할 약을 찾아내거나, 소나타와 교향악을 작곡하지도 못했다. 부정적인 주문만 외운다면 최악의 시련을 극복할 수 없다. 우리는 우리 조상들보다 훨씬 더 많이 힘을 뭉칠 필요가 있다. 창의성, 연대, 지성이라는 보물을 써야 한다. 개인의 이익을 버리고 공동의 이익을 어우를 때이다. 어떻게 보면 그보다 더 인간성을 고취하는 것이 있을까. 수천 년간 끊이지 않았던 전쟁보다, 인간의 영웅 심리를 이보다 더 잘 만족시키는 방법이 있을까.

자연과 가까이 있는 적당한 크기의 도시로 이루어진 세상을 상상해보자. 주민들은 모두에게 개방된 화단, 녹지, 공동 정원 혹은 개인 정원에서 채소나 과일을 소량 재배할 수 있다. 나머지는 교외와 주변 농촌에 위치한 소규모 영속농업 농장에서 생산된다. 쓰레기는 백 퍼센트 재활용되거나, 퇴비로 만들어진다. 이 퇴비는 도시, 근교, 농촌의 농장에 제공된다. 사람들은 대부분 육식을 줄여서 일주일에 최대 한두 번만 고기를 먹는다. 하지만 고기의 질은 아주 높다. 지역에서 생산한 유기농 사료를 가축에게 먹이고 야외에서 기른 덕분이다. 주민들은 맛있고 다양한 채소를 요리하는 법을 배운다. 자전거를 타거나 걸어서 이동하고, 전철, 바이오가스나 수소 혹은 전기로 가는 버스를 이용하기도 한다. 승용차는 거의 사라지고, 그나마 있는 차도 가스나 오염을 배출하지 않는 엔진을 창작했다. 사람들은 4~5층 이하의 작은 건물에서 대부분 산다. 주변에는 녹음이 우거지고, 건물은 소비량보다 많은 에너지를 생산한다. 옥상에는 식물을 심거나 태양열 전지를 설치하고, 빗물을 받아 식수 이외의 용도로 사용하거나, 자연정화 시스템을 거쳐 재활용한다.

무척 다양한 지역 기업이 주민들의 기본적인 수요를 충당할 뿐 아니라, 많은 주민이 직접 기업가로 활동한다. 도심은 수천 개의 작은 상점이 들어서 있고, 자동차 없는 거리는 산책하기 좋은 곳, 만남의 장소가 되며, 주민들은 이곳에 있는 박물관과 서점, 오페라 극장, 극장, 콘서트장 등에서 문화생활을 즐길 수 있다. 그들은 물건을 사기보다 공유를 더 많이 한다. 대부분의 물건을 집이나 차고에서 제작하고, 팹랩이 시내 곳곳에 유행한다. 화폐도 다양해져서 도시를 위한 화폐, 국내 기업이나 지역 기업을 위한 화폐, 전국 화폐, 국가 간 교역을 위한 화폐가 따로 존재한다. 통화 창출 방식이 달라지고, 이자도 대출 기관의 운영비 수준으로 낮아진다. 기업은 순환경제 원리를 도입하고, 자원을 파괴하지 않으며, 오히려 자원 재생에 힘쓴다. 임금 격차는 줄어들고, 기업 경영은 참여 방식으로 바뀐다. 기업 대부분은 사원이 주인인 협동조합 형태를 띤다. 지역으로 활동을 다시 옮겨 온 은행도 마찬가지이다. 투기는 금지되고, 금융 시장은 양식 있고 유용하며, 지속 가능한 지주제를 위해 완전히 변신했다. 기업들은 '경제, 환경, 사회적 성과'라는 TBL을 기준으로 운영된다. 학교에서는 아이들에게 자신의 개성과 재능을 찾아서 문제를 해결하고, 공동체에 이바지하는 것이 가장 중요하다고 가르친다. 좋아하는 일을 하는 아이들은 타인과 지구를 돕는 데 기여하고, 그러기 위해서 최고가 되기보다 협동하는 법을 배운다.

도시 주변에는 새롭게 태어난 시골이 있다. 밭보다 숲, 산울타리, 전원이 있는 풍경으로 거듭났다. 주민들은 자연환경에서만 가능한 활동을 발달시킨다. 주거 지역은 재생에너지로 움직이는 기차로 연결된다. 친환경 엔진을 장착한 비행기와 선박이 전국을 연결한다. 국제 교역은 각 지역 고유의 제품, 농산물, 노하우를 바탕으로 진정한 자율성을 확보한 지역 간에 공평하게 이루어진다. 대기업은 대규모 기반시설, 기차, 선박, 비행기, 도로 등 대기업만 뛰어들 수 있는 영역에서 생산을 계속하지만, 경제 전체를 지배하거나 독식하지 않도록 관리된다.

도시에는 시민 의회가 구성되어 중요한 결정을 내린다. 전국 차원에서는 투표로 선출된 시민으로 구성된 하원과 추첨제로 선발된 시민으로 구성된 상원이 함께 법을 마련하고 검토한다. 국제적 차원에서는 선출된 국가의 수장들과 추첨으로 선발된 시민들이 지구 전체와 관련된 문제에 관한 결정을 내린다. 문화권의 충돌은 사라졌으며, 풍요로운 교류가 이루어진다. 더는 멸종되는 생물종이 없으며 다양하고 풍요로운 생태계에 번식한다.

이런 세상은 내가 듣고, 보고, 경험한 것을 바탕으로 만들어낸 꿈이자, 이야기이다. 이것이 전부도 아니고, 가장 좋은 해법도 아니다. 상상할 수 있는 더 똑똑하고, 더 인간적이며, 더 아름다운 세상은 무궁무진하다. 어쩌면 그런 세상들이 다양성을 간직한 채 공존할 수도 있을 것이다. 이상향으로 보일 수도 있지만, 이것은 우리가 더 풍요롭게 만들 수 있는 이야기이다. 내가 아주 좋아했던 어떤 사람이 남긴, 다음의 말처럼 말이다.

> 내가 몽상가라고 말할지도 모르겠군요 You may say I'm a dreamer
> 하지만 나만 그런 게 아닌걸요 But I'm not the only one
> 언젠가 당신도 우리와 함께 꿈꾸길 I hope someday you'll join us
> 그러면 세상은 하나가 될 거예요 And the world will live as one.[*]

사진 저작권

무브 무비 Move Movie   42, 81, 98, 126, 136, 144, 151, 166, 203, 242, 286, 346, 384
로랑 세르클뢰 Laurent Cercleux   79, 119
시릴 디옹 Cyril Dion   66, 174
그리마 이르무도티르 Grima Irmudottir   372
에마뉘엘 귀오네 Emmanuel Guionet   8, 337, 342-343
알렉상드르 레글리즈 Alexandre Léglise   앞면지, 60, 뒷면지
실비 페르 Sylvie Peyre   239

내일 새로운 세상이 온다

글쓴이 | 시릴 디옹   옮긴이 | 권지현
펴낸이 | 곽미순   편집 | 윤도경   디자인 | 김민서

펴낸곳 | 한울림   기획 | 이미혜   편집 | 윤도경 윤소라 이은파 박미화 김주연
디자인 | 김민서 이순영   마케팅 | 공태훈 윤재영   경영지원 | 김영석
출판등록 | 1980년 2월 14일(제1980-000007호)
주소 | 서울특별시 마포구 희우정로 16길 21
대표전화 | 02-2635-1400   팩스 | 02-2635-1415
홈페이지 | www.inbumo.com   블로그 | blog.naver.com/hanulimkids
페이스북 | www.facebook.com/hanulim   인스타그램 | www.instagram.com/hanulimkids

첫판 1쇄 펴낸날 | 2017년 9월 27일   2쇄 펴낸날 | 2021년 12월 16일
ISBN 978-89-5827-114-7   03300